KB178661

HANGIL
GREAT BOOKS
104

순수현상학과 현상학적 철학의 이념들 3

현상학과 학문의 기초

에드문트 후설 지음 | 이종훈 옮김

한길사

HANGIL
GREAT BOOKS
104

Edmund Husserl
*Ideen zu einer reinen Phänomenologie
und phänomenologischen Philosophie III*

Translated by Lee Jonghoon

Published by Hnagilsa Publishing Co. Ltd., Korea, 2009

후설의 부인 말비네(Malvine Husserl)

그녀는 후설이 사망한 후 유대인 탄압으로 말살될 위기에 처한 수많은 유고와 자료를
반 브레다(Van Breda) 신부와 함께 극적으로 구출해 벨기에의 루뱅 대학교에
후설-아카이브(Husserl-Archiv)가 설립되는 데 결정적인 역할을 했다.

1907년 여름학기 강의의 초고

1905년 여름 제펠트에서 착상한 선험적 현상학의 중심개념인
'환원'과 대상의 '구성' 문제를 본격적으로 다루기 시작한 강의의 초고이다.
이 강의의 총론은 후설전집 제2권 『현상학의 이념』(1950)으로 출간되었다.

후설이 살았던 프라이부르크의 집
후설은 프라이부르크 대학 정교수로 임명된 1916년부터 1937년까지
여기서 살았다. 이 사진은 1987년에 찍은 것이다.

프라이부르크 부근 귄터슈탈에 있는 후설 가족묘지

묘비명에 에드문트 후설, 부인 말비네, 장남 게르하르트의 이름이 보인다.
차남 볼프강은 제1차 세계대전 중인 1916년 베르됭 전투에서 사망했다.
장녀 엘리자베트는 1908년 야콥 로젠베르크와 결혼했다.

HANGIL GREAT BOOKS 104

순수현상학과 현상학적 철학의 이념들 3

현상학과 학문의 기초

에드문트 후설 지음 | 이종훈 옮김

한길사

순수현상학과 현상학적 철학의 이념들 3
· 현상학과 학문의 기초

순수현상학과 현상학적 철학의 이념들 1
·순수현상학의 일반적 입문

제2장 현상학적 근본고찰

제1절 자연적 태도의 정립과 이것의 배제

제2절 의식과 자연적 실제성

제3절 이성이론의 문제제기에 일반성의 단계

순수현상학과 현상학적 철학의 이념들 2
· 구성에 대한 현상학적 연구

제2장 동물적 자연의 구성

서론

제1절 순수 자아

제2절 영혼의 실재성

제3절 신체를 통한 영혼의 실재성 구성

일러두기

1. 제1권은 에드문트 후설이 1913년 발표한 『순수현상학과 현상학적 철학의 이념들』 (*Ideen zu einer reinen Phänomenologie und phänomenologischen Philosophie*)의 「순수현상학의 일반적 입문」(*Allgemeine Einführung in die reine Phäno.*)을 완역한 것이다. 제2권과 제3권은 비멜(M. Biemel)이 편집해 1952년 후설전집 제4권과 제5권으로 출간한 「구성에 대한 현상학적 분석」(*Phäno. Untersuchungen zur Konstitution*)과 「현상학과 학문의 기초」(*Phäno. und die Fundamente der Wissenschaften*)를 완역한 것이다.

2. 제1권의 원전은 슈만(K. Schumann)이 새롭게 편집한 후설전집 제3-1권(Den Haag, Martinus Nijhoff, 1976)이다. 번역에는 커스텐(F. Kersten)의 영어 번역본 *Ideas pertaining to a pure Pheno. and to a pheno. Philosophy*. First Book, *General Introduction to a pure Pheno.*(The Hague, Martinus Nijhoff, 1982), 로체비크(R. Rojcewicz)와 슈베어 (A. Schuwer)의 영역본 Second Book. *Studies in the Pheno. of Constitution*(Dordrecht, Kluwer, 1989) 그리고 클라인(T. Klein)과 폴(W. Pohl)의 영역본 Third Book. *Pheno. and the Foundations of the Sciences*(The Hague, Martinus Nijhoff, 1980)도 참조했다.

3. 원문에서 격자체나 이탤릭체 또는 겹따옴표(" ")로 묶어 강조한 부분은 모두 고딕체로 표기했다. 그리고 긴 문장 가운데 중요한 용어나 몇 가지 말로 합성된 용어는 원문에 없는 홑따옴표(' ')로 묶었다.

4. 긴 문장 가운데 부분적인 내용을 부각시키기 위해 원문에는 없는 홑따옴표(' ')로 묶었으며, 관계대명사로 길게 이어지는 문장은 짧게 끊었다. 또한 이렇게 하는 것이 오히려 문장을 읽고 이해하는 데 어려움을 준다고 판단될 경우, 우리 글에서는 낯설지만, 그것이 수식하는 말의 앞과 뒤에 선(─)을 넣었다.

5. 본문 중 괄호 ( )는 원문 그대로 한 것이며, 문맥의 흐름을 원활하게 하기 위해 또는 독자의 이해를 돕기 위해 필요한 말은 역자가 꺾쇠괄호([ ]) 안에 보충했다. 괄호 안에 또 괄호가 필요한 경우, 이 괄호는 꺾쇠괄호로 표기했다. 그리고 너무 긴 문단은 옮긴이의 판단을 토대로 그 내용에 따라 새롭게 단락을 나누었다.

제1절 실재성의 서로 다른 영역

(물질적 사물·신체·영혼), 이와 상관적인 통각의 근본종류와
이것에서 생기는 학문*

우리의 현상학적–운동적(kinetisch) 방법에서 우리는 모든 세계파
악을 지배하는 물질적 사물·신체·영혼 또는 영혼적 자아 사이의 기
본적 구별을 확인했고, 동시에 그 현상학적 근원원천에 관해 그 구
별을 연구했다. 경험된 실재성이 직관적으로 주어진〔항으로〕조직
함으로써 그것은 모든 사유작용과 특히 학문적으로 이론화하는 모
든 사유작용에 선행하며, 경험사유(Erfahrungsdenken)** 일반이 궁극
적 권리근거를 오직 경험에서 길어낼 수 있는 한, 경험사유가 경험을
'향해' 있음으로써, 이 가운데 무엇보다 경험사유가 경험된 것의 고
유한 의미에 연결됨으로써, 구성하는 파악 속에 근본상 본질적인 것
에서 생기는 대상들의 그와 같은 근본상 본질적 구별이 학문적 분
야를 분리하는 것에 또 그 분야가 제기하는 문제의 의미에 결정적임
에 틀림없는 사실이 처음부터 확실해진다. 지금 이 문제를 추구하자.

---

* 부록 1의 1항 이하를 참조할 것.
　　이 책의 본문과 부록의 관계 등 편집체제에 관한 사항은 옮긴이가 이 책의 편
　　집자 비멜(M. Biemel)의 주석을 참조한 것이다.
** 전통적으로 '경험'과 '이성'(논리) 또는 '사고'는 서로 대립된 개념이지만, 후
　　설은 이 둘을 종종 결합해 '경험논리적'(erfahrungslogisch)이라는 용어를 쓰기
　　도 한다. 1920년대에는 '선술어적'(vorprädikativ), '선험적 경험', '경험의 논리
　　이전적 이성' 등으로도 표현되는 이 용어에서도 알 수 있듯이 현상학은 다양하
　　고 생생한 경험의 의미와 본질을 이성 속에 정초하려는 '근본적 경험주의'다.

1. 물질적 사물, 물질적 지각, 물질적 자연과학(물리학)

당장 우리는 물질적 사물을 갖는다. 우리의 분석에 따르면 이 사물의 구성은 다른 실재성 범주의 구성과 매우 밀접하게 뒤섞여 있으며, 그래서 사물에 통일성을 부여하는 것은 구성적 작용의 철저하게 고유한 유형과 연관이다. 원본적으로 부여하는 작용은 **물질적 지각**(사물지각), 물체지각이다. 이것에 의해 다른 모든 종류의 지각에 대립해 자신의 본질 속에 완전히 완결된 지각의 근본종류가 지시된다. 우리는 의도적으로 '외적 지각'을 말하지 않겠다. 〔지각의〕 새로운 근본종류를 형성하는 신체지각도 그렇게 부를 수밖에 없을 것이고 그렇게 불러야 할 것이기 때문이다. 그런데 어쨌든 지각은 물질적인 것이 아니므로, 우리의 표현에 불쾌한 기분을 느끼면 안 된다. 물질적인 것에 관한 지각을 물질적 지각이라 부르는 것은 외적인 것에 관한 지각을 외적 지각──물론 이것 역시 외적인 것은 아니다──이라 부르는 것과 마찬가지로 정당화되며, 일반적으로 이것은 전이(轉移)를 통해 유사하고 또 완전히 불가피한 모든 명명(命名)에서처럼 정당화된다. 물질적 지각은 **연장적**(延長的)인 것──여기에는 실로 **환영**(幻影)에 대한 지각도 포함된다──에 관한 지각의 한 특수한 경우다.

물질적 경험의 연관에서 이 연관 속에 구성되는 **자연**은 그 통일적인 공간적-시간적 연관 속에 경험된다. 이 경험이 이론적 경험이 되고 자연에 관한 이론적 사고를 정초한다면, 물질적 자연과학이 생긴다. 이 자연의 객체성, 즉 최초의 또 기본적 의미에서 **자연**은 자신의 신체──자신뿐 아니라 자신과 의사소통하는 사람에게 나타나는 신체──를 갖는 다수의 경험하는 자아의 **상호 의사소통**에 의거한다. 물질적 자연이 신체성과 영혼적인 것에 이렇게 얽혀 있음은 물질적 자연의 자립성을 결코 방해하지 않는다. 이론적 경험작용과 이론적 사유지향(Denkintention)의 양상은 오직 물질적 경험파악만 관통해간다. 자연과학자는 자연의 인식에서 당연히 신체 그리고 영혼과 함께 그 곁에 있으며, 이것은 개별적 자연과학자뿐 아니라 각각의 개별자가 그것에 관련된 것으로 알고 있는 학자의 공동체에도 그러하다.

그러나 이것은 자연객체성(Naturobjektivität)의 구성에 본질적이며, 아무튼 다음의 두 가지에서 근본에 본질적이다. 즉 〔한편으로〕 물질적인 것을 본질적으로 이것에 속한 모든 구성적 파악요소──신체적-영혼적인 것에 관한 파악을 포함해──와 함께 파악 전체를 체험해 이론적으로 경험하는 시선을 물질적 존재 자체에 고정하고 규정하면서 향하는 것이고, 다른 한편으로 신체와 영혼에 이론적으로 향하고 그에 따라 생리학적이며 심리학적인 탐구를 추진하는 것이다. 일반적으로 파악이 파악 속에 기초지어지고 더 높은 질서의 파악이 형성되는 곳에서는, 복잡한 파악의 본질에 근거한 주제의 시선──이 시선은 이론적 시선으로서 이론의 주제를 규정하고 파악이 미리 지시하는 의미 속에 규정한다──이 지닌 다른 '태도'의 이러한 가능성에 주의해야 한다. 실재성에 관한 구성의 파악 망(網) 속에 물체성에 관한 경험이 일반적으로 실재성을 구성하는 가장 낮은 단계를 제시하기 때문에, 이론적으로 경험하는 시선은 물질적인 것을 '그 자체로 존재하는 것' '기초지어지지 않은 것' '그 자체 속에 다른 것을 전제하지 않는 것' '그 자신 속에 다른 것을 갖지 않는 것'으로서 마주친다. 물질적 자연은 완전히 완결된 것으로 현존하고, 자신의 완결된 통일체를 확증하며, 이러한 완결성 속에 자신에게 본질적으로 적합한 것을 이론적 경험작용뿐 아니라──통상의 의미에서 자연과학, 더 정확하게 말하면 물질적 자연과학이라 부르거나 부를 수밖에 없을──이론적 경험사유의 단순한 연관 속에 확증한다.

어떻게 물질적 객체성의 단계적 구성을 통해 이 속에서 자신의 것이 된 그 고유한 의미와 함께 자연인식의 다른 단계가 규정되는지, 특히 설명하는 학문에 대립된 기술하는 학문을 해명할 어려운 문제가 어떻게 해결될 수 있고 개념형성과 판단형성의 근본적으로 다른 본성이 두 가지 측면에서 어떻게 해명될 수 있는지는 현상학적-학문이론 연구의 독특한 분야다. 이와 관련된 문제를 우리는 다른 장소에서 논의할 것이다.

여기에서는 물질적 실재성이든 그 어떤 실재성이든 실재성에 관한 모든 인식의 경우 끊임없이 주목해야 한다는 한 가지 사실만 지적하자. 우리의 분석에 따르면, 또 실재성이 구성되는 경험의 본질을 고려해보면, 실재성에 관한 인식과 인과성에 관한 인식은 분리될 수 없는 하나다. 실재적인 것에 관한 모든 학문은, 만약 이 학문이 실재적인 것의 본질을 실제로 또 객관적 타당성의 의미에서 규정하려 한다면, 인과적으로 설명하는 학문이다. 인과적 관련에 관한 인식은, 마치 실재적인 것이 우선 언젠가 그 자체만으로 존재했고 그런 다음 때에 따라 자신의 존재에 본질 외적인 것으로서 이 존재에 영향을 미치고 또 이 존재로부터 영향을 받는(영향을 겪는) 다른 실재성과 관련을 맺는 것처럼, 마치 그에 따라 인식이 그 인과성의 인식에 자립적일 실재적인 것에 고유한 본질을 이끌어내 규정할 수 있을 것처럼, 실재적인 것의 인식에 2차적인 것이 아니다. 오히려 인과적 관련에 관한 인식은 곧 그러한 종류의 고유한 본질을 전혀 가질 수 없는 실재성 그 자체의 원리적인 것이며, 실재성은 오히려 인과성에서만 그것이 있는 본질 그대로이다. 실재성은 자신의 대응요소를 요구하는 원리상 상대적인 것이며, 또 요소와 대응요소가 이렇게 결부됨에서만 각각은 실재적 속성에 관한 '실체'다. (모든 객관적인 실재적인 것이 '실체'라는 의미에서) 단독적일 것이라는 실체는 난센스다. 따라서 데카르트*와 스피노자**의 잘 알려진 정의(定義)의 의미에서 실체는 우리가 경계지은 의미의 객관적 실재성과 원리상 다른 것이다.

다른 한편 경험의 연관 속에 인과성은, 다른 방식으로 인과성 속에 있는 실재적인 것 자체도 즉시 주어지지 않듯이, 즉시 주어지지 않는다. 더구나 경험되는 곳에서는 어떤 것이 경험되는데, 이때 예를 들어 우리가 보고 있는 나무는 일정한 방식으로 언제나 주어지며 즉시 주어진다. 그것은 자신의 상황 속에 주어진다. 그러나 상황 속에 주어지는 것은 함께 직관된 전체 주변 속에 놓여 있으며, 이 주변 속에 실제로 인과적으로 규정하는 상황의 본질은 모호하게 남아 있다. 이론적으로 경험하는 시선은 지각된 것 속에 지각에 적합하게 주어진 징표를 쉽게 포착하며, 실재적인 것이 의식되는 한, 인과성도 의식된다. 그러나 완전히 막연한 것으로 또 이론적 경험분석과 연구를 통해 비로소 이끌어내 표본화할 수 있고 개념적으로 규정할 수 있는 것으로 의식된다. 다른 한편 실재적인 것 자체, 실재적 관계의 주체요소도 규정되지 않은 것이며, 실재적 대상은 일면적으로만 주어지고, 지각되었더라도 그 상태가 변화되지 않는다면, 실재적 상태는 지각작

---

* 데카르트는 실체를 "존재하기 위해 다른 어떤 것도 요구하지 않는 방법으로 존재하는 것"(res, quae ita existit, ut nulla alia re indiget ad existendum, 『철학의 원리』[Principia philosopiae], I, 51)이라 정의한다. 이것은 아리스토텔레스-스콜라 철학에서 "실체란 그 본성에 의해 다른 것, 즉 기체(基體) 안에 있을 수 없는 것"(substantia est res, cuius naturae debetur esse non in alio sc. tanquam in subiecto)이라 정의한 것과 달리, 단순한 실재의 형식뿐 아니라 그 근거에 대한 물음까지도 포함한다.

** 스피노자는 "그 자신으로 존재하고 그 자신을 통해 이해되는 것, 즉 그 개념이 형성될 수 있기 위해 다른 사물의 개념을 요구하지 않는 것을 실체"(『윤리학』[Die Ethik], 정의 3)라 정의한다. 이러한 조건은 하나의 무한실체인 신(神)밖에 충족시킬 수 없다. 따라서 속성(屬性)은 "오성이 실체에서 이 실체의 본성(Wesenheit)을 형성하는 것으로 지각한 것"(같은 책, 정의 4)이며, 양상(樣相)은 "실체가 감촉된 것(Affektion), 또는 다른 것 안에 있고 이 다른 것을 통해 파악될 수 있는 것"(같은 책, 정의 5)이다.

용이 진행되는 가운데 더 풍부하게 명백히 밝혀질 수 있고, 그 상태가 그 실재적 상황 아래 변화해 진행하면서 그 상황에서 드러나는 속성은 더 완전하게 나타나게 된다.

그러므로 우리가 처음부터 알고 있듯이, 학문적 연구는 언제나 새롭게 실재적-인과적 연관 속에 파고들어갈 것을 요구한다. 실재성에 관한 객관적으로 타당한 판단을 획득하기 위해 어떤 방법이 요구되는지(그렇게 판단할 수 있는 어떤 조건이 경험 자체의 본질 속에 미리 지시되어야 하는지)를 논구하는 것은 하나의 독자적 주제다. 우리에게는 인과적 연구가 왜 실재성의 학문에서 그렇게 지배적 역할을 하는지, 그렇기 때문에 계속 규명하는 데 인과성에 관한 논의가 왜 그토록 많아지는지 명석하게 밝혀내는 것만 중요한 문제다.

2. 신체, 신체파악과 육체론

a) 특수한 신체규정

그 대상을 두 번째 단계의 대상으로 구성하는 파악의 두 번째 근본종류는 신체파악이다. 이것은 신체물질의 소관사항 모두에 대립해 특수한 신체 층(層)이 구성되는 신체대상성의 최상 층처럼 근본적으로 다른 종류를 고려해보면 새로운 근본종류다. 이와 상관적으로(물론 아프리오리a priori*하게) 물질적 신체규정과 특수한 신체적 신체규

---

* '논리상 경험에 앞서며, 인식상 경험에 의존하지 않는다'는 의미의 이 라틴어는 칸트 이후 '경험의 확실성과 필연성의 근거형식'을 뜻했으나, 후설은 발생적 분석에서 '그 자체로 미리 주어지고 경험되는 질료'를 포함해 사용한다. 따라서 이것을 '선천적' 또는 '생득적'으로 옮기는 것은 부당하다. '선험적'으로 옮기는 것도 근원을 부단히 되돌아가 묻는 후설 현상학의 근본태도를 지칭한 '선험적'(transzendental)과 혼동되기 때문에 적합하지 않다. 그래서 일단 원어 그대로 표기한다.

정이 지적된 본질적 차이가 연관된다. 실재적으로 통일적인 감성 장(場)은 그에 속한 실재적 상황에 따라 그것의 변화하는 감각의 상태에서 그 층에 속한다. 그것은 우선 실제로 실재화(Realisierung)의 이러한 종류에 대해 구성적인 장소화(Lokalization)의 형식을 직접 직관적으로 가리키는 장이고, 그래서 무엇보다 그것이 최초의 기본적 장소화(場所化)를 갖는 한, 근원적 장인 촉각 장과, 예를 들어 따뜻함-차가움의 장(나는 온도가 여기에서는 전혀 추구할 필요가 없는 물리학적 개념이기 때문에 온도의 장을 말하지 않는다)처럼, 촉각 장에서 일어난 장이다. 계속해서 모든 감성 장과 본질 속에 완결된 모든 감각그룹은, 자신의 실재적 감각성의 다른 측면을 알려주면서 또 신체에 실재적으로 속한 감각연관의 다른 층을 형성하면서, 신체에 실재화하는 연결을 획득한다.

그러므로 나는 예를 들어 나의 시각 장을 변화시킬 수 있더라도 지속적으로 끊임없이 충족된 시각의 확장——그것 위에 세워지고 그것에 의해 사물적-대상의 장을 보게 되며 일정한 나타남 속에 알게 되는 모든 대상의 파악을 도외시함으로써——으로 인식할 수 있고, 이 지속하는 통일체를 경험연관과 사유연관 속에 신체에 속한 것으로, 더 자세하게 말하면, 그 내적 질서에서 망막(網膜)위치의 2차원 질서에 전체로 상응하는 확장인 이 망막에 속한 것으로 인식할 수 있다. 그런 다음 나는 경험과 사유를 통해 인식되는 연관, 즉 공동-외연의 질서에 따라(모든 장소화에서처럼 이 경우 중요한 것은 실제의 공간적 형식이 아니라, 단지 상황의 분석이 기술한 의미에서 연관된 통합일 뿐이다) 망막이 자극될 수 있는 체계와 장 자체의 질서에 따라 자극의 결과인 시각적 감각함의 체계 사이의 연관을 추구할 수 있다.

이렇게 사유를 통해 중개되어 나는 망막에서 시각 장을 볼 수 없지만, 촉각 장을 촉각을 감각하는 신체표면에 속한 것으로 파악하는 것과 비슷하게 시각 장을 망막에 속한 것으로 파악할 수 있다. 그래서 모든 자아의 감각(감성적 인상Impression*)의 우주(Universum)는 신체와 바로 이 신체를 통해 '감각기관'(Sinnesorgan)으로 특성지어진 신체마디와 관련되며, 그 자체로 물질적인 것은 아닌 신체적인 것이 된다. 가능한 경험이 여기에서 동등한 관점으로 착수할 수 있는 확장은 모두 이미 신체의 통각(Apperzeption)**을 통해 미리 주어진 감각에 연결되고, 이 감각은 **지각된 장소화를 지닌 지각된 신체성**을 통해 확정된다. 또한 장소화할 수 있는 그것은 모든 각각의 것이 아니라, 본질에 적합하게 미리 지시된다. 감성적 고통, 감성적 쾌락은 확장될 수 있으며, 이것이 장소화에서 사실적으로 지각되듯이, 장소화될 수 있다. 시각적 감각은 하나의 장 속에 확장되며, 인간의 신체에서 검사할 수 있는 신체성의 본질유형 속에 장소화된 시각적 감각을 지각할 가능성이 배제되거나, 경험적으로 말하면, 우리 인간의 경우 결여되어 있더라도, 원리상 장소화될 수 있다.

그러나 인간의 신체는 본질상 신체 일반의 특수화이며, 이러한 일반성에서 장소화가 가능한 근본조건은 확장된다는 사실, 그래서 간접적이거나 직접적으로 확장에 적합하게 제공되는 모든 유(類)의 감

---

* '인상'은 방금 전에 체험된 것이 지각과 직접 연결된 의식이다. 후설은 이것을 '신선한 기억' '지금-파악' '지금-으로-정립함'의 의미에서 지각, 일련의 과거지향에서 '혜성의 긴 꼬리의 핵심'이라 한다. 이 인상의 더 원초적인 형태는 '근원적 인상'(Urimpression)인데, 지속하는 시간객체가 산출되는 원천적 시점이다(『시간의식』, 28~31쪽을 참조할 것). 이것은 생생한 현재의 감각활동으로, 이것이 지속적으로 변양된 과거지향의 연속체는 시간의식의 흐름 속에 지각대상을 구성하기 위한 근원적 재료다.

** 이 말은 라틴어 'appercipere'(덧붙여 지각한다)에서 유래하며, 직접 지각함(Perception) 이외에 잠재적으로 함축된 감각도 간접적으로 지각하는 것을 뜻한다. 칸트 이후에는 새로운 경험(표상)을 이전의 경험(표상)과 종합하고 통일해 대상을 인식하는 의식의 작용을 뜻하기도 한다.

각은 지각할 수 있게 장소화될 수 있다는 사실은 명증하다. 어쨌든 신체적으로 연결될 수 있는 것은 여전히 이러한 조건도 충족시키지 않는 것이 신체마디에 확고하게 부합함으로써 실재적으로 종속적인 것으로 신체에 고유한 것이 될 수 있다는 사실, ——관련된 신체마디가 물질적으로 변화함에 따라 그밖의 실재적 상황이 항상 변화하지 않는 경우에 한해——그에 상응하는 변화는 바로 이러한 점을 통해 기능상 종속적인 것의 측면에서 경험될 수 있다는 사실에 의해 확장된다. 이때 장소화로서 파악은 불가능하지만, 비유(比喩)가 된다.

신체와 물질적 하부 층과의 관계는 다른 변경이 가능하다. 신체는 신체에 남아 있지 않고도 제거될 수 있는 물질적 부분을 내포할 수 있다. 그러나 신체는 물질적 부분이 제거되는 경우에도 신체로 남아 있을 수 있고, 심지어 신체가 자신의 감각 장 전체를 손상시키지 않을 수도 있다. 이와 마찬가지로 신체는 확장될 수 있다.

내가 손톱이나 머리카락을 제거하면, 손톱이나 머리카락이 다시 새롭게 자라면, 신체는 어떤 것을 상실하거나 획득한다. 또한 신체는, 내가 지팡이나 도구를 손에 쥔다면, 〔어떤 것을〕 획득하며, 옷으로도 마찬가지다. 도구는, '사용될' 경우, 신체의 확장이다. 도구는 감각하는 신체의 확장일 뿐 아니라 의지의 기관(Willensorgan)으로서 신체의 확장이다. 이미 신체에 속한 감각 장에는 확장되어야만 등장하는 내용의 감각이 변화된다. 의지의 장에는 다르게 등장하지 않는 자유로운 운동과 변화가 등장한다. 이러한 사실을 통해 원리적인 것은 전혀 변화되지 않는다.

b) 신체에 관한 학문: 육체론

이제 이론적 탐구는 이러한 존재의 장(場)에 주의를 기울일 수 있고, 신체의 지각과 신체의 경험 ——우리가 말하는 육체론(Somatologie)*

──은 이론적 경험의 양상을 취하고 이론적 사유작용을 규정하는 것일 수 있다. 특수하게 육체론적인 것이 분리된 실재성이 아니라 물질적 실재성 위에 구축된 더 높은 존재 층이기 때문에, 육체적 존재의 이론적 경험과 인식도 물질적 경험과 이에 상응하는 물질적 인식을 요구한다. 그러나 물질적 인식은, 논리적으로 말하면, 물질적 자연과학에 포함된다. 따라서 신체성에 관한 학문을 육체론이라 부른다면, 육체론은, 신체의 물질적 속성을 추구하는 한, 물질적 자연과학이다. 그렇지만 이 육체론은, 특수한 육체론인 한, 경험의 새로운 근본형식을 통해 부각된 새로운 것이다.

그런데 더 자세하게 주시해보면, 이러한 이중 입장은 모든 동물학적 학문에, 그래서 예를 들어 인간과 동물의 생리학에 맞아떨어진다. 이 학문은 동물적 존재의 물질성에 관해 더 좁은 의미에서 자연과학이다. 이 학문은, 신체의 감각됨(Empfindnisse)*에 관한 학설이라는 편이 더 나은 감각기관과 신경체계의 생리학 속에 바로 체계적으로 감각영역에 관련짓는 한, 육체론이기 때문이다. 여기에서 육체론적 경험파악이 명증하게 지배하며, 이러한 경험파악 없이는 육체론적인 어떤 것도 결코 발견되거나 간접적으로 복원될 수 없다. 결국 근본토대는 모든 경험과학자가 오직 자신의 고유한 신체에서만 일으

---

* 이 용어의 어원인 그리스어 'soma'는 감각에 의해 지각되는 '물질' 또는 '물체'를 뜻하며, 인간의 경우 '신체·육신·몸'을 가리킨다. 그러나 후설이 '신체'(Leib)를 구별해 사용하고 여러 가지 뜻이 있는 점을 고려해 '육체'로 옮긴다.

* 후설은 지향적 체험의 구성을 분석하면서 대상의 성질로 파악된 감성적 감각(sinnliche Empfindung) 또는 사물이 신체와 관련된 물리적 사건인 1차적 감각과, 신체에 장소가 정해진 감각(lokalisierte Empfindung), 즉 특수한 종류의 신체적 사건인 감각됨(Empfindnisse)을 구별한다(『이념들』 제2권, 146, 152~157쪽을 참조할 것). 그런데 여기서 'Empfindnisse'를 '감각됨'이라는 수동형으로 표기하는 것은 약간 어색하지만, 'Empfindung'과 구별할 수 있는 적절한 표현을 찾을 수 있을 때까지 이렇게 옮긴다.

킬 수 있는 직접적인 **육체**의 **지각**이며, 그런 다음 그 경험과학자가 지각된 다른 사람의 신체 그 자체를 해석하는 파악 속에 실행하고, 또 이러한 해석이 경우에 따라 계속된 유사한 경험적 파악과 정립을 통해 강화되고 더 자세하게 규정되며 어쩌면 수정되는—요컨대 증명되는—**경험**의 특성을 수여하는 방식으로 실행하는 육체적 '명백하게 함'(Eindeutung)*이다.

이렇게 '명백하게 하는' 경우 이 말의 더 넓은 의미에서 우리는, 생생한 자기현재(Selbstgegenwart)에 관한 의식이 지각을 특성짓는 한, 그리고 다른 사람의 신체물체(Leibkörper)에 대한 자기현재의 의식과 함께 다른 사람의 신체를 지각하는 가운데 명백해진 계기에 관해 일정한 2차적 신체를 지닌 의식을 갖는 한, 곧바로 지각에 관해서도 이야기할 수 있다. 물론 이 의식은 더 자세하게 살펴보면, 아무튼 진정한 원본적으로 주어져 있음(Gegebensein)이 아니라 일종의 현전화(Vergegenwärtigung)**를 통해 주어져 있음으로만 밝혀지는 의식이다. 어쨌든 "우리가 어떤 동물이나 사람을 본다" "우리가 이 경우 그 동물이나 사람에게 찔렸을 때 고통을, 먹을 때 감각적 쾌락을, 그래서 모든 특수한 심리적인 것을 '알아차린다'"고 말한다면, 전혀 근거가 없지는 않다. 그러한 작용은 경험영역에 속하며, 그것이 기억인 것처럼 경험에 관한 단순한 재생산에 속하지 않는다. 그밖에도 '명백하게 함'의 본질에 관한 더 상세한 서술을 지적할 수 있다.

---

* 이 책에서만 간혹 볼 수 있는 이 용어를 그 어원이 'eindeutig'와 같다고 판단해 일단 '……함'의 어미가 붙은 형태인 '명백하게 함'으로 옮긴다. 후설은 상호주관성의 문제를 해명하기 위해 이 용어를 사용하다 점차 '감정이입'(Einfühlung)으로 통일한 것으로 보인다.
** '현전화'는 기억이나 상상처럼 시간·공간적으로 지금 여기에 현존하지 않는 것을 의식에 현존하게 만드는 작용으로, 지금 직접 의식에 주어지는 현재화(Gegenwärtigung)와 대립된다.

그러므로 이러한 서술에 따라 생리학과 심리학이 다룬 감각이론 전체는 감각기관과 감각의 중추뿐 아니라 생리학적 감각자극의 본성에 종속하는 감성분야의 다른 특유성에 관한 잘 알려진 모든 학설과 더불어 통일체, 즉 '느낌의 감각', 가장 넓은 의미에서 감각에 관한 그에 상응하는 학설과 함께 육체론에 속하는 통일체를 형성한다. 이것에 의해 탐구된 것은 육체론적 경험의 의미에서 신체성, 신체 그 자체에 속한─근원적 감각됨 속에 또 일반적으로 육체의 상태성인 감각 장 속에 드러나는─감각에 민감함(Empfindsamkeit)의 실재적 속성의 층이다. 여기에서 '왜 우리가 일반적 생물학, 특히 식물학도 거명하지 않았는지' 그 이유가 동시에 언급될 수 있을 것이다. 동물과 식물 사이에 끈질기게 달라붙는, 또 식물의 '생명'과 동물의 물질성으로 향한 탐구의 상론에서 매우 많이 평행하고 밀접한 계통의 문제를 수반하는 명백한 친족관계, 따라서 이러한 측면에서 자연과학의 통일성을 (동물적인 물질적 물체에 관한 자연과학인 동물학에 관해) 필연적으로 이끄는 명백한 친족관계는, 식물을 하나의 신체(최종적으로 완전한 의미에서 영혼적인 것에 대한 하나의 신체)로서 ─ 먼저 고등동물의 경우, 그런 다음 동물적인 것의 단계서열을 따라가면서 하등동물의 경우에도 일어나듯이, 그 친족관계의 일정한 육체론적 문제를 제기할 수 있을 ─ 일정한 해석이 가능해지는 정도까지 나아가지는 않았다.

유비(類比)를 허용하는 일반적인 그리고 완전히 규정되지 않은 채 실행된 감정이입(Einfühlung)*은 학자에게 충분하지 않다. 학자는

---

* 타자의 몸(물체)은 원본적으로 주어지지만, 그 신체(심리)는 감정이입, 즉 유비적으로 만드는 통각의 의미전이(意味轉移)에 따라 간접제시(Appräsentation)로, 함께 파악함(comprehensio)으로 주어진다. 후설은 이 용어를 의식경험을 심리학주의로 기술한 립스(Th. Lipps)에게서 받아들였지만, 오히려 심리학주

구체적 감각기관에 관련된 구체적으로 감각에 민감한 구체적 경험이 필요하기 때문이다. 구체적 감각기관의 경우 경험에 적합하게 잘 알려진 감각에 민감한 동물의 기관과 [식물의] 기관의 유비는 해석의 개연성을 충분히 정초할 수 있을 만큼 커야 한다. 이러한 점이 결여되었다면, 식물학을 물질적 자연과학으로 다루는 것으로 충분하며, 오히려 그렇다면 결코 다르게 다룰 수 없다. 그렇기 때문에 학자는 식물이 —아무튼 우리가 감정이입과 간접적으로 규정되어 분석하는 어떤 교량도 없기 때문에, 그것을 인식할 수 없다는 점 이외에는 —감각에 민감하다는 사실을 배제하지 않는다.

그럼에도 나는 여기에서 단지 [현대에] 지배적인 생리학적 식물학과 일반적 생물학을 최대로 가능하게 적용시키게 실행할 것이며, 아무튼 해석적 경험이 그 풍성한 역할을 할 수 없는지, —여기에서도 종종 인정받지 못하더라도 동물학에서 확실하게 실행하듯이 —사실적으로 실행하지 못하는지 하는 문제는 미해결로 놓아둔다.

3. 육체론과 심리학의 경계설정

여기에서 육체론이라는 명칭 아래 실행한 분리는 완전히 자연적 분리이며, 학문의 경우에서만 어떻게든 생각해볼 수 있을 만큼, 즉 경험과 경험의 대상성의 근본형식을 통해, 철저하게 탐구의 부류를 제한한다. 그럼에도 자립적인 고유한 육체론이 결코 형성되지 않았다는 사실이 이해될 수 있으며, 마찬가지로 그러한 학문의 이념(실로 이 이념은 학문이론의 근거에 입각해 매우 중요하다)이 결코 착상되지 않았다는 사실도 이해될 수 있다. 이러한 학문의 착상은 그 학문

의를 비판하고 타자경험의 구성을 해명하는 선험적 분석에 적용했다.

이 엮어 파악하는 직물(織物)에서 감각을 순수하게 분리해내는 것을 전제하고, 따라서 익숙하지 않은 현상학적 분석을 전제하며, 완전히 파악해 주어진 것과 우리의 자연적 시선방향을 규정하는 것으로부터 시선을 전환하는 것을 전제한다. 우리는 신체를 지각하지만, 이것과 하나가 되어 신체에 '의해' 신체가 그때그때 나타나는 방식에서 지각되는 사물도 지각하며, 이것과 하나가 되어 우리 자신을 인간으로 의식하게 되고, 신체에 의해 거기에서 그러한 사물을 지각하는 자아로 의식하게 된다. 신체로 파악된 그 신체는 촉각이 감각됨에 관해 자신이 장소화되는 층을 갖지만, 우리는 신체에서 이 사물을 만지며, 옷 등의 접촉을 '감각한다'. 그러므로 '감각작용'에 애매함이 생긴다. 신체는 감각하고, 이것은 장소화된 것에 관계한다. 장소화된 것을 통해 우리는 사물을 '감각한다'. 여기에서 '감각작용'은 공간사물에 관한 지각작용이고, 지각작용 속에 정신적 시선을 사물로 향한 것은 바로 우리이며, 이 신체는 우리의 신체다.[*]

그러나 현상학적으로 파악의 연관을 분석하면, 우리가 상세하게 기술한 파악 층은 명증해진다. 그리고 파악 층이 반성적으로 올바르게 인식되었든 않든, 이론적 경험과 이 경험의 근거 위에 수립될 수 있는 문제—모든 진정한 이론과 진정한 학문에서처럼 올바로 수립되고 성공적으로 실행된 문제인 한—를 지배한다. 더구나 이것에는 자명하게 동물학, 특히 생리학이 속하며, 다른 한편으로 이 모든 것을 올바로 경계설정해 이해하면, 심리학이 속한다. 왜냐하면 두 측면에서 곧바로 여기서 문제가 되는 특수하게 육체론적인 것의 영역에서 잘못 수립된 아주 많은 문제도 있으며, 이 문제에는 소속된 이론에 상응하는 가치가 (예컨대 '공간표상·시간표상·사물표상의 심리학

---

* 부록 2를 참조할 것.

적 근원'이라는 명칭 아래 수립된 문제와 이론의 복합체 전체가 완전히
이치에 어긋나고, 특히 그것에 의해 육체론의 분야에 포함될 것에 따라
완전히 이치에 어긋나듯이) 있기 때문이다. 그 속에서 신체가 감각에
민감하게 구성되고 그래서 이 신체 자체가 구성되는 파악 층은 다른
한편으로 영혼과 영혼적 자아에 구성적 층과 밀접하게 융합된 것으
로, 게다가 영혼의 파악이 필연적으로 신체의 감각상태를 자체 속에
받아들여야 할 만큼 밀접하게 융합된 것으로 보인다.

   실로 순수 의식의 관점에서 감각은 인식작용(Noese)*의 모든 근본
종류에 불가결한 소재적 토대이며, 우리가 사물경험 또는 신체경험
이라 하는 의식이 ──각각의 의식이 영혼의 통각 속에 들어오고, 영
혼과 영혼적 자아의 실재적 상태가 되며 또 실재적 상황에 실재적 상
태가 되듯이 ──그 구체적 통일체 속에 파악의 소재(Stoff)(나는『논
리연구』에서 '재현하는 내용'repräsentierende Inhalt**이라는 오해받기
쉬운 표현으로 말했다)로서 감각을 본질적으로 포함한다면, 물질적
지각을 실재화하는 파악 속에 물질적 징표에 제시하는 내용으로 기
능하는 동일한 감각은 〔첫째〕 우리가 신체경험이라는 새롭게 실재
화하는 파악 속에 감각의 상태로 장소화를 받아들이고, 이번에는〔둘
째〕 특수한 신체성을 나타내며, 결국 셋째 자아의 지각상태(물질적

---

* 이 말의 어원은 그리스어 'nous'(지성)이며, 이와 관련된 후설의 용어 'noesis'
  와 'noema'를 정확하게 이해하려면 플라톤의『국가』(Politeia) 제6권 '선분의 비
  유'(519d~511e)를 주목해야 한다. 여기에서 플라톤은 인식대상을 가시적인 감
  각의 대상들(ta aistheta)과 지성에 의해 알 수 있는 것들(ta noeta)로 나누고, 인
  식주관의 상태를 전자에서 그림자[像]에 대한 짐작(eikasia)과 실재에 대한 확
  신(pistis)을, 후자에서 수학적인 것에 대한 추론적 사고(dianoia)와 이데아(형
  상)에 대한 직관(episteme)을 대응시켰다. 또한 전자를 속견(doxa), 후자를 지
  성에 의한 인식(noesis)이라 불렀다. 이러한 맥락에서 'noesis'는 지성적 작업이
  관여된 '인식작용'으로, 'noema'는 '인식대상'으로 옮긴다.
** 특히『논리연구』제2-2권, 제7절 53~58항을 참조할 것.

지각작용과 마찬가지로 신체의 경험작용)라는 명칭 아래 영혼적인 것의 구성요소이고, 그래서 영혼(즉 영혼의 상태성)에 속하며 이에 상응해 자아 삶(Ichleben)에 속한다. 누구나 이 모든 것을 볼 수 있고, 이것을 순수 본질분석을 통해 명석하게 주어진 것으로 이끌 수 있으며, 우리가 명시한 것을 따라온 사람은 우리와 함께 그것을 이미 보았다.

따라서 그것은 우연적인 것이 아니라, 영혼에 관한 학문으로 이해된 심리학도 모든 감각과 관련된다면, 본질근거에 입각해 이해할 수 있는 것이다. 어떻게 심리학이 그것에 관련되고 관련되어야 하는지 하는 물음은 '심리학적 경험'에 깃든 의미에서만, 경험의 이 새로운 근본형식 속에 구성되는 영혼의 실재적인 것에서만 이끌어 낼 수 있다. 그러므로 이러한 경험을 심문해야 하고, 그 경험의 지향(Intention)이 일치해 충족(Erfüllung)*을 발견하면서 영향을 미칠 때마다 어떻게 영혼적인 것이 주어지는지 ──이것은 사실적이 아니라 본질에 적합한 것이다──를 주시해야 한다. 심리학이 도대체 무엇과 관계되어야 하는지, 무엇이 또 어떤 의미에서 그것이 심리학에 속하

---

* 후설의 '지향'과 '충족'을 더 정확하게 이해하려면, 『논리연구』 제2-1권에서 분석한 '표현'(Ausdruck)의 구조를 살펴보아야 한다. 표현에는 의사소통하는 심리적 체험(형식)과 문자나 음소, 즉 물리적 체험(내용)으로 이루어진 '통지기능', 통지기능을 통해 표현에 의미를 부여하고 의미규정을 통해 대상성을 직관하는 '의미기능', 의미기능을 통해 표현되고 생각된 대상성을 지시하는 '명명기능'이 있다. 그러나 통지기능이 없어도 의미는 있을 수 있지만(이를테면 표정·몸짓·독백 등) 의미기능이 없는 표현은 불가능하고, 의미를 통해 표현된 대상성은 비록 가상(假象)이라도 그 표현을 무의미하게 만들지 못하기 때문에, 표현의 본질은 의미기능에 있다. 그런데 의미기능에는 의미를 부여해 표현된 대상성과 관계짓는 '의미지향'과 이 의미지향을 확인·보증·예증해 지향된 것을 직관적으로 충족시키는 '의미충족'의 계기가 있다. 따라서 "의미지향은 의미충족에 선행하고, 의미충족이 없어도 표현을 이해시켜주기 때문에 의미충족보다 더 본질적인 의미의 담지자"(같은 책, 55~56쪽)다.

는지, 이 '무엇'(was)의 의미가 방법의 일정한 원리를 심리학에 지시하는지 하는 일반적 물음에서도 동일한 것이 적용된다.

다른 사람은 이에 관해 다르게 생각할 수 있으며, 누구나 심리학의 본질과 그 방법에 관해 정보를 얻으려면 심리학연구소로 가서 전문가에 물어 보아야 할 것이다. 그것은 누구나 '전문가'에게 그에 상응하는 확신이 확장되는 것을 매우 일반적으로 발견하는 것과 마찬가지다. 즉 수학자나 자연과학자의 경우 전문적 수학자나 자연과학자만 수학 또는 자연과학의 본질·목적·방법에 관한 정보를 줄 수 있고, 이 점은 어디에서나 그러하다. 그렇지만 나는 그렇게 판단하는 사람과 논쟁할 수 없다. 왜냐하면 그는 비-철학적 학문에 대립된 철학이 본래 무엇이 되려 하며 또 무엇이 되어야 하는지를 아직 이해할 수 없기 때문이다. 그러나 이것을 이해한 사람은 방법적 기술(技術)은 철학자가 아니라 독단적 학자, 즉 독단적 학문의 관심과 소관사항이라는 사실, 이에 반해 원리적 본질, 범주적 유형에 관한 모든 학문의 이념과 모든 학문의 '의미'인 그 방법의 이념은 학문 자체에 선행한다는 사실, 그 교리(Dogma)를 규정하고 따라서 아프리오리하게 규정하는 모든 학문의 대상성의 이념이 지닌 고유한 본질에 입각해 규명할 수 있고 또 규명해야 한다는 사실을 알고 있다.

수(數)의 '본질'을 파악하기 위해, 산술의 근본개념을 해명하고 이것으로부터 산술의 방법론의 원리적 원천을 이해하기 위해, 적분방정식이나 이와 같은 이론에 관한 어떠한 반성도 우리를 가르칠 수 없고, 그것을 위해 우리는 구구단표를 한번도 통달할 필요가 없다. 마찬가지로 영혼의 본질과 그 가능한 목적과 방법(원리적 일반성에서)을 해명하거나 학문적으로 규정하는 것은 심리학의 전문가, 즉 심리학자가 아니라 철학자의 소관사항이다. 이것은 [대상을] 부여하는 의식의 범주적 근본형식으로 상관적으로 소급해 이끄는 모든 존재의 범주에 적용된다. '모든 학문적 방법은 동일한 종류다' 따라서 철학은 정밀한 학문, 예컨대 수학과 특히 자연과학을 모범으로 삼아 방법적으로 진행되어야 한다' '철학은 자명하게 특수과학에 의거해야 하고 특수과학의 성과를 계속 소화해 자기 것으로 만들어야 한다' 와 같은 명제*는 종종 〔너무〕 반복되어서 〔이제는〕 그 명제가 수반하는 모든 설명과 더불어 완전히 진부한 것이 되었다. 그 명제 속에 있는 얼마간의 진리가 반복함으로써 더 커지지는 않지만, 그에 반해 이 왜곡된 명제의 매우 큰 부분의 비-진리가 만들어냈던 피해는 막대하다. 그 피해는 이제 독일철학을 당장이라도 소진시킬 듯하다.

나는 독단주의자가 독단적으로 진보하더라도 〔이 진보를〕 의심할 여지없이 완전히 확신하고 바로 결코 철학자가 아니라 단지 〔자기 분야에서〕 전문가가 되려 한다면, 철학자의 말에 귀를 기울이지 않는 사실이 정당화될 수 있다고 생각한다. 그러나 독단주의자가 철학자가 되려 하며 철학을 독단적 학문의 일종의 연속으로 간주한다면, 그는 물리학과 화학이 충분히 진보할 경우 인류는 '에를리히와 하타의'(à la Ehrlich-Hata)** 수단을 통해 물리〔신체〕적 매독뿐 아니라 도덕적 매독도 치료할 수 있을 것이라 잘못 상상하는 사람과 같다.

감각에 관한 답변은 명백히 다음과 같다. 즉 감각은 그 경험의 종

---

* 이와 같은 명제는 자연과학의 방법으로 검증할 수 있는 것만 유의미한 것으로 간주하고 모든 학문을 이러한 방법으로 통일하려는 논리적 실증주의(Logical Positivism)의 견해로 극명하게 대변된다.

** 에를리히(P. Ehrlich, 1854~1915)는 독일의 슐레지엔(지금은 폴란드 영토) 슈트렐렌에서 유대인으로 태어나 여러 대학에서 생리학과 의학을 공부했다. 그는 혈청학·면역학·악성종양 그리고 세균성 전염병에 대한 화학요법을 줄곧 연구해 1908년 노벨 생리·의학상을 받았다. 1910년 일본인 제자 하타 사하치로(秦佐八郎)와 함께 매독치료제인 살바르산을 발견했는데, 그 실험횟수 때문에 흔히 '606호'라 한다.

류에 적합하게 육체론에서 신체의 감각에 민감함이 드러나며, 따라서 이러한 학문에서 이론적 사고의 과제는 이 감각에 민감한 인과적 연관을 추구하는 반면, 심리학은 감각을 경험한 의미를 따라가면서 그 경험의 통일체인 영혼에 속하는 바로 인과적 연관을 추구해야 하고, 영혼적 연관 속에 자신의 지위에 상응하는 그 실재적–인과적 관심을 감각에 기울여야 한다. 당장 일반적 논의에 들어가면, 우리는 바라던 모든 명석함을 얻게 된다. 그리고 영혼이 의식이라는 명칭 아래 그 상태성을 갖는 실재성이라면, 앞에서 상론한 것에 따라 이 의식은 자기지각을 통하든 해석하는 지각을 통하든 신체에 속한 것으로 주어진다. 따라서 신체의 객체화가 기초에 있고, 또 신체가 영혼을 기초짓는 실재성의 지위를 받아들이는 방식으로 기초에 있다. 요컨대 어떤 인간이 주어지고, 물질적 신체사물을 내포하는 실재성, 즉 감각됨(Empfindnis)의 층을 통해 신체가 되고 또 감각됨의 층과 함께 엮인 영혼의 층을 통해 완전한 인간이 되는 실재성으로 주어진다.

그래서 우리는 서로 얽혀 있는 세 가지 실재성을 갖는데, 이 일련의 연속하는 각각의 것은 단순히 새로운 층을 끌어들인다는 사실을 통해 이후의 것이 이전의 것을 내포한다. 감각은 이른바 두 번째 단계와 세 번째 단계의 한계에서 공통적인 것으로 있다. 두 번째 단계에서 감각은 신체가 감각에 민감하게 드러남이다. 다른 한편 이것은 세 번째 단계에서 지각하는 파악에 소재의 토대, 예를 들어 이 경우 위에서 논의한 이중의 파악기능 ─ 동기를 부여하는 것의 기능에서 운동감각의 파악으로, 〔일정한〕 상황 아래 물질적 객체의 상태적 내용(예를 들어 색깔·평평함 등)으로부터 무엇을 제시하는 동기부여된 것의 기능에서 제시하는 감각으로 이중의 파악기능 ─ 속에 있는 물질적 지각에 소재의 토대다.

이 모든 파악은 이제 더 높은 특수한 자아의 의식과 얽혀 있다. 그러나 자아의 시선이 이 층으로부터 그 파악을 관통해가든 않든, 자아가 파악하는 가운데 자신의 자발적 자아작용으로 지배하든 않든, 파악은 어쨌든 (더구나 이때 자발적 작용의 경우와 마찬가지로) 단순히 순수 의식의 사건이 아니다. 오히려 파악 자체는 바로 영혼적 상태로 자신의 파악을 겪는다. 인간이나 동물은 그 감각의 상태와 의식이 그 어떤 방식으로 결합된 단순한 신체가 아니다. 오히려 인간은 영혼적 독자성을 띠는데, 이 독자성에 의해 인간은 그가 자신의 신체성을 통해 감각하는 감각을 곧바로 그렇게 자신의 의식 속에 받아들이고, 감각을 곧바로 그렇게 파악하며, 이렇게 함으로써 나타나는 것에 곧바로 그렇게 태도를 취하고 이론적으로 경험하며 사유하고 가치평가하며 행동해, 자신이 재생산하는 작업(Spiel)이 바로 그러한 형세로 경과하고, 이 작업과 더불어 원본적 인상(감성적 인상과 비-감성적 인상)이 진행되는 가운데 그렇게 결합된다 등등.

이제 감각이 한편으로 육체적 경험 속에 다른 한편으로 심리학적 경험 속에 기능하는 방식이나 감각과 더불어 주어지는 것을 비교하는 데 시선을 돌리면, 다음과 같은 예리한 구별에 직면하게 된다. 두 가지 측면에서 감각은 근본적으로 다른 방식으로 파악되고, 따라서 그 차이도 두 가지 측면에서 주어진다. 즉 한편으로 신체가 감각에 민감함, 또는 신체의 행동으로 감각됨이다. 다른 한편으로 신체적인 것을 드러내주는 감각됨은 영혼적 상태의 경험 속에 찾을 수 있는 것이 전혀 없고, 이러한 육체적 파악은 가령 영혼상태의 파악 — 더 자세히 말하면, 그 속에 감각이 제시하는 것으로 기능하거나 어떤 허구의 상(像)(그려진 '상')을 수용하는 파악 등으로 기능하는 사물을 지각하는 상태의 파악 — 의 존립요소가 아니다. 이 모든 것에서 영혼의 파악 일반이 신체의 파악 속에 기초지어진다는 상황은 결코 변경되지 않는다. 이 두 파악은 사실상 이중적일 뿐 아니라 근본의 본성상 이중 감각의 이중 기능을 통해 서로 얽혀 있다. 이 두 파악은 서로 얽혀 있을 뿐 아니라, 어떤 파악도 다른 파악 속에 들어가지 못한다. 이것은 모든 감각에도 적용된다. 또한 한편으로 그 감각이 신체가 느낌의 감각에 민감함을 육체론으로 드러내주는 반면, 다른 한편으로 감각이 느낌의 기능 속에 들어오지만 육체적 파악의 어떤 것도 이 기능 속에 끌고 들어오지 않는 1차적 감각 속에 기초지어진 감성적 느낌에도 적용된다.

그런데 이러한 점은 감각에 대한 탐구방식과 특히 감각에 대한 인과적 탐구방식에 관한 물음이 육체론과 심리학에서 매우 다르게 답변된다는 사실과 연관된다. 영혼적으로 고찰해보면, 감각은 단순히 파악(확고하게 한정할 수 있는 일정한 의미에서 표상)이다. 이것으로써 우리는 이 파악에 의해 부각되는 (어쩌면 1차적 주목함이나 2차적 알아차림을 관통해가는) 전경(前景)파악, 즉 자기 주변에서 '드러나 나타나는' 어떤 것을 필연적으로 의식하게 하는 배경(背景)파악을 결코 잊어버리지 않는다. 따라서 심리학적 인과성은 특히 심리적 상태와 관련된 인과성이다. 심리학적 관점에서 소재는 단순히 거기에 있고, 이 소재는 기능을 한다. 즉 이러한 사실은 특수한 영혼적인 것이다. 이 특수한 영혼적인 것에 관해 특별히 인과적으로 몰두하는 것은 심리학적 단계에 맞지 않는다. 그래서 소재의 인과성에 관해 묻자마자, 우리는 태도를 바꾸고 육체론을 추진했다. 감각으로 향할 수 있을 인과적 물음은 육체론의 물음일 뿐이다. 이제 특수한 영혼적 인과성의 영역을 고찰하면, 우선 다음과 같이 말해야 한다.

즉 영혼의 파악 또는 인간의 파악의 의미에는, 인간이 자신의 육체적 상태와 영혼적 상태에 관해 그것이 자신의 감각이라는 점을 통해서뿐 아니라 특수한 영혼적인 것에 관해서도 물질적 신체사물에 의존한다는 사실이 포함되어 있다. 이렇게 의존하는 그 범위가 얼마인지는, 모든 경험파악의 경우와 마찬가지로, 파악하는 의미의 형식이 〔규정되지 않고〕 개방되어 있는 것, 즉 파악하는 의미가 그 자체 속에 규정할 수 있는 것으로 함축하는 것을 더 자세하게 규정하는 현실적 경험이 계속 진행됨으로써 규정된다. 그러므로 감성적 재생산의 경과, 계속해 재생산 일반의 경과, 파악하는 삶과 계속해 이 파악하는 삶에 의존하는 지성과 감정의 삶이 신체의 물리적 조직에 의존하는 전체 양상과 리듬이 입증된다.

먼저 인과적 의존성의 종류에 관해 영혼적인 것의 실재성은 이제 신체적인 것의 실재성과 아주 유사한 관계에 있는 것으로 보인다. 그렇지만 바로 즉시 본질적 차이를 보게 된다. 우리는 동물적 존재라는 기초지어진 실재성의 구조의 기초로서 신체물질(Leibesmaterie)을 가지며, 이 신체물질에는 물질적 자연의 인과적 연관에 통합되는 그 자체에 대해 완결된 인과적 연관이 포함된다. 그러나 이 문제는 물리적 신체가 물질적 실체(Substanz)로 입증되는 물리적 신체의 물질적 인과성에만 그치지 않는다. 오히려 물리적 신체가 인과적 상황이 얽혀 규정되어 포함된 물질적 상태를 받아들이면, 신체로서 자기 자신의 것인 육체론의 감각 층에는 규정되어서 그것에 포함된 감각됨이 변경된다. 이러한 변경은, 자신의 측면에서는, 자연의 층으로 반작용(反作用)을 거꾸로 실행하는 일이 결코 없다. 감각은, (부수현상으로서) 일종의 음영지음처럼, 신체의 일정한 물질적 상태를 따르는 듯이 보인다. 영혼의 층도 감각됨의 육체론의 층과 마찬가지로 신체적 상태를 명백하게 하는 기능적 결과로 간주될 수 있다면, 그 상태는 영혼의 층에 대해서도 동일할 것이다.

그렇다면 심리학 또는 인간학과 동물학은 결국 더 높은 단계의 육체론의 학문일 것이다. 물론 이때 모든 자발성, 따라서 신체의 자유로운 운동 속에 드러나는 영혼의 자발성도 하나의 단순한 '부수현상'일 것이고, 우리가 자유로운 운동 속에 '의도함'(Wollen)이라 하고 또 영혼적 자아에 관해 '자아작용'(Ichakt)이라 한 것은 일정한 신체적 경과의 순수한 결과일 것이며, 운동 자체는 물질적 인과성의 영역에서 순수하게 원인이 되었던 과정일 것이다.

그러나 더 정확하게 살펴보면, 우리는 심리적 실재성 속에 이 실재성이 신체와 물질에 의존함에 관해 다른 모든 의존성에 대립하는, 신체에 특유한 의존성에 대립하는 근본상 본질적 차이를 발견했다. 즉 영혼이 변화되지 않고 항속(恒續)하는 것이 원리상 불가능하다는 것과 이와 일치해 동일한 상태로 다시 되돌아가는 것이 원리상 불가능하다는 것을 발견했다.* 벌써 이러한 점에서 **심리물리적 평행론**이 이치에 어긋남은 분명해진다. 영혼이 감성과 동일한 방식으로 물리적 신체에 의존한다면, 노인의 심리가 어린이의 심리로 퇴행해가는 것, 즉 〔이미〕 노인이 된 동일한 상태의 똑같은 어린이의 심리로 퇴행해가는 것이 원리상 가능해야 할 것이다. 그러나 이러한 일은 영혼의 고유한 특색, 즉 영혼의 필연적 발전특성에 따라 원리상 제외된다.

이 모든 경우에도 다음과 같이 점에 주목해야 한다. 즉 감각 장(場)에서 일어난 사건이 신체의 물질성(신체의 그때그때 규정된 물질적 구성)에 갖는 일면적이고도 한 가지 형태의 의존성은 새로운 종류의 층을 지닌 새로운 종류의 대상성이 육체적 통각이나 경험을 통해 구성된다는 사실을 전혀 바꾸지 않는다. 새로운 종류의 층은 배제되지 않았고, 오히려 생리육체적인 인과적 관련의 탐구 속에 전제되어 있다. 이 경우 신체의 성향(physis)**과 신체도 인과적 관련 속에 있으며,

---

* 부록 3을 참조할 것.
** 그리스어 'physis'(어간 'phy'는 성장을 뜻한다)는 본래 직접 생성되는 실재(to on), 근본원리(arche), 본질(ousia)을 가진 것 등을 뜻하는 말로, 오늘날 과학적 기술을 통해 경험하고 관찰할 수 있는 영역에 대한 총체개념으로 사용되는 '자

신체의 성향은 다른 신체에 기초지어진 두 가지 실재성이다. 그리고 실재성 일반의 인과적 관련에서와 마찬가지로 여기에서도 어떤 실재성의 상태가 등장하는 것은 그에 상응하는 상황 아래 그에 속한 다른 실재성의 상태가 등장하는 것에 인과적으로 의존한다(영향을 미친다). 그러나 여기에서 상황과의 관련은 단지 물질적 상황을 뜻할 뿐이다. 즉 일면성은 바로 기초지어진 실재성이 어떠한 고유한 상황도 수반하지 않는다는 사실, 따라서 기초지음에 속한 것 이외에는 고유한 인과성이 전혀 없다는 사실에 있다. 이러한 상태는 영혼-통각의 경우도, 심지어 영혼이 이러한 방식으로 신체의 단순히 더 높은 부속물이라도, 마찬가지일 것이다.

요컨대 영혼적인 것에 대한 의존성이 물리적-신체적인 것으로 넘어간다는 사실은 확실하다. 그 의존성이 실제로 어디까지 도달하는지를 결정하는 것은 심리생리적 경험탐구의 소관사항이다. 다른 한편 그 의존성이 어디까지 도달할 수 있는지, 따라서 '생리학적 상관자'에 관한 물음과 이에 상응하는 가설적 구축에 관한 물음이 어디까지 의미가 있고 현실적 탐구의 진행을 주도할 수 있는지는 현상학적 본질탐구의 소관사항이다. 현상학적 본질탐구는, 기하학이 측지학(測地學)의 연구에 절대로 확고한 한계를 지정해주는 것과 정확하게 똑같이, 심리물리적 연구에 절대로 확고한 한계를 지정해준다. 어쨌든 이에 관해서는 이성적 심리학의 이념을 숙고할 때 더 논의해야 할 것이다.

지금까지 우리의 연구가 진척된 한에서 **심리학의 이념**은 심리적 실재성을 향한 학문으로서 생긴다. 이 학문은 〔한편으로〕 육체론으로

연'과는 거리가 먼 개념이다. 어쨌든 이 용어를 그때그때 문맥에 따라 적절하게 옮기지만, 여기에서는 '성향'(性向)으로 옮긴다.

부터 게다가 (물질적 자연에 관한 일반적 학문에 통합되는) 물리적 육체론뿐 아니라 감각론의 육체론과 구별되어야 하고, 다른 한편으로 실재성의 기초지음에 정확하게 상응해 이 육체론과 얽혀 있다. 만약 심리(Psyche)가 결코 고유한 실재성이 아니라 단지 육체(Soma)에 관한 실재성의 한 층이라면, 그 심리는 어떠한 자립적 학문도 정초할 수 없다. 물리적 자연과학은 하나의 자립적 학문이며, 물리적 육체론처럼 그 학과 속에 상대적으로 자립적이다. 왜냐하면 육체론은 자립적 학문이지만, 육체론의 감각론은 비-자립적이며, 인간학(또는 완전히 이해된 동물학)도 자립적이기 때문이다. 그러나 이러한 점은 우선적 탐구의 관심이 바로 영혼과 이 영혼에 속한 실재성의 물음, 따라서 인과성의 물음으로도 향할 수 있다는 사실을 가로막지 않는다. 어쨌든 모든 실재성의 학문의 경우에서처럼 이 경우 독특한 객체〔대상〕는 바로 관련된 종류의 실재성, 따라서 영혼 또는 인간의 영혼에 관해 인간이며, 영혼은 의식체험의 '다발'이 아니라 의식체험 속에 드러나는 실재적 통일체다. 사람은 영혼을 묵살할 수도 있고, 영혼을 하나의 '말하는 방식'(façon de parler)이라 경멸해 부를 수도 있다. 그 때문에 아무튼 영혼은 파악에서 지배적인 것이며, 이에 상관적으로 속한 이념과 더불어 연구에서 결정적인 것이다. 그러나 더 잘 말하면, 정확하게 이야기하고 잘못 해석해버리지 않는다면, 정확하게 사고해야 하는 한, 〔영혼은〕 언제나 생생하게 남아 있어야 할 것이다.

지금까지의 고찰은, 순수한 자아와 영혼적 자아를 특히 고려하지 않았던 한, 따라서 심리학의 과제와 인과적 탐구의 연관을 규정하는 방식을 더 상세하게 숙고하지 않았던 한, 불완전한 것으로 나타난다. 어쨌든 이러한 관점에서 영혼적 통각-자아에 대한 탐구는 단지 영혼 탐색 일반의 한 단계라는 사실을 즉시 알 수 있다. '어떻게 자아가 순수 자아로서 등장하는지' 하는 문제는, 심리학적 영역이 자연의 연관 속에 작용이 일어나는 것을 탐구하는 한, 심리학의 영역에 속한다. 반면 '어떻게 자아가 경험적 자아로서 그 속에서 발전하고 변형되며 항상 새로운 기질을 획득하는지' 하는 문제는 단지 '어떻게 영혼 일반이 발전되고 변형되는지' 등의 물음이 특수화된 것이다. 모든 영혼적인 것(Seelisches)이 특수하게 자아적인 것(Ichliches)은 아니다. 자아가 그때 참여하든 않든, 연상(聯想)은 형성된다. '고유한 자기(自己)심리의 규칙이 자아와 그 작용에 속하는지 아닌지 또 어디까지 속하는지' 하는 문제는 특수한 심리학적 탐구의 소관사항이다. 어쨌든 영혼적 자아는 영혼의 전체 연관을 통해 함께 규정되며, 영혼의 더 좁은 영역을 넘어서 도달하는 일반적으로 영혼에 대해 타당한 규칙에 지배된다. 우리는 여기에서 더 이상 오래 머물 필요가 없다.

4. 자연과학적 고찰에서 '공동체'

우선 신체가 자리를 잡는 물질적 세계 속에 발을 딛고 기초지어진 경험의 단계순서를 따라가면서 우리는 그에 상응하는 일련의 경험 단계에 대해 근원적 영역을 규정했다. 파악과 이 속에 구성되는 대상성의 근본종류에 대한 현상학적 해명은 그에 상응하는 학문의 독특한 의미를 철저히 통찰하게 한다. 아무튼 우리에게 특히 교훈적인 것을 획득하지 않고도 여전히 단계순서를 확장할 수 있을 것이다. 심리적 객체들이 서로 결합되어 있고 다른 단계의 단체나 사회로 함께 묶인다면, 이것은 근원적 자연을 통한 기초지음(Fundierung)의 관점 아래 어떠한 새로운 객체성도 낳지 않는다. 왜냐하면 어떠한 새로운 영혼도 이것에 의해 신체와 그 영혼의 총체 위에 구축된 더 높은 단계의 영혼으로서 생기지 않으며, 어떠한 통일적 의식의 연관 — 이것에 근거해 새로운 실재성, 즉 공동체 영혼의 실재성이 구성된다 — 도

구성되지 않기 때문이다.

자연과학의 관점에서 앞에 놓여 있는 것은 특별한 의식, 특별한 자아를 지닌 특별한 영혼이 그 각각에 속하는 약간의 개별적 인간이다. 신체의 물질적 상호관련을 통해 가능해진 심리물리적 상호연관에는 지향적으로 심리적-외적인 것으로 향한 작용이 개별적 영혼 속에 생긴다. 그러나 여기에 등장하는 것은 항상 개별적 영혼의 새로운 상태뿐이다. 이것은 다수의 물질적 사물이 상대적으로 완결된 영향과 연관되며 이것을 통해 어쩌면 물질적 통일체처럼 고찰되어야 할 물질적 체계를 산출할 때와 다르지 않다. 이때 원리상 새로운 종류의 학문이 생기지는 않는다. 만약 영혼이 아니라 정신적 인격이 이러한 통일체를 형성하는 요소로 간주된다면, 우리가 그와 같은 것도 말해야 하는지 그리고 말할 필요가 있는지는 다른 물음이다. 그렇지만 지금 우리에게는 〔그러한 물음을 다룰〕 정신이 전혀 없다. 우리는 자연과학 속에 서 있고, 그 자체로 물질적 자연이거나 물질적 자연 속에 기초지어진 실재성의 전체를 통해 정의하고 있다.

제2절 심리학과 현상학의 관련

5. 학문에 대한 현상학의 관계

이제 우리의 특별한 관심을 심리학과 현상학의 관련으로 돌리자. 이 제2절의 총체적 분석은 그 자체로 현상학적 분석이며, 심지어 그 분석이 현실적 경험에 연결되는 곳에서도, 경험과학적 분석으로 오해될 수는 없다. 예를 들어 그 어떤 '파악' '지각' 등 단일의 경험자료는 어디에서나 단지 범례로 적용되었으며, 우리는 항상 즉시 본질태도로 이행했고, 본질에 속한 것을 형상적으로 탐구했다. 그것은 일정한 파악의 본질 속에 포함된 가능성, 일련의 직관이나 경험으로 이행할 수 있는 가능성, 따라서 그 의미 속에 추정된 것이나 경험된 것 자체의 의미를 일치시켜 충족할 수 있는 것 그리고 이와 함께 관련된 대상성의 의미를 설명할 수 있는 것이다.

현상학적 분석은 한편으로 추구된 성과의 방법과 종류를 직관적 본질분석의 부분에서 예시(例示)한다. 그러나 〔다른 한편으로〕 현상학적 분석은 서로 뒤섞여 기초지어진 실재성의 범주 ─물질·신체·영혼과 영혼적 자아 ─의 본질을 근원원천에서 길어내는 데, 나아가 이 본질을 통해 규정된 그에 상응하는 학문분야의 원본적 의미를 파악하는 데 이바지한다. 이와 동시에 필요하다면 다른 방향에 관해 동일한 의미에서 계속 실행할 수 있는 이 분석을 통해 ─이러한 학문의 방법의 원리적 특유성을 규정하기 위해, 또한 예를 들어 물리적-자연과학적 방법과 심리학적 방법이 어디까지 평행하게 갈 수 있으며 이 방법이 어디까지 근본적으로 달라야 하는지를 통찰해 이해할 수 있기 위해 ─모든 예비조건이 충족된다(또는 보충하면서 충족될 수 있다).

여기에서 원본적으로 생기는 규범*은, 학문의 진행을 혼란시키지 않는다면 또 학문을 잘못된 문제설정과 경험방식으로 유혹해 잘못 이끌지 않는다면, 결코 무시될 수 없다. 방법을 만드는 것은 '현대과학'이라 부르는 것도, '전문가'라 부르는 것도 아니다. 오히려 대상의 본질 그리고 관련된 범주의 대상에 속한 가능한 경험의 본질(이것은 현상학적 구성의 아프리오리**다)이 방법의 모든 원리적인 것을 지정

---

* 후설은 『이념들』제1권에서 현상학의 규범을 "의식 자체, 즉 순수한 내재성 (Immanenz) 속에 본질적으로 통찰할 수 있는 것 이외에 아무것도 요구하지 말라"(113쪽)고 분명히 밝혔다.

** 전통적으로 '아프리오리'(a priori)는 ① 그 자체로 경험 속에 주어지지 않는 경

하며, 이러한 본질을 직관적으로 파악하고 (철학적으로 엄밀한 개념과 정식화된 규범으로 이끌지 않더라도) 이에 따라 특별한 문제와 방법에 방향을 정하는 것은 천재적 전문가를 특성짓는다. 전문가의 모든 발견과 발명은 절대로 넘어갈 수 없는 아프리오리(Apriori), 즉 자신의 학설에서가 아니라 오직 현상학적 직관에서만 길어낼 수 있는 아프리오리의 테두리 안에서 움직인다. 하지만 이 아프리오리를 학문적으로 파악하는 것은 철학의 특별한 과제이지, 독단적 학문 자체의 과제는 아니다. 물론 방법 일반을 규범으로 규정하는 것은 대상성(Gegenständlichkeit)*과 구성적 직관의 모든 범주를 넘어서 포착하는 일반적 인식작용학(Noetik)**의 주제다.

그러나 우리는 아직 이 인식작용학이 없다. 이것은 직관의 측면뿐

험의 조건, ② 의식에 내재적인 것, ③ 모든 확실성은 필연성에 근거하고 이 필연성은 다시 아프리오리에 근거한다고 파악하는 형식적 개념이다.

반면 후설은 이 전통적 용어를 그 자체로 직접 의식에 주어지고 경험되는 구체적 질료를 지칭하면서 대문자의 명사형태(Apriori)로 사용한다. 따라서 그에게는 인식의 형식뿐 아니라 내용도 아프리오리하다. 즉 인식될 내용이 미리 완성되어 주어진다. 다만 이 내용에 대한 우리의 인식도 완성되어 있지는 않기 때문에 경험에 대한 발생적 분석이 필요하다. 요컨대 그의 구성(Konstitution)은 이 아프리오리를 새로운 대상성으로 드러내는 작용, 순수 주관의 상관자인 이 지향적 대상에 의미를 부여하고 형성하며 그 의미를 체계적으로 명료하게 밝히는 해명이다.

* '대상성' 또는 '대상적인 것'은 대상뿐 아니라, 그 사태·징표·관계 등 일정한 상황을 형성하는 비-자립적 형식을 가리킨다(『논리연구』제2-1권, 38쪽 주1을 참조할 것). 따라서 사태나 관계 등 '범주적 대상성'은 '오성(Verstand)의 대상성'이며, 현상학에서 본질직관은 감성적 직관에 그치지 않고, 이 대상성을 있는 그대로 파악하는 '범주적 직관', 즉 '이념화작용'을 포함한다.

** 이 용어는 'noesis에 관한 학'을 뜻하며, 따라서 39쪽의 역주에서 'nous'의 어원을 밝혔듯이, '인식작용[에 관한]학'으로 옮긴다.

1) 우리의 전문용어에 따르면, 이론적 태도 — 이것은 일반적으로 [어떤 것을] '바라봄'이 결코 아니다 — 는 단순한 파악에 속하지 않는다.

아니라 특수한 사유작용의 측면에 관해서도 아주 충분하게 실행된 인식의 일반적인 현상학적 본질학(Wesenslehre) 다음에야 비로소 가능할 것이다. 그렇지만 모든 학문의 방법은 그 학문(어쩌면 다른 학문과 함께)에 관련된 대상범주에 본질적으로 속한 원본적으로 [대상을] 부여하는 직관의 종류 또는 원본적 파악[1]의 근본종류를 통해 규정되어야 한다는 사실은 완성된 인식작용학이 없어도 그만큼 분명하다. 모든 자연[에 대한]인식은 그 궁극적 원천을 경험 속에 갖는다는 사실, 구체적으로 말하면, 모든 학문적 정초는 최종적으로 경험의 작용(원본적으로 [대상을] 부여하는 작용의 자연대상성)에 의거한다는 사실은 평범한 상식이다. 당연히 이러한 상식을 타당하게 받아들이면, 경험이 그 자체로부터 제시하고 또 경험의 본질 속에 명백히 근거하는 방법적 규범은 자연과학적 방법을 규정하는 것이어야 한다. 물론 동일한 사실이 모든 학문 일반에 적용되어야 하며, 모든 학문에서 필연적으로 정초는 최종적으로 사유작용의 영역을 넘어 직관으로 이끌고, 또 최종적으로는 원본적으로 [대상을] 부여하는 직관으로 이끈다. 이 직관은, 그 대상성이 다른 대상성을 경험의 대상성(자연영역의 실재성)로 간주한다면, 결코 경험일 수는 없다. 실로 우리는 본질적으로 다른 구성적 파악, 따라서 원본적으로 [대상을] 부여하는 작용의 근본형식도 다른 대상범주에 상응해야 한다는 사실을 이미 확인했다.

6. 경험적 학문의 존재론적 기초

모든 학문에서 방법도 대상성의 일반적 본질을 통해 규정된다. 이 본질은 그러한 대상성이 완전히 현전화되는 가운데, 따라서 그 파악 속에 놓여 있는 지향이 완전히 전개되는 가운데 직관적으로 제시되며, 당연히 본질태도 속에 그리고 파악으로 향함이 아니라 구성되는 대상적인 것으로 향하는 가운데 제시된다. 그러나 일반적 본질은 사유하면서 전개될 수 있고, 그 전개는 필연적으로 존재론으로 이끈다. 완전한 방법은 존재론의 체계적 형성을, 즉 이러한 관련된 대상범주에 속한 본질학을 전제한다. 이것이 제공하는 인식의 전체 존립요소는 범주에 관련된 사실과학의 가능한 경험적 인식을 언젠가 제공할 수 있고 동시에 사실[에 대한]인식 속에 함께 받아들이는 모든 것에 대해 절대적 규범이다. 존재론적 관점에서, 특히 관련된 대상적 범주가 아직 존재론으로 파악되지 않은 측면을 존재론으로 포착하게 이끄는 존재론의 근본인식이나 존재론의 학과를 정식화하는 관점에서 각각의 진보는 경험적 학문에 도움이 되어야 한다.

이 점에 관해 우리는 벌써 이야기했는데, 여기에서는 단지 권리를 정초하기 위해, 이성적 심리학의 절대적 필연성을 정초하기 위해 끌어들일 뿐이다. 그러한 엄청난 범위의 학과, 즉 진부한 형이상학적 심리학처럼 위로부터 공허한 '개념'(모호한 단어의미)을 토대로 구성된 것이 아니라 순수한 직관에서 길어낸 본질학이 반드시 존재한다는 사실은 (『논리연구』에서) 인식의 현상학에 대한 연구를 통해 비로소 깨닫게 되었다. '논리학'과 '윤리학'이라는 표제 아래 사유작용과 의지작용의 아프리오리에 대한 아주 오래된 모든 논의에도 불구하고, 이러한 사실을 이전의 모든 인식탐구자와 의식 일반의 탐구자는 완전히 놓쳐버린 것처럼 보인다. 왜냐하면 이러한 표제 아래 부여했고 부여하려 했던 것은 모두 여기서 문제 삼는 의미에서 심리학적 본질학일 뿐이기 때문이다. 위에서 말한 저술[『논리연구』]에서 현상학은 내적 직관(이것은 그 저술에서 때때로 느슨한 방식으로 '내적 경험'이라 불렀다) 속에 주어진 것을 순수하게 내재적으로 기술하는 것, 즉 아무튼 경험적 사실을 확인하는 것이 아니라 '이념화작용'

(Ideation)의 태도 속에 철저히 본질연관을 확인해 기술하는 것으로 주어졌다. 그 저술의 제6연구*에서 시도된 인식론 가운데 심리학주의에 대한 궁극적 반박은 바로 이러한 점에 의거했다. 따라서 『논리연구』에서 현상학적 본질학과 이성적 심리학은 일치했다.

그러나 이성적 심리학은 체험연관 속에 구성되는 실재적인 것의 존재론으로 파악되어야 하며 그런 다음 체험연관 자체의 본질과 일치할 수 없다는 것이 다른 관점에서 옳지 않다는 이러한 사실을, 우리는 실재성 일반의 이념과 마찬가지로 영혼의 실재성의 이념을 해명하고 영혼의 실재성과 자아의 실재성에 대한 오래된 (『논리연구』의 저자인 나 자신마저 여전히 지배하는) 불신(不信)을 포기한 다음에야 비로소, 쉽게 통찰할 수 있게 되었다. 현상학과 심리학적 존재론의 주목할 만한 관계, 현상학은 심리학적 존재론 속에 자리 잡을 수 있고 어떤 방식으로는 또다시 모든 존재론의 학과와 마찬가지로 심리학적 존재론은 현상학 속에 자리 잡을 수 있는 주목할 만한 관계는 상세하게 우리의 관심을 끌 것이고, 우리는 **정신의 존재론**을 위해 〔이것의〕 평행하는 관계를 통찰하게 배울 것이다.

7. 영역적 개념과 '유'-개념**

우선 내가 대상적 영역의 개념이라 불러 부각시킨 것, 즉 이 개념이 아프리오리하게 도출될 수 있는 방법을 직관적으로 또 완전히 명석하게 이끌어내는 일이 철학자와 현상학자에게는 지극히 중요하다. 그런데 이 도출이 뜻하는 것은 그 어떤 요청으로부터의, 즉 그 자

---

* 『논리연구』 제2-2권을 뜻한다.
** 부록 4를 참조할 것.

체로 직관을 통해 주어지지 않은 (칸트가 '범주'라 한 그의 연역*에서 판단형식의 체계와 같은) 그 어떤 사유체계로부터의 '선험적 연역'이라는 의미가 아니다. 어쨌든 필증적으로 명백히 밝혀지는 '선험적 길잡이'를 따라가면서 그 개념을 연역할 수 있는 것이 아니라, 개념 자체가 발견될 수 있고 또 한 걸음씩 개념 자체가 직시되면서 파악될 수 있는 것이다. 그렇다면 무엇이 이 개념에 그 고유한 의미를 부여하며, 영역적 개념만큼 많은 존재론이 ──더구나 이 존재론이 내용상 풍부하든 빈약하든, 거대한 학문으로 나뉘든 작은 그룹의 명제로 소진되든──아프리오리하게 있음에 틀림없을 정도로 그 개념을 존재론의 분야개념으로 예정하는지 분명하게 밝힐 필요가 있다. 그런 다음 학문, 우선 경험과학의 모든 근본적 분류는 '영역'(Region)이라는 이러한 개념형성에 의존함에 틀림없다는 사실, 특히 존재론만큼 많은 원리상 구별된 경험적 학문(또는 학과그룹)이 존재함에 틀림없다는 사실을 계속 통찰해야 한다. 여기에서 이러한 문제사항을 모두 논하지 않고, 단지 오해받기 쉬운 경험론의 반론을 배제하기 위해 필요한 만큼만 말하려 할 뿐이다.

경험론자는 이렇게 물을 것이다. 즉 왜 (우리가 하나의 영역적 개념으로 예를 든) '물질적 사물'이라는 개념은 본질적으로 다른 것이어야 하며, '천체'(天體)라는 개념과 근본상 본질적으로 다른 역할을 해야 하는가? 물론 이것은 매우 일반적인 개념, 어떤 방식으로 학과 전체의 그룹을 포괄하는 가장 일반적인 개념이다. 그러나 개념은 일반화함으로써 경험으로부터 생긴다. 즉 우리는 일반화하는 가운데 여전히 계속 진행시킬 수 있는 경험의 근거를 발견하고 그런 다음 더 일반적인 개념이 사물개념과 동일한 역할을 한다는 사실이 개방되

---

* 칸트의 『순수이성비판』, '선험적 분석론' B 102~116을 참조할 것.

어 있어야 한다. 더구나 (영역적 개념의 다른 예인) 동물의 개념도 그러하다. 이 개념은 개구리나 파충류의 개념과 다르게 생기지 않으며, 단지 더 일반적일 뿐이다. 계속 일반화하는 것도 동물에서 생물로 이끌고, 이것은 또다시 계속될 것이다. 특수할 뿐 아니라 일반적인 모든 개념은 경험에서 유래하며, 그 개념을 사용할 수 있음은 계속 경험이 진행되는 가운데 입증된다. 따라서 계속된 경험에 적합하게 개념을 변경시킬 수 있게 항상 준비해야 한다.

다른 한편 다음과 같은 사실을 통찰할 수 있게 해야 한다. 즉 많이 논의했더라도, 심지어 '경험에서 유래함'이 뜻하는 바가 애매모호하더라도, 단어의미가——우리가 잠 속이나 놀라움을 통해 동일한 의미로 일반적 단어를 사용할 수 있는 성향을 획득했거나 언제나 획득해도——논리적 본질로 타당할 수 있는 것은, 이념적 가능성에 따라 그 의미를 자체 속에 현실화하는 '논리적 사유작용'이 그에 '상응하는 직관작용'에 적합할 수 있을 때, 또는 직관을 통해 파악할 수 있고 논리적 개념을 통해 자신의 충실한 '표현'을 발견하는 그에 상응하는 본질이 그에 상응하는 인식대상(Noema)으로 존재할 때뿐이다. 순수 사유작용에서 구성되는 논리적 본질과 직관적 인식대상은 '적합한 표현'의 일정한 본질관계 속에 거기에 있다. 그렇다면 그 개념은 그에 상응하는 대상의 '가능성'이라는 의미에서 타당하다.

이 경우 본질직관을 단일적 구상(構想)에 근거해 할 수 있다. 본질직관은 내가 일반적 본질을 파악하는 데 충분하며, 본질직관이 이에 상응하는 직관적 인식대상의 본질을 실제로 줄만큼, 즉 직관적으로 주어진 인식대상의 구성요소에서 순수한 표현으로 적합하지 않은 사유개념의 구성요소를 전혀 남겨두지 않을 만큼 광범위하다는 사실을 전제한다. 다른 한편 이 개념은, 구상이 아니라 현실적 '경험', 즉 원본적으로 〔대상을〕 부여하며 또 반론의 여지없이 〔대상을〕 부여하는 직관이 개별적 실제성을 인식대상의 본질 속에 추정된 실제성으로 정립할 때, 또는 ('간접적 정초'를 통해) 그밖의 경험에 근거해 그러한 실제성의 정립이 이성적으로 동기지어질 때, 비로소 존재타당성이 있다. 개념이 실재적인 것에 관련되는 곳에서 입증하는 직관과 경험은 원리상 많은 것을 미해결로 놓아두고, 그 의미에 따라 더 자세하게 규정할 수 있거나 다르게 규정할 수 있기 위한 공간을 남겨둔다. 왜냐하면 직관적 인식대상의 본질은 그에 상응해 〔아직〕 규정되지 않음(Unbestimmtheit)*에 부착되어 있고, 이와 평행해 표현의 영역 속에 논리적 본질, 즉 사유개념 자체가 부착되어 있기 때문이다. 그렇다면 무한한 가능성에 상응해 실재적 대상을 항상 더 잘 아는 것, 경험이 진행되는 가운데 미해결로 남아 있는 것을 더 자세하게 규정하는 것(또는 상상해 직관하는 가운데 미해결로 남아 있는 것을 더 분명하게 규정된 것으로 상상하는 것), 우선 진술하면서 더 완전한 것으로 만들 수 있는 사유에 적합한 표현과 함께 통합되는 항상 새로운 개념을 끌어들여야 한다.

그러나 실재적 실제성〔현실〕은 결코 혼돈(Chaos)이 아니라 영역적으로 질서지어진 전체이므로, 사물을 잘 알기 위해 실제로 무한한 개념이 필요하지는 않다. 다음과 같은 사실이 명백하게 밝혀지기 때문이다. 즉 무한히 많은 다른 규정은 인식할 수 있는 규칙에 따른 결과 많은 실재적 규정에 연결되어 있다는 사실, 특성적인 개념적 징표

---

* 후설의 분석에 따르면, 세계에 대한 의식의 근본구조는 '알려져 있음'(Bekannt-heit)과 '알려져 있지 않음'(Unbekanntheit)으로 이루어져 있다. 모든 경험에는 스스로 거기에 주어진 핵심을 넘어서 처음에는 주시하지 않았던 국면을 친숙한 유형(Typus)에 따라 차차 드러내 밝혀줄 가능성을 미리 지시하는 생생한 지평(Horizont)이 있다. 그래서 대상을 인식하려는 지속적 관심은 아직 규정되지 않아 알려지지 않은 것을 상세하게 규정해 알려지게 할 수 있다.

의 제한된 그룹을 통합하는 유(類)개념과 종(種)개념이 형성될 수 있는 분류와 같은 것이 존재한다는 사실, 이 그룹에는 경험에 적합하게 무수히 많은 다른 그룹이 연결되고 또한 무수히 다른 그룹이 이 그룹에서 배제되어 그 결과 대상에 관한 체계학(Systematik)에 따라 이 유와 종 아래 최상의 분류징표를 통해 충분히 분리된 가장 일반적인 존재범위의 모든 개체를 실제로 나눈다는 사실이다. 이러한 작업수행(Leistung)의 개념은 단순히 인식대상의 직관에서 이끌어낼 수 없다. 실로 이 개념 모두가 그 본질의미 외에도 존재적 의미가 있다는 것은 분명하다. 더 정확하게 말하면, 그 개념은 자신의 순수한 의미(주장된 모든 정립에서 자유로운 자신의 의미) 외에도 여전히 일정한 앎을 수반한다. 이 앎은 실재적 실제성에 관해 학문적으로 이미 확정된 주장의 복합체와 관련된 정립(Thesis), 실제적 현존재에 대해 이미 획득된 인식성과의 침전물이다.

일반적으로 개념, 더구나 '가능한' 개념, 명석함에서 길어낸 개념, 직관에 적합하게 함으로써 구체적으로 확정된 개념의 형성은 모든 학문이 참된 판단을 획득하는 데 이바지한다는 사실은 모든 학문(또한 이념적 학문)에 적용된다. 모든 학문은 개념이 판단의 가치에 부착되어 있다는 것으로 끝나며, 그래서 개념 자체가 학문의 대상영역에 판단하는 개념이 되는 사실도 모든 학문에 적용된다. 이러한 판단의 가치와 더불어 개념은 그후 계속되는 모든 결합에 들어간다. 이러한 사실로 개념의 개념은 위험하게 애매해진다. 따라서 모든 정립(Setzung)에서 자유로운 순수한 의미와 판단의 정립(Urteilsthese)*에

---

* 'Setzung'은 순수 의식의 인식작용이 주어진 대상(성)에 일정한 입장을 취해 의미를 부여해 정립하는 작용을 뜻하며, 'These'는 이러한 정립작용에 따라 정립된 것 또는 정립된 명제를 뜻한다. 그러나 후설이 이 둘을 명확하게 구분해 사용하지 않는 경우도 많으며, 또 옮긴이는 이들의 차이가 문맥에 따라 충분히

부착된 관련된 표현의 의미를 예리하게 구별해야 한다. 모든 실재성의 탐구자가 그러한 개념을 추구하듯이, 가치 있는 판단하는 개념은 오직 현실적 경험에서만 길어낼 수 있다.

그러므로 실재성의 탐구자가 "모든 개념은 경험에서 유래한다"고 말할 때, 그는 명백히 처음부터 자신이 끊임없이 몰두하는 개념, 즉 자신의 작업에 끊임없는 목표를 형성하면서 판단하는 개념을 염두에 둔다. 당연히 그는 단순한 상상력(Imagination)에 근거해 움직이는 개념형성을 '공허한 가능성을 지어냄'으로, '스콜라철학'*으로 평가하는 경향이 있다. 그런데 가치 있는 판단하는 개념을 획득하는 것이 중요한 문제에서 그가 아무리 올바르다 해도, 어쨌든 그는 모든 방식에서 올바를 수 없다. 이 개념 자체에 관해서조차 올바를 수 없다. 어쨌든 개념은 판단하는 모든 존립요소에 앞서 확정시킬 수 있는 순수한 본질을 취하는데, 이 본질은 이에 상응하는 대상의 가능성에 관해 가치 있는 인식을 내포할 수 있을 본질연관 속에 편입될 것이다. 이 인식대상의 본질은 거기에서 직관되거나 사고된 대상성에 고유한 의미를 형성하며 이러한 본질 속에 근거한 각각의 순수한 본질진리가 그러한 의미의 가능한 대상성에 일반적으로 무조건 타당한 일정한 규범을 지정한다.

따라서 이 인식대상의 본질(일치하는 개념은 이 본질의 단순한 사유표현을 형성한다)로 되돌아가면, 본질로서 순수한 이 본질은 자신의 분리와 결합, 특히 더 일반적 본질에 그리고 최종적으로 그 자체 속

이해될 수 있다고 보아 구별하지 않고 모두 '정립'으로 옮긴다.

* 여기서 후설은 '스콜라철학'의 존재론이, 단어에 의미와 이성적 권리를 부여할 수 있는 경험과 직관은 도외시한 채, 주로 단어의 의미를 분석함으로써 사실에 관한 인식을 획득하려는 단순한 언어분석에만 의존한다고 부정적으로 평가한다(『엄밀한 학문』, 304~306쪽을 참조할 것).

에 절대적으로 완결되고 절대적으로 예리하게 한정된 최고 유에 종속된다. 여기에서 순수 직관 속에 실행될 수 있는 유와 종의 모든 구별은 단순한 본질을 통해서가 아니라 판단에 기초한 경험의 인식의 존립요소를 통해 자신의 의미를 획득하는 경험적 실재성의 학문에 유와 종과는 근본상 본질적으로 다른 것을 제공한다.

이제 여기에서 특히 우리의 관심을 끄는 것은 사물이나 동물적 존재와 같은 종류의 일정한 최상의 본질일반성 또는 그것에 따라 실재성의 근본종류가 분리되는 근본개념이다. 끝으로 본질정의(定義)를 통해 확정한 (직관에서 순수하게 길어낸) 실재성 자체의 개념에 제시된 것과 같은 더 높은 본질일반성도 우리의 관심을 끈다.

현실적 경험 속에 우리 앞에 놓여 있는 그 어떤 일정한 실재성에서 출발해보자. 그것이 물질적 사물, 더 자세하게 말하면, 한 조각의 금(金)이라 하자. 우리는 이것을 이러한 현실적 경험 속에 일정한 의미로 파악하고, 이것은 그 의미의 일정한 부분에 따라 실제로 주어진 것으로 표명된다. 우리는 이제 형상적 태도를 취하면서 순수한 의미로 이행하고, 현실적 경험의 존재정립을 도외시한다. 그 의미는 단지 부분적으로만 규정된 의미이고, 그 의미가 그 자체로 무한하고 다양한 일련의 경험 속에 항상 새로운 측면과 속성 — 이것은 출발점인 경험으로 확정된 의미를 통해 일정한 확고한 내용 속에 미리 지시되는 것이 아니라 단지 규정되지 않았지만 〔앞으로〕 규정할 수 있는 가능성으로만 개방되어 유지된다 — 이 입증될 수 있을 바로 어떤 실재적인 것의 의미인 한, 필연적으로 규정되지 않은 것이다.

그러나 이것이 요구하는 경험정립을 배제함으로써 우리는 이제 〔금에 대해〕 물리학과 화학이 부과할 수 있을 모든 속박에서 해방된다. 그래서 '공허한 가능성'의 왕국 안에서 자유로운 자의(恣意)로 움직인다. 우리는 이러한 자유를 제한 없이 사용하면서, 그 의미와 함께 제시되는 대상성이 우리가 실행하는 각각의 일련의 변경 속에 동일한 것으로 그 자체로 일치하면서 나타날 수 있어야 하는 한, 의미의 동일성을 유지한다. 따라서 자유롭게 상상하면서 사물을 움직이고, 임의로 그 형태를 변형시키며, 그것의 질적 규정과 실재적 속성을 임의로 변경시킨다. 그리고 이미 알려진 물리학적 속성과 속성법칙으로 작업하며, 그 법칙이 변형되고 완전히 다른 법칙으로 이행될 수 있게 속성을 변경시킨다. 게다가 우리 자신에게 새로운 의미를 또는 (심지어 간접적으로 가정해 상상해내는 가운데) 예전의 의미에 새로운 양(量)을 상상해내며, 이것을 예전의 입장에서 공간형태로 확장시키고, 이것 속에 실재적 속성이나 예전의 속성에서는 들어보지도 못한 변형을 드러낸다. 이렇게 자유롭게 처리하는 가운데 상상(Phantasie)은, 모든 물리학과 화학을 조롱하면서, 사물의 지극히 믿을 수 없는 기형(畸形), 지극히 터무니없는 사물적 유령을 산출한다.

우리가 어떤 사물에서 획득하는 자의로 산출한 총체는 다른 모든 사물에서 획득할 수 있는 것과 동일하다. 실제로 모든 것은 지속적으로 다른 모든 것으로 이행될 수 있고, 형태의 총체는 동일하고 확고하다. 이때 우리는 어쨌든 이러한 상상에서조차 또 모든 자연법칙의 구속에 적대적인 변경에서조차 우리의 상상이 만들어낸 체계는 완결된 체계로 정당화되는 규칙을 여전히 지닌다는 사실을 알게 된다. 즉 그것은 **사물**을 형태지으며 또 변형시키고 **사물**을 구성하고 다시 **사물**의 구성을 파괴하면서 내실적 **사물**속성을 이끌면서 다시 가상(Schein)의 속성으로서 포기하는 상상이 만들어낸다. 그래서 우리에게 출발점이었던 사물은 변화되고, 잠시 동안 사물이 나타난 것으로 남게 된다. 우리가 너무 자유롭게 떠돌아다니면, 실재적 속성과 실재적 상황의 본질적 관련을 존중하지 않으면, 우리의 상상이 그렇게 형태를 질서지어 이러한 관련을 지켜가게 허용한다는 사실을 고려하지 않으면, 사물은 환영(幻影)(감성적 도식)의 다양체로 붕괴되고, 실재적 사물을 구성하는 다양체가 경과하는 것과 마찬가지로 곧바로 경과할 수도 없고 또 경과하면 안 된다.

요컨대 사물은 바로 존재자 일반이 아니라, 인과적 종속성의 연대 속에 있는 동일자다. 그것은 인과적 법칙성의 분위기에서만 살아갈 수 있다. 그러나 사물은 구성하는 감성적 도식에 일정하게 규칙화된 질서를 요구한다. 만약 자유롭게 조작하는 상상이 억제되지 않고 이러한 질서를 파괴한다면, 개별적 도식은 '단순한 환영'으로 변화될 뿐 아니라, 전체 세계는 단순한 환영의 경과가 되고, 따라서 이것은 결코 자연이 아니다. 그렇지만 이렇기 때문에 자유롭게 조작하는 상상은 완전히 법칙이 없는 것은 아니다. 비범한 천재성으로 칸트는 이것을 예견했고, 이것은 그에게 '선험적 감성론'과 '선험적 분석론'의 구별*로 표현된다. 단순한 환영의 세계에는 여전히 순수 시간론과 순수 기하학이 적용된다. 어쨌든 이것은 어떠한 물리학도 없는 세계. 환영이 연장(延長)되는 감성적 충족에 관해 규칙이 있지만, 아무튼 감성적 충족은 어떠한 물질적 속성도 표명하지 않는다.

이제 이 환영의 세계를 떠나자. 그리고 우리의 상상을 억제해보자. 다시 어떤 사물경험, 가령 여기에 있는 이 일정한 나무의 지각에서 시작하자. 우리는 그 사물을 정확하게 이러한 지각 속에 나타나는 것, 즉 모든 간접적 앎—예컨대 심지어 물리학과 화학—에서도 배제한 것으로 간주한다. 이렇게 함으로써 기술될 수 있는 일정한 대상

---

* 칸트의 『순수이성비판』에서 '선험적 감성론'은 물 자체에 의해 촉발된 감각(무질서한 경험)을 감성이 그 직관형식인 시간과 공간을 통해 수동적으로 받아들이는 구조를 밝히고, '선험적 분석론'은 감성이 받아들인 잡다한 내용을 오성이 그 판단형식인 순수 개념(범주)을 집어넣어 생각함으로써, 즉 능동적으로 구성함으로써 질서지어진 경험으로 인식하는 구조를 해명한다.

적 의미가 확정된다. 그러면 어떤 나무, 전나무 등이 나타난다. 나타나는 것은, 주어진 의미에서 정확하게, 단지 어떤 측면에 따라 실제로 나타나며, 어쨌든 '실제로' 나타나는 것에 반해 그 이상(Mehr)으로 추정되지만 〔아직〕 규정되어 있지는 않다. 이 규정되어 있지 않음은 현실적 지각과 앞으로 가능한 지각으로 지시해준다. 지각의 의미에 속한 이 규정되어 있지 않음에 근거해 우리는 '어떻게 이 대상은 자신의 다른 측면에 따라 보이는지' '어떻게 그 대상은 항상 새로운 지각을 통해 규정되고 이 지각에 적합하게 기술될 수 있으며 또 사유하면서 규정될 수 있는지' 물을 수 있고, 이 물음은 끊임없이 경험으로 이끈다. 이때 각각의 새로운 경험은 새로운 물음을 제기한다.

그런데 사물이 아무리 알려지지 않았더라도, 그런 까닭에 우리가 미래의 경험이 가령 가르쳐줄 수 있는 것을 별로 알지 못하더라도, 다음과 같은 사실 하나는 아프리오리하게 분명하다. 즉 가능한 경험의 진행에는 이미 절대적으로 확고한 테두리가 미리 지시되어 있고, 게다가 이미 출발점인 지각의 의미를 통해 미리 지시되어 있다는 사실이다.* 이와 더불어 일반적으로 어떤 대상뿐 아니라, 심지어 여전

---

* 본질을 직관하는 이념화작용(또는 형상적 환원)의 과정(『논리연구』제2-1권, 134~156쪽; 『경험과 판단』, 410~419쪽; 『심리학』, 76~78쪽를 참조할 것)은
　첫째, 어떤 임의의 대상에서 출발해 자유로운 상상(freie Phatasie)에 따라 무수한 모상(模像)을 만들어가고
　둘째, 이 모상들 전체에 걸쳐 서로 겹치고 합치하는 것을 종합 통일하며
　셋째, 변경(Variation) 전체를 통해 영향을 받지 않는 불변적 일반성, 즉 본질을 이끌어내 직관하게 확인하는 능동적 작업으로 파악한다.
　이러한 과정은 칸트의 '순수 오성개념의 연역'(『순수이성비판』, A 99~104)과 매우 비슷하지만, 근본적 차이는 형상적 환원이 임의의 대상에서 출발할 뿐 아니라 자유변경을 통한 모상의 형성도 조작이 아니라 임의의 형태를 취하는 데 있다. 즉 임의성에는 확고한 한계가 설정되어 있다. 예를 들어 자유변경은 빨간색에서 노란색으로 넘어갈 수 있지만 어떤 음(音)으로 넘어갈 수 없듯이, 일정

히 그렇게 규정되어 있지 않더라도, 실재적 상황에 관련된 알려지지 않은 실재적 속성이더라도, 어떤 사물의 실재적인 것, 즉 기체(基體)도 정립되어 있다. 출발점인 지각이 일반적으로 자신의 의미 속에 정립된 대상적인 것이 실제로 존재할 수 있는 권리를 유지해야 한다면, 이 동일한 대상에 관련되고 그 대상을 일치하게 더 상세하게 규정하는 가능한 경험의 진행은 제한되어 있다.

단순히 이 출발점인 지각과 그 권리를 견지하면서 자유로운 자의로 상상해 만들어가게 해보자. 그밖의 경험에 따른 어떠한 앎도, 어떠한 물리학도, 어떠한 종류의 자연과학도 우리를 제한하지 않을 것이기 때문이다. 일치하게 지각된 것을 모든 측면에서 그리고 완전하게 표명될 경험의 계속된 진행을 자의로 상상해보자. 그렇다면 확정된 지각의 의미는 표명되는 속성의 인과적 상관자로서 적합하고 또 일치성을 유지할 실재적 상황을 함께 상상하게 강제하게 된다. 우리가 이러한 주변의 실재성을 추구하고 일단 실행된 발단(發端)에 충실하게 머물면서, 그래서 이에 속한 실재적 통일체를 일치하게 유지하면서, 이 통일체에 구성적인 일련의 경험을 상상으로 구축하면서 그 실재성도 더 상세하게 형성해내면, 결국 하나의 전체 세계가 구축된다. 이것은 자신의 물리학적 법칙을 갖는 세계이지만, 아무튼 우리가 허구가 아니라 오히려 철저히 경험과 경험과학에서 인식하려 했던 동일한 세계일 수는 결코 없을 것이다. 왜냐하면 상상하는 절차에

한 유(類)의 테두리 안에서만 수행된다. 따라서 본질은 자유변경을 통해 비로소 산출되는 것이 아니라 처음부터 수동적으로 미리 구성되어 있다. 이 임의성에 부과된 일정한 한계는 칸트의 구성(Konstruktion)과 후설의 구성(Konstitution)을 구별할 수 있는 확고한 발판이다. 후설은 이러한 한계, 즉 테두리를 "존재적 또는 구성적 아프리오리"(『형식논리학과 선험논리학』, 255쪽) "논리 이전의 보편적 아프리오리"(『위기』, 144쪽) 등이라 부른다.

서 우리는, 최초의 발단을 통해 제한되었음에도 불구하고 무수한 길을 선택할 수 있기 때문이다. 즉 각각의 길은 새롭게 우리를 제한하지만, 계속된 절차 속에 또다시 경험이 진보하기 위한 무수히 많은 가능성을 열어주며, 그래서 이미 정립된 것과 항상 새로운 경험의 발단 속에 규정된 것으로 상상해 만든 것은 자신의 규정 속에 일치하게 견지되어야 한다는 사실을 통해서만 제한되는 각각의 새로운 경험의 허구와 더불어 있게 된다.

상상해 만든 규정작용의 방식에 따라서 우리는 출발점인 사물에 대해 총체적 세계일 완전히 다른 세계를 구축할 수 있고, 각각의 이 세계는 자신의 고유하고 서로 다른 법칙체제와 서로 다른 자연과학을 가질 수 있을 것이다. 그러므로 각각의 세계에서 출발점인 사물(이것은 그 의미와 존재에 따라 바로 다른 세계의 의미에 적합하게 구별된 채 마련되어 있다)은 다른 자연 속에 다른 자연으로부터 [구별된] 다른 사물일 것이다. 그래서 상상은 여전히 자유롭게 충분히 조작할 수 있고, 더 이상 세계를 파괴하는 자가 아니라 단지 세계를 건립하는 자로 행세할 수 있다. 그러나 이러한 점에서 상상에는 무한히 많은 가능성이 남아 있다.

그러므로 상상은 출발점인 지각이 타당해야 할 단순한 전제, 즉 상상이 미해결로 남아 있는 모든 규정되어 있지 않음의 경우에서 대상을 연장(延長)에서 실재적인 것으로 정립하는 것처럼 그 대상의 지각으로서 일치하게 견지되어야 할 단순한 전제를 통해 제한된다. 우리가 이러한 전제를 포기하고 단지 일반적으로 견지되는 통일체(이미 환영이 제공한 통일체)만 요구하자마자 실재성은 붕괴되고, 모든 것은 환영의 혼돈으로 해소된다. 이 혼돈은, 모든 가능성을 다 논한다면, 다른 것 가운데 모든 가능한 세계와 실재성이 구성되는 규칙적 환영의 연관을 내포할 것이다. 그러나 결국 환영의 이념에도 가능성의 범위를 포괄하는 규칙, 즉 일정한 방향에 따라 그 자체로 질서지어지는 법칙이 있다. 따라서 모든 가능한 경험이 진행되는 가운데 아프리오리한 것이 실제로 미리 지시되어 있고, 지각 또는 경험의 근본종류인 사물적 지각의 본질을 통해 명백히 미리 지시되어 있다. 바로 그렇기 때문에 사물의 이념은 비범하게 부각되는 점이 있으며, 이 이념은 그러한 근본종류의 경험에 속하거나 가능한 모든 의미에 대해 범주적 (또는 영역적) 테두리, 즉 그 어떤 경험 속에 규정되지 않은 채 정립된 대상을 더 상세하게 규정하는 모든 것이 필연적 형식으로서 아프리오리하게 결합된 테두리를 지시한다. 일반적으로 어떤 것이 (그 경험체계 안에서) 경험된다면, 이것에 의해 그 자체에서 일반적으로 어떤 대상뿐 아니라 연장실체(res extensa), 즉 물질적 사물도 정립된다. 이러한 표현은 어떤 내용이 아니라, 이러한 종류 일반의 가능한 경험의 모든 가능한 대상에 대한 일정한 형식을 규정한다.

그렇다면 경험이 진행되더라도, 심지어 대상이 처음에 정립된 것과 다르더라도, 〔그 대상을〕 계속 다르게 규정하고 변경시켜 규정하더라도, 그 대상이 일반적으로 존재하는 것으로 견지될 수 있는 한, 모든 경험은 그 대상이 '어떤 상태에 있는지'에 따라 그 대상을 규정하는 것으로 규칙적 경험이고, 그 대상에 당연히 주어지는 모든 것은 사물의 이념을 내포하는 형식적 의미의 존립요소를 통해 상관적으로 규칙화된다. 따라서 사물의 이념은 경험에 근거한 그밖의 일반적인 것의 이념과는 완전히 다른 것으로 거기에 있다. 물론 광물의 이념, 식물의 이념 등도 경험의 진행에 일정한 규칙을 지정한다. 그러나 사물의 이념과는 완전히 다른 의미에서 지정한다. 일반적 개념이 지정하는 것과 경험의 근본종류인 일반적 지각의 본질이 지정하는 것을 혼동하면 안 된다. 개념, 더 정확하게 말하면, '광물'로서 개념적 파악은 사유작용의 방식으로 지정한다. 이 파악이 타당해야 한다면, 그 파악은 입증되어야 하고, 어떤 **사물**에 대한 개념적 파악이라는 것이 그 의미에 속하는 개념적 파악으로서 경험 속에 입증되어야 한다. 즉 경험 속에 주어지는 대상에서 개념적으로 생각되었던 대상적 계기가 명백히 밝혀져야 한다.

그러나 자신의 요구를 지닌 경험은 개념적 사유작용과 이 사유작용의 요구에 선행한다. 그것이 도대체 경험할 수 있다면, 자신의 형식을 지니며, 그것은 하나의 사물이다. 물론 이 형식은 '광물'이라는 개념 속에 자신의 특별한 내용(Gehalt)과 함께 일치해 뚜렷이 새겨지고, 이 내용은 사물의 개념을 '포함한다'고 한다. 그렇지만 이것은 바로 이 개념적 존립요소가 제시하는 충족요구가 '광물'과 같은 어떤 개념의 다른 모든 구성요소가 제시하는 충족요구와 근본상 본질적으로 다른 것이라는 독특한 점이다. 즉 전자의 충족요구는 단지 영역적 형식, 즉 경험의 근본종류의 상관자를 표현하지만, 후자의 충족의 요구는 특별한 규정을 표현한다. '광물'로서 개념적 파악과 실제성의 정립은 거짓일 수 있다. 경험은 '돌'이라는 개념에 속한 다양한 계기를 부당한 것으로 증명할 수 있고, 일반적으로 경험할 수 있는 어떤 대상이 타당하게 견지되는 한, 경험은 오직 이것 하나만 결코 부당하다고 증명할 수는 없다. 그것은 바로 그러한 영역적 경험과 같은 종류의 대상인 대상에 속하는 것, 즉 사물적인 것이다. 그러므로 우리는 왜 '연장적 사물'과 같은 종류의 개념이 임의의 다른 개념에 대립해 완전히 부각된 위치를 요구해야 하는지를 이해하게 된다.

또한 우리는 사물과 사물구성의 현상학적 연관을 연구할 때 이러한 사실을 이해하게 된다. 사물은 '광물'과 같은 종류의 유개념— 이 개념이나 비슷한 유개념과 지위가 동등하면서 어쩌면 더 일반적인 유개념—이 아니다. 종과 유를 형성하는 데 올라가 진정한 유를 형성하는 한, 우리는 대상의 완전히 실질적 본질에서 제한 없이 많은 다수의 대상에 공통적일 수 있을 일반적 본질특징으로 올라간다. 그런 다음 부각된 실질적 종의 본질에서 다시 '공통으로' 실질적인 것이 부각된다. 이러한 방식으로 우리는 일정한 음(音)의 본질로부터 이 음을 다른 음의 본질과 동등하게 제시하면서, 음 일반의 본질, 음향학인 것 일반, 감성적 질(質) 일반 등을 획득한다.

어쨌든 그 모든 실질적 내용은 실재성의 우리 영역에서 '우연적인 것'이다. 이것은 '필연적인 것', 즉 바로 '사물'이라는 개념이 표현하는 필연적 형식에 결합되어 있다. 모든 실질적 내용은 변화될 수 있고 또 사물이 변경되는 가운데 변화되지만, 오직 한 가지는 변화될 수 없다. 그것은 일반적 사물의 형식이다. 천체(天體)는 변경될 수 있고, 천체를 특성짓는 실질적 속성의 존립요소는 변경되게 변화할 수 있다. 그렇게 되면 결국 천체는 천체의 이념에 상응하지 않게 되고, 그런 다음에는 천체에 대한 다른 유개념이 들어선다. 그러나 천체가 변경되더라도, 심지어 천체가 가스로 해소되고 세계공간 속에 분산되더라도, 사물은 사물로 남아 있고, 분산됨이나 나눠도 이러한 사실을 전혀 변경시키지 않는다. 왜냐하면 이러한 가능성이 '사물'이라는 일반적 형식 속에 그 자체로 미리 지시되어 있기 때문이다.

모든 실질적인 것은 우연적이고, 경험을 통해 주어진 것이며, 경험을 통해 변경되거나 변경되지 않은 가운데 규정할 수 있는 것이다. '어떻게 그것이 변경되는지'——이것이 곧 사실이다. 그러나 그것이 변경되더라도 일반적으로 경험되는 한, 일반적으로 대상을 정립하는 지각이 권리를 유지하는 한, 사물은 사물이다. 예견할 수 있든 예견할 수 없든 사물의 본질(Was), 즉 사물의 실질적 내용이 변경되더라도, '사물'이라는 말이 거기에서 뜻하는(이것은 아주 많은 것을 뜻한다) 일반적인 것은 변경될 수 없다. 이것은 모든 변경이 일어나는 테두리다. 물론 자유로운 상상에서도 마찬가지다. 나는 상상 속에 내

눈앞에 아른거리는 사물을 아주 자의로 변경시킬 수 있고, 그것을 하나의 사물로 상상한다면, 즉 나 자신을 경험작용 속에 집어넣어 상상하고 '상상 속에' 경험정립을 굳게 유지한다면, 나는 속박된다. 그래서 본질태도에서 나는 이러한 속박의 본질에 적합한 것 또는 '사물'이라는 본질을 명백히 제시할 수 있다. 그러므로 본질 자체와 본질개념의 세계 속에 앞에 있음(Priorität)과 뒤에 있음(Posteriorität)의 차이가 미리 형성되고, 이 차이는 일정한 의미에서 **아프리오리한 개념**과 **아포스테리오리한 개념**에 관해 이야기하는 것을 기꺼이 정당화한다. 아프리오리에 관한 이러한 의미는 실재성의 개념에 속하며, 이 의미와 이것이 아포스테리오리(Aposteriori)와의 차이가 다양체의 통일체로 '구성될' 수 있는 실재성의 근본속성 속에 자신의 원천을 갖는 한, 그 의미는 '선험적' 차이다.

여기에서 한 전체 고찰은 분명히 범례로 이해될 수 있다. 우리가 연장실체로서 사물의 이념에서 가장 완전한 통찰을 이끌어낸 것은 모든 비슷한 경우에도 동일한 통찰로 이끈다. 원본적으로 〔대상을〕 부여하는 의식 일반의 본질 속에 근본종류에 따른 주요한 구별이 근거하는데, 이것은 체계적으로 추구할 수 있고 학문적으로 기술할 수 있는 현상학의 가장 중요한 과제 가운데 하나다. 각각의 그러한 근본종류에는 〔대상을〕 부여하는 직관의 그때그때 근본종류의 의미형식을 한정하는 영역적 개념이 명백히 상응하고, 계속해 이러한 의미가 적합하게 부여된 모든 대상을 포괄하는 대상영역이 상응한다. 이 원본적으로 〔대상을〕 부여하는 작용의 본질 속에 기초지음의 근본종류도 마련되어 있다는 사실, 이 근본종류와 더불어 바로 예전의 근본종류 속에 기초지어진 〔대상을〕 부여하는 직관의 근본종류가 생긴다는 사실을 고려함으로써, (우리가 심리학적 지각을 기초짓는 경우에 상세하게 연구했듯이) 가장 낮은 영역적 개념과 이 개념 속에 기초지어진 개념의 질서 그리고 이에 상응하는 대상영역(예를 들어 물질적 사물, 미학적 사물, 인간 또는 영혼)의 기초지음이 생긴다.

영역의 의미에서 아프리오리는 **존재론의 원천점이다.** 모든 학문의 체계 속에 이 존재론의 필연성과 부각된 지위, 이에 상응하는 영역적 분야에 대해 사실과학이 실행하는 데서 그 존재론의 유일무이한 방법적 기능은 이제 실제로 현상학의 가장 깊은 근거, 바로 근원적 근거에 입각해 이해될 수 있다. 영역적 아프리오리—예를 들어 사물 일반, 영혼 일반—에 속하는 본질학문이 다른 모든 본질인식—이 본질인식은 가령 사물성·영혼 등의 이념의 '우연적' 특수화에, 따라서 일반적이더라도 실질적 개념에 연결된다—과 영역적으로 지위와 의미가 달라야 한다는 사실은 아주 분명하다. 그러므로 (사실과학으로서) 실재적 실제성〔현실〕에 관한 일련의 경험과학에 대립해 '형식적으로 보인 자연'(natura formaliter spectata)*의 본질학인 물리적 자연의 존재론, 마찬가지로 동물적 자연 또는 영혼적 자연의 존재론이 특별한 방식으로 등장한다.2)

---

* 칸트는 순수 오성개념을 일반적으로 가능한 경험에 사용할 선험적 연역을 다루면서 "(단지 자연 일반으로 고찰된) 자연은 자연의 필연적 합법칙성의 근원적 근거로서(형식적으로 보인 자연으로서) 범주에 의존한다"(『순수이성비판』, B 165)고 주장한다. 반면 "범주는 현상에, 따라서 모든 현상의 총괄개념인 자연(물질적으로 보인 자연[natura materialiter spectata])에 아프리오리한 법칙을 지칭하는 개념"(같은 책, B 163)이다.

2) 물론 '왜 자연의 존재론이—물리적 학문이 완전한 객체성에 도달하지 않은 기술하는 자연과학에 대립해 '물리학'의 단계에서, 또는 궁극적이고 완전한 객체성의 단계에서 움직이려 하고 또 움직인다면—물리적 학문에 대해 모든 특별한 아프리오리를 자체 속에 흡수하는지' '왜 우리는 모든 실질적 아프리오리를 상실하게 되었는지' '왜 일정한 물리학적 사물의 이념이 수학적 일반성의 수학적 특수화 이외에 다른 개념을 위한 어떠한 공간도 열어놓지 않은 수학적으로 정식화할 수 있는 이념인지'에 대한 근거는 여기에서 명백해질 수 없다.

그러한 존재론은 존재함에 틀림없다. 본질진리가 없는 본질은 없으며, 실재성으로서 이미 여러 가지 그리고 실재성의 종류에 따라 매우 다른 얽혀 있음이 그 형식에 속하는 실재적 본질조차 본질인식에 풍부한 존립요소 없이 존재할 수 없다. 자연의 존재론에 관해 우리는 여기에서 '기하학'과 '운동학'이라는 표제 아래 통합되는 학문을 갖는다. 마찬가지로 여기에는 물론 모든 실재성의 학문 일반에 공유재산인 순수 시간론의 아프리오리한 진리도 포함된다. 지금까지 여전히 빠진 것, 즉 충분히 체계적–학문적 형식으로 전혀 구축되지 못한 것은 특수한 물질성의 존재론적 영역, 바로 모든 '순수한' 영역적 자연과학의 핵심요소다.

8. 이성적 심리학과 현상학–실험심리학

이제 심리학의 영역을 고찰하자. 이성적 심리학은, 우리가 이 심리학을 소유하든 않든, 존재함에 **틀림없다.** 이념으로서 학문의 이성적 현존은 그 학문을 소유하는 것에 선행한다. 이성적 기하학의 필연성은, 이성적 심리학을 소유하지 못한 우리가 지금 이성적 심리학 자체의 필연성을 통찰할 수 있는 것과 마찬가지로, 이성적 기하학이 완성되기 이전에 통찰할 수 있었다. 그럼에도 이러한 점은 더 이상 전혀 올바르지 않다. 영혼의 실재성 이념을 체계적으로 전개하지 않아도, 어쨌든 우리는 이미 ― 현상학의 형식으로 ― 이성적 심리학의 현저한 부분을 소유하고 있다. 여기에서 다시 우리의 연구를 이끄는 주된 관심 ― 이 연구가 우리의 계속된 관심의 연관을 고려해 여전히 다른 필연적 기능을 충족시켜야 하더라도 ― 으로 되돌아가자.

이성적 심리학의 이념을 숙고하면서 실재성 일반의 일반적 이념에 속하는 모든 본질진리를 도외시하자. 본질진리는 이전에 이미 언급한 것에 따라 이성적 연대순(年代順)의 진리가 포함되는 완결된 존립 요소를 형성하는데, 이 본질진리는 이성적 심리학의 독자재산이 아니라 일반적으로 실재성의 영역에 속하는 총체적인 이성적 학문의 공동재산이다. 그렇다면 이성적 진리에서 그밖에 이성적 심리학에 통합될 수 있더라도 어쨌든 모든 현상학적 진리도 이성적 심리학에 속한다는 사실은 이에 앞서 완전히 확실하다. 우선 그리고 첫째로 가능한 체험의 내실적(reell)* 본질계기에 관련된 모든 진리, 계속해 지향적 상관자의 다른 단계에 속한 직접 통찰하는 모든 인식도 그러하다〔이성적 심리학에 속한다〕.

이러한 상태를 더 자세하게 숙고해보자. 이렇게 숙고하는 것은 현재 모든 자연과학자뿐 아니라 심리학자의 경우에도 매우 우세하게 지배한 결과 자연주의가 현상학의 의미를 그리고 심리학적 경험과학에 대해 현상학의 가능한 작업수행을 거의 일반적으로 오해하기 때문에 더 필요하다. 이러한 사실은 마치 현상학에서 내적 관찰이나 직접 내적 경험 일반의 방법을 회복하는 것이 중요한 문제인 것처럼 여기는 근본적으로 전도된 견해와 연관된다. 그렇기 때문에 현상학이 자신의 특징—이것은 문자 그대로 심리학(다른 한편 철학도 마찬가지다)을 기본적 원리상 새로운 종류의 개혁(Reform)**으로 열어간

---

* '내실적'은 감각적 질료와 의식(자아)의 관계, 즉 의식작용에 본질적으로 내재하는 것으로서, 의식과 실재 대상 사이의 '지향적' 관계에 대립되는 뜻으로 사용된다.

** 후설의 이러한 주장은 "나는 단지 내가 본 것을 이끌고 제시하며 기술할 뿐이지, 결코 그것을 가르치려고 시도하지 않는다"(『위기』, 17쪽) 하면서도 "추정적으로 보면 반동적인 내가 오늘날 말로만 매우 급진적인 태도를 취하는 사람보다 훨씬 더 급진적이며 훨씬 더 혁명적"(같은 책, 337쪽)이라는 주장과 같은 맥락이다. 즉 그는 선험적 주관성을 해명하는 이론적 또는 철학적 실천을 통해 인간성의 진정한 삶을 "현상학적으로 개혁"(『심리학』, 252쪽)하려 했다.

다──을 통해 제기하고 또한 제기해야 할 요구를 그 피상적 (문제의 의미를 결코 이해하고 못하기 때문에 실로 피상적이지도 않다) 학술문헌으로 거부하는 것도 설명된다.

영혼적 실재성 또는 영혼이 깃든 실재성(전통적 혐오감을 결코 두려워하지 않는다면, 우리는 평온하게 '이성적 동물학'과 '이성적 인간학'이라 말한다)의 존재론은 우선 **동물적인 실재적인 것** 일반의 이념에 속하는──여기에는 **영혼**의 이념에 속하는 것도 포함된다──실재적 속성의 특별한 종류의 실재적 통일체가 지닌 아프리오리에 확실히 관계된다. 그래서 실재적 속성에 관한 논의는 실재적 상태로 이끈다. 이 실재적 상태와 더불어 성향적 소질, 능력이 중요한 문제다. 능력은 어떤 것을 할 수 있는 능력이고, 성향은 어떤 것에 대한 성향이다. 그리고 무엇에 대한 것인지도 분명하다. 우리는 '영혼' 삶과 연관해 이에 상응하는 그룹의 '체험'에 이르게 되었고, 어떠한 그룹의 체험도 여기에서 제외되지 않는다는 사실도 알고 있다. 모든 체험은, 심리학이 일반적으로 총체적 체험영역과 관련해 심리적 상태에 관해 이야기하기 때문이듯이, 영혼적 상태다.

이제 우리는 현상학적 환원의 테두리 속에 실재적 현존재에 관한 모든 함께 정립함(Mitsetzung), 사실성에 관한 모든 정립함에서 자유로운 탐구, 즉 모든 종류의 '의식'──여기에서 '심리적 체험'이라 하는 모든 것──에 속하는 것의 탐구, 내실적 계기, 의식의 상관자, 체험연관 속에 가능한 모든 연관에 관한 아프리오리한 탐구나 본질탐구가 존재한다는 사실을 이미 알고 있다. 우리는 〔의식의〕 상태와 관계되어 있다. 사실이 아니라 형상적 본질로 영혼을 포착하면, 상태도 형상적 본질로 간주되고, 상태성의 형상적 형식을 지닌다. 우리는 이러한 점에 논쟁하는 관심을 쏟을 수 있고, 그 가능성을 통찰할 수 있다. 우리는, 본질분석을 상태성으로, 즉 영혼의 속성을 지닌 실재적 영혼의 통일체가 표명됨(Beurkundung)으로 특징짓는 것을 도외시한 채, 본질분석을 체험 그 자체에 한정할 수 있다. 그러나 그러한 체험작용의 테두리 안에서 탐구하는 모든 것도 물론 이성적-심리학적 탐구의 테두리에 함께 포함될 것이다. 왜냐하면 모든 체험의 (사실이 아니라 이념으로서) 고유한 본질은 실재화하는 통각을 통해 변화되지 않고 또 변경되면 안 된다는 사실이 명증하기 때문이다.

자연과학적 태도를 취하는 심리학자가 가령 사실적 경험 속에 지각이 주어진다는—우리가 '사물지각'이라 말하는—예인 여기에서 수행되어야 할 것을 쉽게 이해하게 요약해보자.

내적 지각 속에, 즉 로크의 의미에서 반성(Reflexion) 속에 사물지각은 원본적으로 주어진다. 다른 사람의 외적 습관에서 그러한 체험을 '주시하는' 방식으로 '감정이입'* 속에 또는 이전에 실행된 반성이나 감정이입에 대한 기억 속에 사물지각은 원본적으로 주어지지 않고, 현전화(Vergegenwärtigung)로 주어진다. 어쨌든 사물지각은 우리의 체험 또는 다른 인간이나 동물—즉 하나의 공간시간 세계에 속하는 자신의 실재적 주변을 둔 신체적-정신적 실재성—의 체험으로 거기에 주어진다. 실제의 세계에 있는 실제의 실재적 개체의 상태로서 '지각'이라는 심리적 상태에 대한 탐구는 귀납적 경험과학인 심리학의 소관사항이다. '어떻게 인간과 동물의 경우 그러한 체험이 등장하며 어떤 실재적 조건 아래 어떤 결과로 일반적이거나 특수한 어떤 자연법칙에 따라 등장하는가' 하는 문제는 경험과학의 방법에 따라 관찰과 실험을 통해 확인될 수 있고 또 확인되어야 한다.

그러나 지각은, 단일의 개별적 경우이든 경험과학의 일반성이든 상관없이, 사실적 세계에서 사실적인 심리물리적 개체에 속하는 사

---

* 이 용어의 의미에 관해서는 36쪽의 역주를 참조할 것.

실적 의식의 통일체 연관 속에 사실적으로 존재하는 상태로만 탐구될 수 있는 것이 아니다. 오히려 우리는 '형상적 환원'에 착수할 수 있고, 실재적 현존재와 이러한 현존재의 판단정립에 관한 모든 물음을 제외할 수 있으며, 순수한 형상적 탐구의 태도를 취할 수 있다. 그렇다면 우리는 지각의 형상, 본질 그리고 '지각 그 자체'에 속하는 것, 어느 정도 가능한 지각 일반의 끊임없이 동일한 의미에 속하는 것에 몰두한다. 지각의 모든 본질적 종류, 예를 들어 사물지각, (사물로 의식되지 않는) 감성적 나타남에 대한 지각, 의식체험에 대한 지각 등도 마찬가지다.

따라서 우리는 근본종류에 따라 '가능한' 지각 일반을 구별하며, 그 각각에 대해 '무엇이 그 지각에 본질적으로 속하는지' '그 지각이 순수하게 자신의 본질을 통해──동일한 종류의 현상을 지니든 다른 종류의 현상을 지니든──일정한 변화·변형·연결을 가능케 하는지'를 묻는다. 바로 동일한 문제가 기억, 상상, 기대, 희미한 표상, 모든 종류의 사유체험, 감정체험, 의지체험에서도 생긴다. 경험되거나 사실적으로 경험할 수 있을 뿐 아니라 일반적으로 경험할 수 있는 모든 존재(따라서 '원리상 가능한 경험의 모든 객체성'이라 할 수 있듯이)와 마찬가지로 이것은 자신의 본질을 우리에게 제시해주고, 개별적 직관은 그 자체가 하나의 본질가능성인 것을 본질직관으로 또는 직관에 근거해 본질사태를 순수 본질개념 속에 포착하고 표현[진술]하는 사유작용의 태도로 전환시킨다. 그래서 체험의 본질학은 전체 내용──이 내용과 더불어 체험은 형상적 직관 속에 제시된다──과 함께 체험을 받아들여야 한다. 그리고 형상적 본질학으로서 (심리적 상태가 존재하는 그대로, 심리적 상태의 본질로 향한) 이 본질학은, 심리학적 경험이든 심리학적 허구이든, 심리학적 직관에 의거한다.

이 시선이 그 어떤 것을 파악할 수 있는 한, 반성하는 내적 경험의 시선 속에 있는 체험의 전체 내용이나 내적 상상의 반성하는 시선 속에 주어진 것의 전체 내용은 본질적 태도에서 본질로 이행한다. 그 내용은 경험된 자연실제성의 사실에 대한 관련만 잃어버리며, 거기에 존재하는 것(Daseindes)은 본질로 존재하는 것(Wesenseindes)으로 변화되고, 개별적으로 일회적인 것은 '일반적인 것'으로 변화된다. 이와 마찬가지로 상상해낸 현존재는 상상해낸 자연의 실제성, 상상해낸 개체성과 더불어 사라진다. 관찰은 단순한 '여기-이것'(Dies-da)*으로서 형상적 시선 속에 있으며 내용이 완전히 충족되는 가운데 엄밀한 개념으로 파악할 수 없는 가장 낮은 본질에서 더 높은 일반성, 즉 지각과 기억, 지각과 상상, 사유작용과 의지작용 등처럼 종(種)에 적합한 예리한 구분으로 이행한다. 이 구분은 분석을 통해 구체적 체험에서 실행될 수 있다. 종에 적합하게 부각시킬 수 있는 구성요소가 있고, 비자립적 근본종류를 구별할 수 있으며, 즉시 제시되는 특별하며 완전히 규정되었고 명백히 해결할 수 있는 무수한 과제를 지닌 체계적 체험분석의 모든 이성적 목표를 얻을 수 있기 때문이다. 거기에서 '지향적'이라 부르고 또 구분된 다양한 형태 속에 우월한 관심을 지배할 체험의 본질에는 '어떤 것과의 관련'과 여러 상관자가 불가분하게 속하기 때문에, 이 상관자도 은폐되고 탐구되지 않은 채 남아 있을 수 없다.

그러므로 인식작용(Noesis)과 인식대상(Noema)의 강력한 주제는 필연적으로 심리학적 관심에서 그리고 심리학적-형상적 통각 속에 함께 다루어야 한다. 내가 '심리학적 통각 속에'라 말하는 것은, 심리학자에게 그의 심리학적 직관 속에 제시되는 것이 바로 심리적인 것,

---

* 이것은 아리스토텔레스의 경우 참된 존재(to on)인 개별적으로 '여기에 있는 이것'(tode ti)을 뜻한다. 이 1차적 실체는 진술의 궁극적 주체이며 속성들의 존재기초로, 이것이 속한 종(種)과 그 유(類)는 2차적 실체다.

즉 영혼의 실재적인 것, 따라서 영혼의 상태로서 그때그때 체험이기 때문이다. 또한 그 주제는 실재화하는 통각이 요구하는 모든 것과 더불어 이 실재화하는 통각 속에 들어오고, 따라서 공간과 시간에 관련해 형상 속에 들어온다. 모든 경험정립은 떨어져나가고, 모든 본질직관의 경우와 마찬가지로 그것에 속한 공간과 그 시간과 더불어 전체 자연의 실제성정립도 떨어져나간다. 순수 본질은 본질정립만 포함할 뿐이다. 따라서 경험된 것은 공간사물—칠판에 그린 도형이든 심지어 모형 장(欌)에서 꺼내온 모형이든—에 관한 일상적인 경험적 직관을 형상적 직관으로 전환하는 기하학자가 경험한 것과 정확하게 동일하다. 기하학자의 관심은 공간형태를 향해 있지만, 경험되거나 자신의 상상 속에 유사-경험된 것이 아니라, '순수' 공간형태, 즉 본질태도 속에 경험적 직관에 근거해 파악할 수 있는 형태-본질이다. 형태가 연장실체로서 물질적 사물의 근본상 본질적 계기인 한, 가능한 사물형태의 본질탐구자인 기하학자는 그 자체로 동시에 이성적 물리학자다. 심리학의 경우에도 정확히 이와 마찬가지다. 그리고 실재성의 일정한 영역이 근원적으로 분리되고 경험과학과 형상적 학문이라는 두 가지 학문에 대해 필연적으로 기초를 제공해주는 곳 어디에서든 정확히 이와 마찬가지다.

경험과학은 현존재를 추구하고 형상적 학문은 본질을 추구하며, 게다가 현존하는 것과 가능하게 현존하는 것 일반의 '내용'을 형성하는 동일한 본질을 추구한다. 어디에서나 형상적 학문은 경험과학에 선행한다. 영역이 아프리오리하게 지정하는 것 그리고 직관 속에 포착할 수 있는 실재성형태의 본질내용—그래서 가능한 상태와 상황형태의 본질내용—이 아프리오리하게 지정하는 것은 경험과학에 필수 불가결하다. 본질진리는 타당하며, 가능한 모든 것에 대해서뿐 아니라 현실적 경험 속에 실제적인 것으로 증명되는 모든 것에 대해서도 절대적 일반성과 필연성에서 타당하다. 그런데 이론적 경험 탐구는 형상적 경험탐구를 전제하지 않는다. 왜냐하면 이론적 관심은 경험된 것으로 향할 수 있고, 경험작용 속에 일반적 규칙에 적합한 것을 관찰할 수 있으며, 이것을 확인하고 질서지을 수 있기 때문이다. 기하학 이전에 토지측정술이 있었고, 수학적 역학 이전에 천문학이 있었다. 또한 형상적 심리학 이전에 발전된 심리학이 있었다. 그러한 심리학이 있었고, 또 여전히 현대 실험심리학의 형식으로 그러한 심리학이 있기 때문이다.

다른 한편 일반적으로 영역적 실재성의 영역에 속하는 형상적 진리의 총괄이 거대해 〔그 결과〕 어떤 고유하고 거대한 학문의 장(場)을 형성한다면, 이러한 학문의 구성은 반드시 이에 상응하는 경험과학의 결정적 진보를 뜻한다. 학문, 이것은 체계적 통일성 속에 탐구할 수 있는 체계적으로 연관된 무한한 진리, 당연히 손안에 있는 것이 아니라 견디기 벅찬 탐구의 성과로 발견되는 무한한 진리를 뜻한다. 경험의 거대한 영역 가운데 어느 한 영역에 대해 절대적 필연성으로 이 영역에서 경험할 수 있는 모든 것에 적용되는 무한한 진리를 확인하거나 확실한 조망 속에 제시하는 이성적 학과를 가능한 것으로 인식하고 방법적으로 진행하는 것은 이에 속한 영역적 경험과학을 새로운 단계로 고양시키는 것을 뜻한다. 이러한 방식으로 17세기 물리적 자연과학은, 물론 벌써 오래 전에 확립된 기하학이 사물형태뿐 아니라 물질적 사물 전체를 포괄하는 자연의 수학(Mathesis)에 근본요소라는 인식을 통해, 그리고 이러한 수학의 구축은 ── 이성적 수학의 빛으로 밝혀졌기 때문에 ──〔다른 학문과〕 비교할 수 없게 작업수행을 할 수 있는 새로운 자연과학에 반드시 방법적으로 기초가 된다는 인식을 통해 새로운 단계로 고양되었다.

경험과 귀납(이것을 갈릴레이G. Galilei*와 케플러J. Kepler** 이전에 일찍부터 사용해왔다)이 근대 정밀과학을 형성했다는 신념은 이러한 학문의 의미와 역사를 이해하지 못한다는 사실을 뜻한다. 다른 한편 심리학에 관해서는, 심리학의 의미에서 실제 현상학의 단지 어떤 부분을 자신의 것으로 삼고 풍부한 결정적 문제를 토대로 몇 가지 연관된 그룹의 문제(예컨대 여기에 놓여 있는 논문에서 언급된 문제)를 이해해 파악했던 모든 사람에게는, 현상학 또는 이성적 심리학의 이념에 포함된 체험의 본질학이 심리적 상태에 아프리오리하게 관련된 것으로서 심리학적 인식을 무한히 풍부하게 하는 진리의 무한한 장을, 그리고 역학적·운동학적·일반적으로 수학적 아프리오리한 인식과 비슷한 의미에서 경험적 자연과학을 풍부하게 하는 진리의 무한한 장을 열어준다. 그래서 현상학에서 수행한 것을 심리학은 여하튼 내적 경험을 통해 수행한다고 믿는 사람은 여하튼 기하학이 물리학자에게 수행한 것을 물리학적 실험과 관찰이 수행한다고 생각하는 사람과 정확하게 똑같이 현명하게 말하는 것이다.

물론 이러한 상태는 일반적 유비에 관계없이 동일하지 않으며, 그

---

* 갈릴레이(1564~1642)는 이탈리아의 피사 출신으로 대학에서 의학을 공부하면서 수학·물리학·천문학을 연구했다. 그는 진자(振子)의 등시성(等時性), 물체의 낙하와 관성법칙 등을 발견하고 자연법칙을 수학적으로 정식화하고 실험으로 증명함으로써 근대 자연과학적 방법의 시조가 되었다. "자연은 기하학적 도형 등 수학적 언어로 씌어진 책"이라 주장해 기계론적 자연관을 수립했다. 망원경을 개량해 목성의 위성과 태양의 흑점 등을 발견하고 코페르니쿠스의 지동설을 입증했는데, 이 때문에 종교재판을 받아 유폐되어 실명된 채 죽었다.

** 케플러(1571~1630)는 독일의 바일에서 태어나 4살 때 천연두를 앓는 등 허약하고 가난하게 자랐는데, 대학에서 신학을 공부한 뒤 코페르니쿠스의 지동설에 감동을 받아 천문학과 점성술에 전념했다. 개신교 신자인 그는 가톨릭교회의 탄압을 받자 프라하로 옮겨 특히 화성(火星)에 관한 정밀한 천체 관측의 방대한 자료를 축적했던 브라헤(T. Brahe)의 제자가 되었다. 이 자료를 바탕으로 그는 행성의 운동에 관한 '타원궤도의 법칙'(제1법칙), '면적속도 일정의 법칙'(제2법칙), '주기(週期)의 법칙'(제3법칙)을 발표했다.

래서 이 비유는 과장되면 안 된다. 이성적 심리학은 결코 수학이 아니며, 특히 체험의 현상학은 결코 체험의 수학이 아니다. 본질학이 있고 영역적 아프리오리에 연결된 본질학이 있다는 사실은 이 둘에 공통적이다. 그렇지만 모든 본질학이 수학의 유형을 취하지 않는다. 오히려 그것은 완전히 결정된 학문이론적 유형이며, 이 유형의 형식을 체계적으로 명백히 제시하는 것은 다른 존재론의 과제, 즉 형식적 (형식논리학에 일치하는) 보편수학(mathesis universalis)*의 과제다. 어떤 학문이론의 형태화(나는『논리연구』에서 이것을 '이론형식'이라 했다)가 영역적 형상학(形相學)을 갖는가 하는 문제는 영역적 아프리오리에 의존한다. 그러한 아프리오리에 '공간'이라는 이념, 즉 일정한 3차원 '유클리드 다양체'가 속한다면, 이 이론형식은 수학을 규정 〔결정〕한다.

그러나 체험의 흐름은 어떤 공간과 같은 것도, 그 어떤 방법으로든 공간과 유사한 공존(Koexistenz)의 질서체계도 제공하지 않는다. 체험의 흐름은 결코 수학의 장이 아니다. 많은 것이 근본적으로 다른 학문이론의 유형에 연관된다. 우선 (이른바 기술하는 자연과학이 아니라 물리학에 방향을 정할 권리가 있다면, 그리고 계속된 이러한 작업에서 무엇에 관한 연구가 이루어져야 하고 이에 속한 해명이 전해져야 하는지를 정할 권리가 있다면) 기하학과 모든 자연존재론 학과에 직접 통찰하는 본질진리의 수(數)가 매우 적다는 것이 눈에 띈다. 자연

---

* 데카르트의 경우 보편수학은 해석기하학을 통해 산술·기하학·천문학·음악이론학·광학·기계학 등을 포괄하는 수학의 통합과학이다. 반면 라이프니츠의 경우 이것을 넘어 논리학·대수학까지 포괄하는 모든 형식과학에 대한 학문을 뜻한다. 그러나 후설은 이것을 학문을 학문으로 만드는 학문이론으로서 순수논리학을 완성하려 한다. 그래서『논리연구』의 주도적 이념이 "산술의 형식적인 것과 논리학의 형식적인 것 사이의 관계를 밝히는 것"(제1권, 머리말 6쪽)이라 한다.

과학에 그 존재영역의 아프리오리를 제공해주는 위대한 수학적 학문은 몇 가지 공리의 기초로부터 순수한 연역 속에 생긴다. 그렇지만 이성적 현상학에서는 완전히 다르다. 직접적 통찰의 장은 무한한 장이며, 간접적 도출은 본질적으로 다른 학문과 그 심리학적 의미를 거치는 우회의 길에 근거해서만 그 역할을 한다.[3]

어쨌든 초보자는 우선 기술하는 심리학과 현상학을 구별하지 않고 서로 뒤섞어 간과하는 경향이 있다는 사실은 여기에서 요구된 본질 통찰의 종류와 연관되어 있다. 우선 이 경우 의식상태의 본질학을 선험적 현상학에서 분리시키지 않는 것(내가 『논리연구』에서조차 이것을 아직 분리시키지 않았듯이)이 앞으로 계속될 논의에 중요하지 않기 때문에 이대로 두자. 현상학이 공식의 탑(塔)을 잇달아 구축하고 수학적 방식에 따라 연역하며 간접적 방법의 장식·일람표·소묘·도구와 실험적 장치로 [뚜렷한] 인상을 준다면, 현상학은 즉시 본질적으로 새로운 학과로 인정받을 것이고, 어쨌든 존경에 가득 찬 주목을 불러일으킬 것이다. 그런데 현상학이 순수하게 직관에서 길어내기 때문에, 현상학은 무엇이 새롭고 무엇이 특히 학문적인 것인가? 심리학자는, 신비적인 것이 아니라면, 이 직관은 여하튼 경험이며 또 우리가 하는 경험이라 한다. 그렇지만 이제 현상학자가 실험심리학의 더 높은 문제상황으로 이행하는 대신 내적 경험분석에 몰두한다면, 그는 최선을 다해 현대 '심리학'을 통합하는 아주 유익한 예비작업을 하는 것이다.

그럼에도 그렇게 질문하는 사람은 그 앞에 놓여 있는 것을 여전히 주의 깊게 연구하지 않고, 유명한 크볼슨(D. A. Chwolson)*의 제11계

---

3) 또한 수학적 방법과 형상학적-기술적 방법의 차이에 관해서는 『이념들』 제1권, 72항을 참조할 것.

* 크볼슨(1819~1911)은 러시아에서 태어난 유대인 동방학자로, 독일의 브레슬

명을 지키지 않는 것이다. 우리는 이 계명을 '비판된 것을 그 간소한 의미에 따라 이해하기 전에 결코 성급하게 어떤 비판도 쓰지 말라!'고 정식화할 수도 있다. 따라서 저자가 아무것도 주장하지 않은 곳에서 비판자가 〔무엇을〕 어떻게 반박하는지 목격하는 것은 결코 즐거운 인상을 주지 않으며, 비판자가 저자조차 아무것도 주장하지 않은 곳에서 그 옆에서 우호적으로 찬성한다면, 더욱더 즐거운 인상을 주지 않는다. 나는 이 문제에 대해 『로고스』-논문[4]이 아마 너무 제한해 말한 것보다 더 말할 것이 전혀 없다.

모든 실재성의 영역에는 기술(記述)이 있고, 기술은 현존재, 즉 실재적 현존재를 밝혀낸다. 요컨대 모든 기술은 단어와 단어의미로 경험된 것 ―단독이든 경험의 일반성이든―을 표현한다. 이 경험된 것에는 미래의 경험이 실제로 세계 속에 일어나는 것과 유사한 것을 또다시 확립할 것이라는 추측이 결부되어 있다. 따라서 '경험이 가르쳐주는 것'은 그러한 종류가 자연실제성 속에 현존하는 것으로 지각을 통해 확인된다는 것, 그래서 수집된 경험에 적합하게 실제성〔현실〕 속에 흔히 존재한다는 것을 뜻한다. 모든 자연을 기술하는 것은, 기술하는 자연과학 속에 실행되었듯이, 이러한 것이다. 예컨대 '사자는 노랗다'고 기술된다. 그런데 청록색 사자, 모든 색깔의 사자를 상상해보자. 그러나 경험은 그러한 사자를 결코 보여주지 않는다. 그러므로 상상해본 사자는 결코 자연의 역사 속에 존재하지 않는다.

우리가 '심리학'이라 부르는 경험과학도 자명하게 자신의 영역에 속하는 대상을 기술하고, 특성·성향 등의 유형을 기술한다. 이것은 상상해낸 것이 아니라 경험된 것이다. 즉 이것은 존재하는 것이다.

라우 대학에서 동방, 특히 아랍 지방의 여러 언어를 공부하고, 라이프치히 대학에서 철학을 공부했다. 그런 다음 러시아로 돌아와 유대교의 경전 『탈무드』를 변호하는 활동을 펼치며 반(反)유대주의에 대항하는 여러 저술을 남겼다.

그래서 실제의 세계에 실제의 인간이나 동물이 있다. 상상해낸 특성 유형, 성향 등은 곧 상상해낸 것일 뿐이다. 완성된 언어와 함께, 완벽한 수학적 지식과 함께 새롭게 태어난 사람은 상상해낼 수 있지만, 어떠한 심리학도 이것에 대해 심문하지 않을 것이다.

심리학이 더 나아가 다른 종류의 체험·감각·표상·느낌을 기술한다면, 당연히 이것은 다시 동물이나 인간의 경우 실제성〔현실〕속에 일어나는 체험이다. 우리가 심리학자는 위대한 시인의 작품을 심리학적 교훈의 원천으로서 높이 칭찬한다는 사실을 종종 듣는다면, 이것은 심리학자에게〔다음과 같은〕두 가지 근거를 갖는다.

첫째, 그 견해는 시인의 경험직관, 즉 자연관찰은 직관하는 관심을 극도로 몰두함으로써 실행된 최대로 생생하고 풍부한 것이라는 점이 시인의 천부적 재능의 특징이라는 것이다. 그러므로 **실제로** 현존재의 유형적인 것이 시인에게 가장 깊게 새겨질 것이고, 시인은 자신의 예술적 형태로 이 유형적인 것에 완벽한 표현을 부여할 것이다.

둘째, 그 견해는 생생한 상상직관은 심리학자에게 어쩌면 외적 자극에 의해 작동된 현실적 경험과 아주 마찬가지라는 점이다. 왜냐하면 '심리학적으로' '상상의 상(像)'은, 동일한 '객관적 의미'가 아니더라도, 본질적으로 그에 상응하는 (단지 더 강렬하고 더 생생한) 경험의 상과 동일한 영혼적 현존재를 가질 것이기 때문이다.

물론 '어떻게 이것이 현상학에 앞서 가능한가' 하는 것은 근본적으로 전도된 주장 가운데 하나다. 참으로 현상학은 상상과 지각이 철저하게 분리된 체험이라는 사실을 입증해준다. 늘상 예술가의 상상과 상상력에 의한 작업수행을 그렇게 해석하는 경우조차, 여기에서 직

---

4) 이것은 1911년 후설이『로고스』(*Logos*) 창간호에 발표한『엄밀한 학문으로서의 철학』(*Philosophie als strenge Wissenschaft*)을 뜻한다.

관이 제공하는 것과 학문적으로 기술해 직관에서 이끌어내는 것은 결국 객관적 실제성의 사실(Fakta)이며, 인간적 실제성 속에 사실적 현존재를 갖는 특성유형·성향유형과 아주 똑같이 체험 또는 체험유형이라는 것은 유효하다.

이에 반해 형상적 현상학에는 이러한 의미에서 기술하는 것이 전혀 없다. 형상적 현상학의 영역에는 전체 공간-시간의 실제성인 모든 실재적 현존재가 원리상 배제된다. 이 실재적 현존재를 확정하는 것은 실재성이 아니라 본질에 관계하며, 그 진리는 그러한 본질에 대해 또는 그러한 본질에 속하는 모든 것에 대해 그 자체로 절대적 필연성과 일반성에서 타당한 것을 진술한다. 그러므로 그 진리는 기하학적 진리가 물체에 관해, 산술의 진리가 수에 관해, 운동학의 진리가 운동에 관해 이야기하는 것과 정확히 마찬가지로, 체험에 관해 이야기한다. 이러한 진리가 지구, 심지어 사실적 세계 전체와 이 속에서 생기는 물체·운동·수에 관해 거의 이야기하지 않듯이, 현상학은 심리적 본질에 관해, 또한 실제의 현존재의 그 어떤 영역에서 이 세계 전체 속의 심리적 상태에 관해 거의 이야기하지 않는다. 그래서 현상학자가 "체험이 존재한다" "지각·기억 등과 같이 영혼적 상태가 존재한다"고 말할 때, '존재한다'는 것은 예를 들어 "일련의 수가 수학적으로 '존재한다', 상대적인 소수(素數)*가 존재한다, 정십면체**는 존재하지 않는다"와 정확히 같은 만큼을 뜻한다.

이 '존재한다'는 경험이 아니라 본질직관을 통해 두 가지 측면에

---

* '상대적인 소수'는 최대공약수가 1밖에 없는, '서로 소'의 관계에 있는 수를 가리킨다.

** 피타고라스에 따르면, 정삼각형으로는 정4면체·정8면체·정20면체가, 정사각형으로는 정6면체가, 정오각형으로는 정12면체가 형성될 뿐이다. 결국 정10면체는 존재하지 않는다.

서 정초된다. 경험은 현존재를 입증하는 작용, 즉 지각으로서 원본적으로 파악하는 작용에 대한 명칭이다. 그러나 본질직관이 원본적 파악으로 이끄는 것은 현존재의 개별성이 아니라, 가장 낮은 일반성의 본질 또는 유와 종으로 더 높은 본질이다. 이것에 상응하는 개별적인 것은 존재할 필요가 없다. 그리고 그와 같은 어떤 것이 당연히 존재한다면, 오직 현실적 경험만 그것을 입증할 수 있다. 따라서 본질진리는 절대적으로 구속력이 있고, 넘어서기 어려우며, 어떠한 경험을 통해서도 확인되거나 반박될 수 없다. 경험의 진리, 즉 그 의미에 따라 현존재를 정립하는 진술, 따라서 **정초** 속에 현존재의 경험을 요구하는 진술은 경험을 통해 정초되듯 경험을 통해 변양되고 폐기되는 우연적 진리다. 이 진리는 단지 추정적으로만 타당하고, 계속된 경험의 확증에 〔종속되어〕 맡겨져 있다. 심지어 자기 자신이나 다른 사람이 영혼적 상태 그리고 상태의 경과를 사실에 결합해 ─ **경험**으로 한정해 ─ 기술하는 것이 어쨌든 매우 좁게 한정된 분야에서 이러한 본질기술 속에 또 본질연관에 관련된 통찰이 없어도 되게 심리학자를 만족시킬 수 있더라도, 여기에는 사실적인 것이 그 기술하는 존립요소 속에 사실적으로뿐 아니라 본질필연적으로 타당하다는 인식이 강력하게 확장될 것이다.

그래서 일반적으로 다음과 같은 점은 매우 중요한 의미가 있다. 즉 우리는 물리적 자연뿐 아니라 여전히 더 큰 범위에서 심리적 자연이든 특히 동물적* 주체의 영혼적 상태의 흐름이든 아프리오리한 법칙에 결부되어 있다는 점, 모든 사실인식, 모든 사실법칙은 아프리오리

---

* 이 'animalisch'의 어원은 라틴어 'anima'(공기, 호흡, 마음, 심리적인 것 등)를 뜻한다. 그런데 후설은, 그가 '동물적 영혼(Seele)'이라는 표현도 간혹 사용하는 점에서 알 수 있듯이, 이 말을 추상화해 동물의 일반 속성을 뜻하기보다 인간을 포함한 고등동물의 심리 또는 영혼을 표현한다.

하고 절대적으로 필연적인 본질법칙의 강력한 배경으로부터 부각되고 오직 개별적-실재적 현존재 속에 본질법칙의 존립요소가 미해결로 놓아두었던 것만 결합시키는 규칙화를 통찰한다는 점이다. 그것은 물리학적 법칙이 — 운동학이 절대로 확고하고 학문적으로 인식할 수 있는 법칙성 속에 고정시키는 — 운동형식 아래 경험에 적합하게 가능한 법칙을 선택하는 것과 정확히 마찬가지로, 실재적 실제성 속에 주어진 실재적 상황 아래 가능한 법칙을 선택한다.

그러나 사정이 이렇다는 것은 실제의 현상학적 탐구가 앞에 제시하는 부분의 의미에 실제로 몰두하는 사람에게는 의심할 여지없는 진리다. 물론 형상적으로 직관하고 탐구하는 완전히 미숙한 방식에 숙달하는 것은 쉽지 않으며, 더구나 현재의 실험심리학 — 이것이 심리학의 최고 대표자인 것처럼 보이듯이 — 의 방식과 방법에 완전히 만족하는 사람에게는 망원경을 통해 보는 것을 거부한 것으로 잘 알려진 아베 갈리아니(Abbé F. Galiani)* — 그도 자신의 천문학을 완전히 확신했으며 자신의 방식에 완전히 만족했다 — 처럼 하는 것이 인간적으로 당연하다고 생각된다. 또한 여기에서 미래는 아마 명증하게 주어진 것이 우리가 그것을 주목하지 못했다고 제거될 수 없으며 언젠가 심리학자가 현상학적 본질학의 '기구'(Instrument)를 적잖이 중요한 것으로 간주하리라는 사실, 우선 어쩌면 역학적 기구보다 꽤 중요한 것으로 간주하리라는 사실을 가르칠 것이다. 기구에 관한 비

---

* 갈리아니(1728~87)는 이탈리아의 경제학자이자 외교관으로, '아베'는 프랑스어로 사제(司祭)를 뜻한다. 그는 1759년부터 10년 동안 나폴리의 외교관으로 파리에 근무하면서 주로 조프랭(de Geofrin) 부인의 살롱에서 디드로(D. Diderot)·볼테르(F-M. A. Voltaire)·튀르고(A.R.J. Turgot) 등 백과전서파와 교제하고 편지를 주고받았는데, 이 편지들은 18세기 유럽의 경제·사회·정치와 생활상을 묘사한 소중한 자료로 평가된다. 저서로『화폐론』(1750),『곡물거래에 관한 대화』(1770)가 있다.

유는 당연히 강제하면 안 된다.

현상학적 방법은, 물리학에서 수학적 방법이 실험적–물리학적 방법과 경쟁하는 만큼, 실험적–심리학적 방법과 거의 경쟁하지 않는다. 따라서 실험심리학은 포기되면 안 되고, 오히려 현상학적 기초지음을 통해 비할 데 없이 생산적인 심리학을 만들어야 하며, 현상학적 기초지음을 통해 진정한 의미에서 이성적으로 해명하는 정밀한 학문으로 형성되어야 한다.

물론 현상학의 인식도 실험할 수 있는 작업수행이 과대평가되는 것을 제거하는 데 기여하며, 심리학의 상태가 본질적 근거에 입각해 물리적 자연과학의 상태와 완전히 유사하지 않다는 통찰, 또한 이러한 점과 심리학의 측면에서 직관적 본질인식의 비할 데 없이 더 중요한 의미는 연관되어 있다는 통찰을 이끌어내는 데 기여할 것이다. 아주 특별히 이것은 우리가 아직 평가하지 않은 — 완전히 다르게 기초지어진 그 종류는 단지 개별적 탐구자에게만 부각되는 — 완전히 다른 종류의 심리학, 즉 정신과학으로서의 심리학에도 적용된다. 물론 그렇게 말하는 사람은 오늘날 매우 마지못해 들을 것이고, 맹렬하게 거부된다. 우리는 실험심리학에 대한 '비난'을 이야기하고 있으며, 마치 그렇게 표명함으로써 (나는 『로고스』-논문에서 다른 것을 표명하지 않았다) 이 학문〔실험심리학〕과 그 탐구자가 경멸되듯이, 실험심리학을 모욕하듯이, 그렇게 행동한다.

이에 반발해 여기에 첨부해도 좋다면, 어쨌든 나는 새로운 실험심리학이 진지한 작업과 또 일정한 한계에서는 매우 성과가 큰 작업과 그 대표자의 중요성을 통해 그 어떤 다른 학문과 마찬가지로 모든 정당한 요구가 당연한 명백한 존경심을 해치는 말은 결코 표명한 적이 없다는 사실을 지적하고 싶다. 어쨌든 심리학적 방법의 뿌리까지 미치는 어떠한 원리적 비판도 이러한 사실에 대립하지 않는다. 그런데 폴크만(R. v. Volkmann)*이나 빌로트(T. Billroth)** 같은 위대한 외과 의사는, 외과와 마찬가지로 의학치료 전체가 일정한 자연과학의 이론을 통해 요구되어야 하고 또 이것이 요구한 만큼 자연과학의 이론을 통해 기초지어져 있기 때문에, 덜 위대한 외과의사인가? 그 자신이 이것을 느끼지 못했을 경우 이것에 대해 철저한 비판을 통해 증명했을 사람이 [과연] 그의 위대함을 침해하겠는가?

물론 나도 자연과학적 심리학과 철학을 결부시키는 것이 ─ 철학으로 간주되지만 어쨌든 결코 원리적인 철학적 문제조차 보지 못하는 ─ 거짓될 뿐 아니라 얄팍한 철학을 조장했다고 말했으며, 이렇게 결부시킴으로써 오늘날 진부한 철학이 처한 곤경 때문에 내가 마주쳐야 했던 혹독함에 시달렸다. 우리 시대의 모든 진정한 철학자는 이러한 상태를 알고 있으며, 이에 관해서는 오직 한 목소리[의견]가 있는데, 그 각자는 심리학적 철학과 자연과학적 철학의 깃발 아래 진행해가는 우리의 철학저술의 광범위한 흐름을 동일한 방식으로 평가한다. 그들이 교육을 받았기 때문에 여전히 철학적 문제를 마음속으로 느꼈고 진정한 철학적 작업에 참여하기도 했던 심리학의 예전 대변자들은 우리가 처한 상황의 위험을 과소평가했다. 그러나 더 젊은 세대의 심리학자들은 엄청나게 쏟아지는 실험적-심리학적 저술에, 또 기술(技術)의 보조수단을 구축하고 숙달하는 어려움에 짓눌려 압

---

* 폴크만(1830~89)은 독일의 외과의사로 1878년 직장암 절제수술에 최초로 성공했고, 관절결핵을 치료함으로써 예방 외과학을 개척했다. '리하르트 린더' (Richard Leander)라는 필명으로 다양한 시와 옛날이야기도 발표했는데, 그의 아버지(A.W. Volkmann)도 저명한 신경생리학자이자 해부학자·철학자다.
** 빌로트(1829~94)는 독일에서 태어난 오스트리아의 외과의사로, 1872년 식도 절제수술, 2년 뒤 후두 절제수술, 1881년 위 절제수술에 최초로 성공했다. 또한 아마추어 피아니스트이자 바이올린니스트로 음악에도 조예가 깊어 브람스와 가깝게 지내면서 음악성에 처음으로 과학적 분석을 시도했다.

도당하며, 열렬히 철학책을 읽는 것을 통해서는 곧바로 우연히 획득 될 수 없다는 느낌이 필연적으로 없다. 이러한 느낌은 자연과학자가 매우 편안하게 받아들이는 막연하고 피상적인 자연주의의 유혹에 빠지고, 학문적 철학의 이념에 죄를 짓는 문헌을 산출함으로써 자신 이 철학교수의 직에 적합함을 입증한다.

나는 실제로 이러한 판단에서 어떤 말도 취소하지 않지만, 어쨌든 이것은 심리학을 겨냥한 것도, 따라서 결코 심리학자 자체를 겨냥 한 것도 아니라, 철학을 너무 쉽게 받아들이는 심리학자를 바로 겨 냥한 것이다. 그 두드러진 예는 안슈츠(G. Anschütz)*의 심리학적 방 법에 관한 논문에서 볼 수 있다. 그 논문은 방법의 원리적인 것을 다 루며, 따라서 철학적이라 주장한다. 그 논문에서 현상학에 관한 모든 발언은 초점을 벗어났을 뿐 아니라 ── 믿을 수 없을 정도로 경박한 보고(報告) 때문에 자신을 겨냥한 것임에 틀림없는 모든 비난을 제 외하면 ── 드러난 의미마저 완전히 놓치고 있다. 안슈츠는 다른 사람 이 문헌을 통해 표명한 것을 공개적으로 보고할 때는 그의 저술을 주 의 깊게 연구한 것으로부터 길어내야 한다는 사실, 경박함 때문에 생 긴 다른 사람의 의견을 왜곡하는 것은 [어떻게 이해할지] 방향을 정 하지 못한 독자의 눈에는 그 원저자를 비난하는 데 적합하다는 사실, 요컨대 문헌에는 예의범절의 관례와 문헌상 책임이 있다는 사실을 결코 깨닫지 못한 것으로 보인다.

---

* 이 인물은 1900년부터 1933년까지 하이델베르크 대학 법학교수로서 바이마르 헌법의 주석가로 활동했던 게르하르트 안슈츠(Gerhard Anschutz, 1867~1948) 일 것이다. 그가 심리학자가 아니라 법학자라는 점에 다소 의문이 들지만, 후설 과 활동한 시기가 비슷한 데다 그 무렵 심리학이 철학뿐 아니라 인문·사회과 학 전반에 걸친 중심문제였다는 점 때문이다. 물론 그가 어떤 저술에서 후설 현 상학을 어떻게 인용했는지는 아직 확인할 수 없다.

여기에서 명백히 또 다음과 같은 사실을 첨부해야 한다. 즉 현상학을 오직 자신의 영혼상태(또는 내적 지각이나 기억 속에 파악된 자신의 체험)에 대한 경험적 분석으로 오해하기 때문에 생긴 견해 ― 자연과학적-실험적 심리학으로부터 현상학적 성과를 획득할 수 있다는 견해 ― 인 비판적 논박은 실험적 장치가 충분한 의미에서 현상학적 기능을 획득할 수 없다는 것을 결코 뜻하지 않는다. 내가 실험심리학에 대해 비판했을 때, 나는 경험과학으로서 그 본질을 충분히 예리하게 강조했다. 실로 '실험'이라는 말은 이것을 나타내며, 어쨌든 실험물리학에 관한 논의와 동일한 의미가 있어야 한다.

다른 한편 인식을 정초하기 위해 경험을 제외하는 것은 본질을 직관적으로 구상하기 위한 기초인 경험을 제외하는 것을 뜻하지 않는다. 자연과학자는 사실진리를 추구하기 때문에 경험이 필요하고, 본질탐구자는 본질진리를 추구하기 때문에 어떠한 경험도 필요하지 않다. 경험은 본질탐구자에게 어떠한 본질진리도 **정초하지** 않기 때문이다. 그러나 본질탐구자에게 필요한 것은 직관이며, 그는 직시할 수 있는 본질의 개별적 계기에 관한 명석한 파악이 필요하다. 물론 원리상 이제 직관적 상상이 지각만큼 충분히 본질탐구자에게 이바지할 수 있으며, 비할 데 없이 극히 폭넓은 범위에서 그가 본질에 대해 사고하는 것이 상상에 의해 이끌린다는 것은 〔문제가 된〕 사태의 본성속에 놓여 있다. 오직 상상만이, 상상을 자유롭게 형성할 경우, 무한히 다양한 가능성 ― 여기에서는 체험의 가능성 ― 이 곧바로 자유롭게 그리고 모든 측면에서 관통할 수 있는 (본질법칙의 일반성을 통찰할 수 있고 실재적인 것 일반의 구성과 같은 문제에 착수할 수 있는) 능력을 모든 본질탐구자에게 부여하듯 그에게 부여한다.

그러나 다른 한편으로 상상에는 잘 알려진 불리한 점이 있다. 상상은, 명석했을 때조차, 계속 견뎌내지 못하고, 갑자기 자신의 충만한 내용을 상실하며, 반쯤 명석함과 희미함으로 가라앉는다. 따라서 현상학자는 당연히 그가 할 수 있는 모든 곳에서, 명석함의 근원적 원천에서, 즉―그가 현존재에 별로 관심이 없더라도―완전히 생생한 '인상'(Impression)*에서 길어낼 것이다. 그렇다면 왜 평소 바로 실험(experientia)에 이바지하는 이러한 도구적 보조수단과 실험적 장치도 최상의 직관재료를 획득하는 데 도움을 줄 수 없는가? 이것이 어디에서나 가장 자유롭게 가능하지 않다면, 어쨌든 특히 감성―감각의 감성뿐 아니라 감성적 직관, 가치평가, 의욕―의 장(場)에서는 대단한 범위로 가능하다. 그러나 당연히 이러한 것을 넘어서기도 한다.

이러한 의미에서 모든 현상학자는 끊임없이 실험한다. 물론 소용없는 프로토콜〔근본명제〕은 없이, 모든 시험조건을 고정시키고 모든 준비물 등을 기술함으로써 실험한다. 왜냐하면 실험은 실재적인 것 (이것은 그 인과성을 향하기 때문에 자신의 '상황'에서 탐구의 객체다)에 관한 경험을 전혀 제공하지 못할 것이며, 오히려 본질직시의 기초로서 단순한 범례적 직관을 제공할 것이기 때문이다. 심리학적 실험의 현저한 도구적 수단도 이러한 관점에서 유용하게 기능할 수 있으며, 다시 변경된 목적에 상응해 완전히 변경된 방법으로 기능할 수 있다. 그러나 이러한 관점에서 심리학으로부터가 아니라 현상학이 제기한 것으로부터 생긴 작은 발단―이것은 확실히 속행될 것이다―이 이미 앞에 놓여 있다. 누구나 이것은 결코 〔심리학주의로〕후퇴하는 것이 아니라,『로고스』-논문과 여기〔이 책〕에서 말한 바를 정확하게 강화하는 것이라는 점에 잘 주목해야 한다.(범례적 직관을 획득하기 위한 인위적 준비물의 이러한 가능성에 관해 나는 대학교수로

---

* '인상'에 관해서는 32쪽의 역주를 참조할 것.

서 몇 년째 충분히 자주 말해왔으며, 그 당시 철학 세미나연습에서 심리학적 실험과 현상학적 실험의 방법적 차이를 정확히 여기에서 기술한 방식으로 상세하게 논할 기회로 삼아 사고의 실험심리학에 관한 뷔르츠부르크학파*의 최초 작업을 이미 입수한 바 있다.)

여기에서 외적 준비물이 어떻게 기능하는가 하는 방식은 기하학자가 사용한 것과 원리상 완전히 같은 종류다. 우리의 수학연구소가 소장한 예쁜 모형선집은 칠판이나 종이 위에 그린 소묘와 아주 똑같이 성과가 풍부한 탐구와 수업에 유용하다. 원리상 이것은 이것이 명백히 동시에 이행하게끔 임명된 기하학적 상상만 수행한다. 왜냐하면 이것은 본질파악에 유용하지만, 범례적 직관을 불러일으키고, 이러한 사실이 [앞에서] 언급된 장점을 갖기 때문이다. 상상이 명석한 직관을 제공하는 호의를 보여주려 하지 않는다면, 우리는 바로 지각을 통해 직관을 강제로 이끌어내고,[5]** 이렇게 함으로써 동시에 직관에 연결된 자유롭게 변형시키는 상상의 생생함을 가능케 한다.

---

* 이것은 19세기 말부터 20세기 초까지 독일의 뷔르츠부르크 대학에서 활동한 심리학자들을 가리킨다. 이들은 분트(W. Wundt)가 실험적 방법을 적용할 수 없다고 한 사고나 의지 등 사고심리의 과정에, 감각과 심상(心像)이 전혀 필요하지 않은 사고에 주목함으로써, 실험적 내관(內觀)의 방법론을 확립했다. 중심인물은 퀼페(O. Külpe), 아흐(N. Ach), 뷜러(K. Bühler), 메서(A. Messer), 마르베(K. Marbe) 등이다.

5) 동일한 의미로 자신의 의견을 정확하게 진술한 가이거(Geiger)의 논문을 참조할 것.

** 이 가이거는 1913년 후설·펜더(A. Pfänder)·라이나흐(A. Reinach)·셸러(M. Scheler)와 함께 『철학과 현상학적 탐구 연보』(*Jahrbuch für Philo. und phäno. Forschung*)의 공동편집인이었던 가이거(M. Geiger)라 추정되지만, 이러한 진술이 어떤 논문 어디에 있는지는 확인할 수 없다.

9. 경험분야에 현상학적 기술(記述)의 의미

그러나 심리학은 의식과 그 본질상관자를 지닌 체험의 전체 영역*에 관한 현상학적 탐구를 통해 새로운 등급의 지위에 도달해야 한다는 주장은 가령 아프리오리하게 구축되는 것이 아니다. 그러한 주장은 그 체험의 계기와 층(層)에 따라, 그 연관과 경과양상이 얽혀 있음에 따라, 자아와의 관련과 인식대상의 관련에 따라 체험의 현상학적 분석이 지닌 엄청난 어려움을 인식함으로써 생긴다. 이러한 점은 당연히 이 모든 것이 심리학적 상태로서 경험적 통각 속에 들어오며 ― 심리학이 일반적으로 지속적으로 변화되는 영혼의 전체 상태인 체험의 흐름이 무엇인지를, 또 그러한 전체 상태 안에서 그 인과적-실재적 연관을 심리학이 인식하려는 심리적 사실이 본래 무엇인지를 엄밀한 개념으로 진술할 수 있는 능력을 지녀야 한다면 ― 잘 알려져야 할 자명한 통찰과 결합되어 있다. 현상학에 생소한 사람은, 살아 있는 동안 새로운 심리학의 양식(樣式)으로 탐구했더라도, 현상학에서 지배하는 어려움과 혼란, 다양한 본질필연성을 전혀 생각해 보지도 못할 것이다. 왜냐하면 그러한 점은, 누구나 심리학의 교재와 논문을 들여다보면 즉시 분명해지듯이, 바로 새로운 심리학의 길 위에 놓여 있지 않기 때문이다.

그러므로 피험자(被驗者)에게, 더구나 잘 숙련된 심리학자에게 설문조사를 함으로써 그리고 심리학자의 프로토콜을 연구함으로써 현상학적으로 중요한 성과를 획득하려면, 매우 전도된 일이다. 실제의 경험으로 실행된 모든 분석은 확실히 현상학적으로 유용할 수 있다.

---

* 후설은 여기서 명시적으로 '생활세계'(Lebenswelt)라는 용어를 사용하고 있지 않지만, '체험 전체의 영역'은 곧 '생활세계' 이외에 다른 것이 결코 아니다.

그러나 한편으로 경험의 분석에 제한하는 것은 어쨌든 충분한 그 어떤 현상학도 가능케 할 수 없으며, 다른 한편으로 순수하게 주어진 것을 ─경험적 태도의 지향성으로 밀고 들어오는 모든 초재(超在)*에 대립해 ─실제로 발언하게 하는 것은 결코 사소한 문제사항이 아니다. 자연과학적 태도는 그 본질에 따라 실제의 현존재와 연관된 실재적-인과적인 것을 향한다. 우리는 그것이 어떻게 체험인지 그 상태에 관해 일반적으로 진지하게 기술할 수 있게 이 자연과학적 태도를 철저히 변경해야 한다.

따라서 경험적 태도를 원리상 배제함으로써 또 현상학이 본질학으로서 실행하는 실재적 실제성의 인식으로 향한 모든 관심을 배제함으로써 이미 많은 것이 획득된다. 경험과학의 관심 속에 살아가는 사람은, 체험을 보려고 자신의 시선을 그것에 향하더라도, 처음부터 체험을 보지 못한다. 오직 충동력 있는 이러한 관심을 중지할 때만, 그 충동력이 상실되는 것을 시선 속에 강제하는 초재가 체험을 견지할 때 비로소 주어진 것에 접근하는 것은 *끈기 있는 탐구*로 진척될 수 있다. 또한 그러할 때 비로소 ─본질적 태도 속에 파악된 것에서 내재적인 것과 초재적인 것을 구별하고 이러한 관점에서 어쨌든 본질에 적합하게 체험에 속할 차이가 분리될 수 있을 ─성장하는 통찰과 얽혀 있는 계속되는 환원의 필연성도 분명히 깨닫게 된다.

그래서 현상학적으로 숙달된 사람은 심리학의 호의적 모든 기술

---

* 전통적으로 이념성과 실재성은 '의식'을 기준으로 '내·외'로 구분해왔다. 반면 후설은 '시간성'을 기준으로 삼기에 시간 속에 일어나는 의식의 다양한 작용도 실재성을 띤다. 구체적 체험의 흐름인 내실적 내재(Immanenz)뿐 아니라, '외적'인 감각자료가 인식작용에 의해 구성된 인식대상도 지향적 내재(內在)다. 지향적 내재는 결국 내실적 초재(Transzendenz)다. 물론 추정되거나 정립되었더라도 의식에 직관되지 않은 것은 순수 초재다.

(記述)이 표면조차 스치지 않고 심지어 표면에 본질적으로 전도시 킨다는 사실을 즉시 안다. 현대의 슬로건인 '작용·내용·표상의 대상'으로 다루는 소박한 방식에 그리고 이 각각의 표제 아래 이른바 가능한 모든 것이 어떻게 혼란상태에 빠졌는지에 눈길을 돌리기만 하면 된다. 또는 일상적 기술이 현재화(Gegenwärtigung)와 현전화 (Vergegenwärtigung)의 다른 양상 — 예를 들어 물질적 지각, 이에 상응하는 상상·기억·기대·상(像) 직관 — 에 차이처럼 주요한 차이를 이해할 능력이 없고 엄밀한 개념으로 기술할 능력이 없다는 점, 마찬가지로 더구나 모든 현전화 속에, 가장 단적인 상상 속에 이미 더 높은 단계의 지향성과 근본적으로 새로운 종류의 지향성이 앞에 놓여 있다는 사실을 통찰할 능력이 없다는 점에 눈길을 돌리기만 하면 된다. 그래서 누구나 임의의 위치에서 착수할 수 있을 것이다. 왜냐하면 순수한 현상학적 분석이 결여됨으로써 생긴 철저하게 전도된 모든 문제의 정식화(예를 들어 공간표상·시간표상·사물표상의 '근원'에 관해 매우 많이 논의된 물음에서)를 명백하게 밝히는 것은 계몽적이기 때문이다.

그러나 여기에서 이 문제에 관여할 수 없으며, 게다가 이러한 일이 전혀 필요하지도 않다. 현상학적 방법학(Methodik)에 숙달되고 순수한 직시함(Schauen)을 배운 모든 사람은 그러한 사실을 즉시 또 그토록 바라던 명석함으로 보게 된다. 사실 그렇게 숙달되지 않는 한, 현상학의 경우 한 쌍의 빈약한 구분, 즉 실험적 작업의 노력 가운데 덧붙여 곧바로 필요하다면 벌써 해결되었을 분석적 소규모작업과 같은 것이 문제라는 인상이 지배적이며 또한 완전히 이해할 수 있는 동안에만, 그것이 중요한 문제다. 어렵고도 철저한 기초적 연구가 여기에 얼마나 많이 필요한지, 우리가 지금까지 의식과 그 본질구조에 관해 알고 있는 것이 얼마나 빈약한지를 곧바로 미리 볼 수는 없다. 이러한 점을 알 때 비로소 게다가 순수 직관을 통해 아는 한, 기술하는 개념, 즉 학문적으로 엄밀하고 가치 있는 심리학적 개념의 기반을 얻게 된다.

이러한 개념을 가치 있는 것으로 만드는 것은 이미 현존하는 공허한 단어의미를 구분함으로써 획득한 언어적 명백함이 아니라, 분석적 연구를 통해 직관 속에 제외된 본질, 즉 함께 얽혀 있는 모든 것으로부터 구별된 본질에 적응하는 것이다. 그러면 무수한 새로운 개념이 획득되고, 언어의 단어에 연결하는 것은 단어가 그 속에 놓여 있는 대략적 방향을 표시하는 기능 또는 상(像)에 의한 표현을 통해 보인 본질의 계기를 견지하는 것(학생에게는 파악하는 것)을 쉽게 만드는 기능만 있다.[6] 만약 누군가 현상학의 입구를 통해 가시밭길을 극복했다면, 여기에서 이성적 심리학의 근본토대로 나타나는 새로운 학문의 무한한 지평을 열었다면, 그는 현상학적 목적이 상상-직관에 (당연히 인위적 상상력에도) 얼마나 힘입고 있는지, 상상-직관을 움직일 자유 없이 의식의 (인식작용으로 또 인식대상으로) 가능한 형태의 연관을 체계적으로 또 본질에 적합하게 추구할 생각조차, 그리고 본질포착의 우연적 개별화를 넘어서 의식의 전체 구조에 대한 강렬한 통찰——즉 그 모든 인식대상의 가능성과 더불어, 따라서 가능한 모든 세계에 대해 의식을 지배하는 근본체제에 대한 강렬한 통찰——로 밀고 들어갈 생각조차 어떻게 전혀 못했는지를 이해하는 것까지 배우게 된다.

실재성의 구성(Konstitution)이라는 문제에 관한 우리의 상론을 통해(더구나 거대한 체계적 서술만 실제로 상론할 수 있기 때문에, 우리의

---

6) 상(像)에 의한 표현의 사용에 관해서는 펜더의 적절한 상론 「성향의 심리학」(Zur Psychologie der Gesinnung), 『철학과 현상학적 탐구 연보』 제1권, 330쪽을 참조할 것.

암시를 통해) 여기에서 실제로 작업이 수행될 수 있는 것에 대한 예
감이라도 획득한 사람은, 철학에 관심이 전혀 없더라도, 자유로운 상
상—이것이 현상학적 본질탐구의 근본토대라면—이 얼마나 많은
가능한 인식을 학문적 심리학에 제공할 수 있는지 이해하게 된다. 무
한한 가능성이 실제성에 선행한다는 것은, 예전의 합리론자들이 생
각했듯이, 실제로 그러하다. 그러므로 체계적으로 무한한 기하학적
가능성이 물리적 실제성에 선행하고, 그래서 본질필연성을 통해, 더
구나 예외 없는 본질필연성을 통해 규칙화된 무한히 가능한 의식의
형태와 인식대상의 형태는 심리학적 실제성과 심리학에 선행한다.
여기에서〔이러한 사실에〕눈을 감는 것은 전혀 소용없다. 즉 이성적
심리학은 위대한 학문이고, 심리학적 실제성이 그것의 절대적으로
확고한 테두리에 결합된 필증적인 법칙적 가능성을 포괄한다.

10. 볼차노, 로체 그리고 브렌타노의 저술과 현상학의 관계

내가 여기에서 들어가려는 문제사항에는 여전히 다음과 같은 보충
진술이 유용할 것이다. 즉 현상학의 본질에 대한 오해는 최근에 그리
고 내가 로체(R. H. Lotze)*와 브렌타노(F. Brentano)**에게 받았을 충

---

* 로체(1817~81)는 실증적 자연주의, 감각적 유물론, 비합리주의에 대항해 관
  념론(진리와 가치)과 기계적 자연관(존재)의 결합을 주장함으로써 신칸트학파
  (바덴학파)의 선구가 되었다. 저서로『형이상학』(1841), 『논리학』(1843), 『소우
  주: 자연의 역사와 인간의 역사의 이념』(1856~58) 등이 있다.
** 브렌타노(1838~1917)는 독일관념론과 신칸트학파를 배격하고 자연과학에 따
  른 경험적-기술적 심리학의 방법으로 철학을 엄밀하게 정초하려 했으며, 윤리
  적 인식의 근원을 해명하는 가치론을 개척했다. 후설은 브렌타노의 이 기술심
  리학에서 결정적 영향을 받아 수학에서 철학으로 전향해 그의 제자가 되었고,
  특히 물리적 현상과 구별되는 심리적 현상의 특징인 의식의 지향성에 대한 분
  석은 현상학이 형성되는 데 큰 영향을 미쳤다. 저서로『경험적 관점에서의 심

격 — 나는 이 충격에 대해 지금도 예전처럼 지극히 감사한 마음을 느낀다 — 을 고려해 이 위대한 학자들을 현상학의 정초자로 부르고, 마치 현상학에 이르는 최고의 길은 새로운 학문의 근원적 원천인 이들의 저술로 되돌아가는 것이 정말인 듯이 분명하게 그렇게 부르는 사실과 연관되어 있다. 그런데 볼차노(B. Bolzano)*의 위대한 논리학은 여기서 거의 문제가 되지 않아, 그는 현상학 — 내 저술이 주장하는 의미에서 현상학 — 을 전혀 예감하지도 못했을 것이다.[7]

그러나 철학과 심리학을 본질인식 위에 기초지은 볼차노는, 밀(J. S. Mill)의 진술보다 결코 뒤지지 않는 극단적 경험론의 진술이 발견되기 때문에, 밀과 마찬가지로 직관 속에 본질탐구라는 생각에서, 여기서 생기는 아프리오리라는 생각에서 멀리 벗어났다. 현상학에 도달한 나의 길은 본질적으로 '보편수학'(mathesis universalis)을 통해 규정되었고(볼차노는 이 보편수학과 관련해 아무것도 몰랐다), 그러한 보편수학의 이념 — 나는 형식적 수학에 관한 연구를 통해 이 이념에 도달하게 재촉받았다 — 을 구상하는 데 볼차노가 이 이념의 한정된 부분, 즉 '명제 그 자체'와 '진리 그 자체'에 관한 학설의 부분을 스케치한 것은 나에게 평가할 수 없을 정도로 큰 가치가 있었다. 내가 수

리학』(1874), 『도덕적 인식의 근원』(1889) 등이 있다.

* 볼차노(1781~1848)는 칸트와 독일관념론의 주관주의를 비판하고 수학과 논리학·인식론·윤리학에서 독특한 객관주의를 주장했다. 특히 논리학을 주관적으로 해석하는 심리학주의에 반대하고 판단작용과 판단내용을 구별해 객관적 '명제 그 자체' '진리 그 자체'를 확립하려 순수논리학을 추구했다. 후설은 이러한 이론에 큰 영향을 받아 『산술철학』에서 취했던 심리학주의의 한계를 극복하고 『논리연구』 제1권에서 수학의 근거로 파악한 순수논리학을 정초한다. 저서로 『학문이론』(1837), 『무한한 것의 역설』(1851) 등이 있다.

7) 나는 여기에서 그 말이 유행어가 되었다는 사실, 세계에 철학적 개혁을 선물하기로 나선 모든 저자는 자신의 이념이 '현상학'이라는 명칭 아래 유통되는 것을 이제 거의 좋아한다는 사실을 첨부해야 한다.

학적 영역에서 또한 (라이프니츠와 독립적으로) 최근에 상론한 논리적 수학의 영역에 대해 이미 순수 이념을 취하지 않았다면, 〔그의〕 학문이론을 이용하고 인용하는 모든 사람이 그 의미를 거의 보지 못했던 것처럼 볼차노 이론의 의미를 거의 몰랐을 것이다. 볼차노가 나의 플라톤화하는(platonisierend) 의미에서 본질직관의 이상적(理想的) 본질성(本質性)으로 결코 인정하지 않았을 표상과 명제 그 자체의 순수논리학을 폭넓게 상론한 것은 내가 심사숙고할 확고한 기체(基體)를 주었으며, 이것은 심리학에서 현상학으로 진전해게끔 나를 추동했던 문제가 형식적 수학 전체에 연결되듯이 그 확고한 기체에 연결된다.

하지만 확실히 그 문제는 볼차노에게 매우 생소한 것이었다. 어쨌든 우리는 볼차노에게서 많은 형식논리학을 배울 수 있다. 왜냐하면 형식논리학에서 그는 위대한 학자였지만, 빈델반트(W. Windelband)*가 말하듯이, 하찮은 일을 골똘히 생각하는 사람은 아니기 때문이다. 그렇지만 현상학은 이성비판으로서 그에게 배울 것이 거의 없다.

다른 한편 로체에 관해서는, 개별적으로 천재적인 모든 논평에도 불구하고 그에게는 근본적 원리탐구를 위한 의미가 없다. 궁극적 뿌리로 되돌아가는 것, 즉 모든 이론적 선입견을 잠시 보류한 채 근본적으로 정초된 명석한 진리에 이르기까지 문제의 세분화에서 매우 고통스럽게 소급해 올라가는 것은 그의 방식 어디에도 없다. 그는 각각의 단계에서 자신의 체계를 줄곧 마음속에 그리고 있었으며, 줄곧

---

* 빈델반트(1848~1915)는 신칸트학파(바덴학파)의 창시자로, 심리적-발생적 입장을 배격하고 비판적-선험적 태도로 인식의 권리문제와 사실문제의 구별을 역사·도덕·법·예술·종교 등의 체험영역으로 확장함으로써, 사실의 특성을 인식할 수 있는 가치와 존재의 당위규범을 밝혔다. 또한 과학을 법칙정립적 법칙학, 역사학을 개성기술적 사건학으로 규정해 역사학의 기초를 확립했다.

오성(Verstand)과 감정(Gemüt)을 화해시키려는 관심 속에 살았다. 그러나 근본적 탐구는 무관심한(interesselos) 탐구다. 플라톤의 이데아론에 대한 그의 천재적 해석은 잊을 수 없는 그의 가장 중요한 공적일 것이다. 그러나 그는 결론을 거의 이끌어내지 못했기 때문에 나는 그의 인식론을 오늘날에도 여전히 모순투성이 잡동사니, 즉 궁극적 결론을 겁내 꺼렸던 반제품(半製品)이라 해야 한다.

그래서 그의 '현상학'은 감성적 내용의 영역에서 몇 가지 아프리오리한 관계를 지적하는 것으로 환원된다. 이와 관련해 그는, 누구나 더 정확하게 바라보고 그의 아름다운 명제에 이것 자체에는 생소한 의미를 삽입하지 않는다면, 본질직관을 통해 파악될 수 있는 본질 ─진리의 절대적 척도를 제시할 수 있을 본질─ 의 진정한 개념이 없다. 그는 때때로 이러한 의미를 다루지만, 완전히 가치 없는 아프리오리의 개념을 위해 이 의미를 다시 포기하려 다룰 뿐이다. 더구나 의식의 본질학, 게다가 의식과 의식의 인식대상의 관계에 대한 본질학, 대상성의 구성 등과 같은 것이 일반적으로 존재할 수 있을 것이라는 사실을 그는 결코 예감조차 못했고, 따라서 우리가 여기에서 '현상학'이라 부르는 것을 예감조차 못했다. 이러한 사실을 확인한다면, 우리는 그의 위대함을, 즉 그가 준 자극의 〔중요한〕 의미와 우리가 그에게 빚지고 있는 감사하는 마음을 결코 손상하지 않는다.

끝으로, 많은 사람은 현상학을 브렌타노의 심리학이 연속된 한 종류로 간주한다. 내가 그의 천재적 저작을 높게 평가하더라도, 그의 저작(다른 저술도)이 젊은 시절 나에게 영향을 미쳤더라도, 어쨌든 브렌타노는 우리의 의미에서 현상학으로부터 멀리 떨어져 있었으며, 이러한 사실은 지금까지도 마찬가지라고 여기에서 이야기해야 한다. 그러나 이것이 너무 지나쳐 그는 새로운 움직임을 진보로 인정하기를 철저히 거부한다. 그렇지만 그는 곧바로 현상학이 가능할 수 있기 위해 획기적 공적을 쌓았다. 그는 내재적으로 기술하는 가운데 의식 자체로부터 길어낸 **지향성**(Intentionalität)*의 이념을 현대에 제기했다. 그가 (내가 말하고 싶듯이) 일련의 순수 기술을 종종 넘어서더라도, 적어도 그가 형성한 개념 가운데 많은 것은 그 원천을 실제적 직관 속에 갖는다. 그래서 그것은 본질직관 속에 실행된 전환에 따라 직관 일반에 교육적 영향을 미칠 수 있었고 또 미쳐야 했다. 그러나 그는 지향적 분석의 본질을 보지 못했다.[8]

11. 물리학과 심리학이 그 존재론적 기초에서 맺는 관련의 차이. 이 두 학문에서 기술하는 것의 의미

적어도 심리학자를 혼란시키지 않는 것은, 그의 학문이 자연과학이라는 확신에서 물리적 자연과학과 당연히 그런 다음 물리학을 모

---

* 후설은 현상학 전체를 관통해 포괄하는 핵심인 '지향성'을 브렌타노가 물리적 현상과 구별되는 심리적 현상을 탐구한 데서 이어받았다. 그러나 그는 이 개념을 의식이 대상을 의미를 지닌 대상성으로 구성하는 의식작용으로 발전시킨다. 그에게 지향성은 단순히 의식과 대상을 연결하는 관계도, 이 관계에 대한 규정도 아니다. 의식에 주어진 대상은 인식의 매개수단이 아니라 지각이 최종으로 도달하는 점, 즉 지각된 사태 자체다. 결국 "우리는 지향성 속에 사물과 지성의 일치를 경험하는 것이 아니라, 이 일치 자체를 대상으로 만든다"(『수동적 종합』, 102쪽).

8) 현상학의 거대한 문제와 탐구는 로체가 주목했던 색깔질서나 음(音)질서의 아프리오리인 감성적 소재의 영역 속이 아니라, 완전한 전체의 체험흐름 속에 그리고 무엇보다 자신의 지향성과 지향적으로 추정된 것을 지닌 의식 속에 놓여 있다. 그것은 특히 [한편으로] 심리학에 대해 또 다른 한편으로 이성비판에 대해 근본에 놓여 있다. 여기에서 순수 자아 자체와 더불어 순수 자아체험의 구체적인-완벽한 흐름에 관련된 현상학의 경우 색깔질서나 음질서와 비슷한 것이 중요한 문제라 생각하는 사람, 그는 물론 현상학에 이르는 길을 발견하지 못하고, 어떻게 그와 같은 문제사항이 심리학적으로 또 철학적으로 그토록 많은 것을 뜻해야 하는지를 이해할 수 있게 파악하지 못한다.

범으로 삼아 이끌려는 경향이 매우 강하다는 것이다. 물리학은 이성적 학과에 기초를 두지만, 현상학의 근본특성과는 아주 다른 근본특성이 있다. 현상학은 본질분석과 본질기술의 무한한 장(場)이지만, 어떠한 연역의 장도 아니다. 이성적 자연과학, 예를 들어 순수 기하학이나 운동학은 연역의 무한한 장이지만, 본질분석과 기술의 장이 결코 아니기 때문이다. 기하학은 직관에서 이끌어낸 몇 가지 개념을 확정하는 것으로 시작한다. 명백히 개념적 본질은 어떤 거대한 상황('연역', '분석')도 요구하지 않는 방식으로 공간적 형성물의 직관에서 이끌어낸다. 그래서 개념적 사고작용 속에 공리로 표현되는 직접적 본질통찰이 생긴다. 약간의 공리와 다른 모든 공리는 형식적 수학(이것에는, 필요한 변경을 가해, 즉 형식적 본질직관의 테두리 속에, 정확하게 동일한 것이 적용된다)의 원리에 따른 형식적 연역이다.

그렇다면 우리는 경험적 자연과학에서 매우 많은 기술(記述), 즉 전체로 '기술하는 자연과학'을 발견하고, 기술하는 개념을 위해 누군가는——현상학에서 배웠다면——기술하는 개념이 직관을 통해 자신의 규범화하는 본질을 이끌어내었을 분질분야를 즉시 찾는다. 이 경우 어쨌든 본질기술을 위한 근본 장이며 자연과학의 토대로 간주되어야 할 이성적 학과가 반드시 존재한다. 그러나 여기서 우리는 놀랄 만한 상황을 발견한다. 즉 자연의 영역에서 기술은 완전한 의미에서 결코 객관적 타당성을 요구하지 못하고, 그 기술은——심리학이 엄밀한 학문이 되어야 한다면, 우리가 심리학에서 사활이 걸린 문제로 제기하는——그러한 개념적 엄밀함만 요구하고 얻으려 힘쓸 뿐이며, 부분적으로 그 기술은 대체로 영혼적 자연에서보다 외적 자연에서 총체적으로 다른 역할을 하는 상황이다.

마찬가지로 그 상황에서 분명히 나타나는 것은, 기술하는 학문을 외적으로 기술하는 것은 '추상적' 학문, 즉 법칙정립으로 설명하는 학문을 설명하는 데 이론적 기초가 결코 아니라는 사실이다. 광물학, 지질학 그리고 이른바 모든 기술하는 학문은 결코 물리학의 기초가 아니다. 물리학은 그 학문이 '기술하는' 것을 '설명한다'. 그렇지만 물리학 자체는 기술하는 것에 입각해 세워지지 않았다. 물리학의 수행절차, 즉 그 순수한 객체성에서 객관적 자연에 관한 학문의 수행절차는 어쨌든 물리학이 모든 학문과 마찬가지로 요구하는 구체적 직관의 토대에 주목할 만한 것이다. 물리학은 직관적으로 주어진 사물로 조작하고, 일을 하며, 이 사물에 이름을 붙이고, 그래서 기술하는 개념을 사용한다.

그러나 감성적 직관에서 개념을 매우 힘들게 만들어내는 일에 아무것도, 일상의 삶이 직관에서 형성한 미리 주어진 경험적 개념을 설명하고 분질분석을 통해 실행될 수 있는 본질파악과 본질한정을 해명하는 번거로운 학문적 작업에 아무것도 주목되지 않는다. 아무튼 그러한 일에 어떤 요구도 제기할 필요가 전혀 없다. 왜냐하면 그처럼 매우 발전된 학문이 중요한 문제이기 때문이다. 심리학자는, 때로는 의식적으로 때로는 무의식적으로 물리학적 수행절차를 모방하면서, 이제 마찬가지로 원기왕성하게 그러한 학문에 몰두해 돌진하고, 물리학자가 물질적 사물을 받아들이듯이 인간과 인간의 영혼 삶을 자연의 연관 속에 받아들인다. 즉 심리학자는 본질분석과 본질기술에 파고들어가지 않고, 곧장 인과성에 들어간다. 그는 실험하고, 상황을 변경시키며, 그가 미리 가진 개념과 오직 인과적 연구가 제공한 동기에 따라서만 그가 변형시킨 개념에 그리고 그러한 동기에 따라 이미 변형된 다른 개념과 결부시킨 개념에 우선 그럭저럭 만족하면서 실재적 종속성을 추구한다.

다른 한편 심리학 자체 안에서 무엇인가 결여되어 있다는 사실, 어쨌든 상태는 정확하게 동일한 것이 아니라는 사실을 이전부터 줄곧 느꼈다. 그런 까닭에 적어도 '기술적'-심리학적 탐구에 대한 이론적 평가와 반복해 또 생생하게 강조된 그러한 탐구의 필요성을 느꼈다. 그래서 사람들은 브렌타노의 선례를 따라 실재적-인과적으로 설명하는 '발생적' 심리학의 하부단계로서 '기술적 심리학'이라는 명칭 아래 고유한 심리학적 학과를 요구하기까지 했다. 이때 중요한 점은 기술적-자연과학과 유사한 것을 실제로 형성하는 기술, 따라서 습관적 성향의 다른 유형·특성유형·인종유형 등의 기술과 같은 것이 아니라, '내적 경험에 주어진 것을 기술하는 분석을 실제로 형성하는 기술'이 '기술적 심리학'이라는 명칭 아래 곧바로 혼합되고 추구되며 사용되지 않는다는 것이다. 더구나 사람들은, 기술적 심리학이 실제로 이익을 주는 한, 기술적 심리학에서 경험 그 자체 ─ 현실적인 속견의 정립을 통해 확정된 내재적인 '심리적 현상'의 실제성에 묶여 있는 경험 ─ 는 완전히 관련이 없다는 사실, 이미 주목되지 않은 채 실행되지 않았던 어떤 곳에서든 모든 연구는 본질적 태도 속에 즉시 실행되어야 한다는 사실을 결코 알아차리지 못한다.

물리적 자연과학의 측면에서 상태를 완전히 해명하는 것, 자연과학의 기술과 설명의 의미를 본질에서 길어내어 이해하는 것, 기술하는 것의 아프리오리에 관한 위에서 언급된 물음에 대답하는 것 ─ 이것은 그 해결이 그 자체로 매우 중대한 과제, 특히 자연의 대상성에 대한 현상학적 구성이라는 문제범위의 연관 속에 또한 그래서 현상학과 자연인식의 이론에 중요한 과제다. 우리는 이와 관련된 연구를 아래에서 계속 추적해갈 것이다. 그러나 여기에서 말한 것은 자연과학의 측면과 심리학의 측면에서 다른 상태의 의식을 일깨우는 데 매우 충분할 것이다.

우리는 기술적(記述的) 자연과학의 기술한다는 개념의 주요한 본질적 존립요소가 물리적 대상과 맺는 관계는 '기술적 심리학'의 기술하는 개념의 본질내용 전체가 심리적 자연의 대상과 맺는 관계와 근본상 본질적으로 다르다는 사실을 지적함으로써 우리가 여기에서 말한 것에 여전히 내용을 더 풍부하게 형성한다.

기술적 자연과학의 측면에서 상황을 고찰해보자. 여기에서 그 기술이라는 개념은 대체로 실재성 ─ 그렇지만 자연객체성이라는 궁극적 이념의 관점에서는 단순한 '나타남'(Erscheinung)인 실재성 ─ 이 직관에 대해 이미 완성되어 구성된 대상구성의 그 단계에서 유래한다는 사실에 주목하게 된다. 우연적 주체나 감성과의 관계를 아직 던져버리지 못한 이 나타남의 모든 속성(따라서 이미 실재적 속성)은 '2차 성질'에 속하는 반면, '1차 성질'은 이에 상응해 '객관적' 속성으로 정의된다.* 바로 이 차이가 중요한 문제다. 나타남인 실재적인 것에는 사물 자체, 즉 물리학의 사물인 실재적인 것이 대립해 있다. 실재적인 것은 정상의 감성을 지닌 개별적 주체에 의해 일치하게 ─ 색깔을 띠고, 빛이 나며, 음이 울려 퍼지는 등 ─ 경험된 사물, 그래서 그가 발견하고 참으로 존재하는 것으로 입증한 사물이다. 동등한 정상의 감성을 지닌 모든 주체에는 서로 의사소통하는 가운데 서로 동일하게 확인되는 그에 상응하는 나타남의 사물이 구성된다. 즉 어떤 자아(I_1)의 일치하는 경험 속에 구성되는 통일체는 다른 자아(I_2)의 경험 속에 구성된 것과 동일할 것이다.

그런데 경험하는 모든 사람이 실제로 동일한 '정상의 감성조직'을

---

* '1차 성질'과 '2차 성질'은 로크(J. Locke)의 용어인데, 그 연원은 아리스토텔레스가 형태·운동·정지·크기 등 다수의 감각기관에 의해 공통으로 지각되는 성질(aistheta koina)과 색깔·소리·맛·냄새 등 특정한 감각기관에 의해 독자적으로 지각되는 성질(aistheta idia)을 구별한 데 있다. 그래서 케플러는 양화(量化)할 수 없는 표면상 성질인 후자는 참된 실재가 아니라고 주장했고, 갈릴레이는 이 주관적 감각의 성질을 간접적 수학공식으로 객관화하고 추상화했다.

지녔고 모든 사람이 이에 상응하는 '정상의' 상황 아래 경험해도, 그 결과 다른 주체에 나타나는 것 ─동일하게 확인하는 가운데 동일한 객관적 사물과 관련된 것─이 정확하게 일치된 나타남이라도, 어쨌든 이 일치함은 우연적 일치함일 것이다. 하지만 물리학은 '정상의 조직'과의 관련을 제거한다. 물리학은 "정상성(Normalität)이란 우연적인 것, 즉 전적으로 상대적인 것이며, 따라서 그러한 일치함에 입각해 구성된 객관[객체]성은 상대적인 우연적 객관성일 뿐이다"라 말한다. 그 결과 어떤 때 '정상'이라 한 것이 다른 때 '비정상'이라 할 수 있고, 그 반대도 마찬가지다.

그래서 객관적 존재의 척도인 물리학은 이러한 정상성과 또 모든 정상성을 거부한다. 즉 직관의 영역이나 우연적으로 주체와 관련된 영역에서 참된 사물의 구성을 위해 줄곧 일관된 역할을 하는 밝은 햇빛 등과 같은 '정상의 상황'과의 관련도 거부한다. 오히려 물리학은 주체가 본래 (직관적으로) **경험한** 사물을 나타남으로 파악하며, 다른 주체과 교류하고 의사소통하는 주체가 자신에게 나타난 사물을 다른 사람에게 나타난 사물과 동일하게 확인하며 다른 주체도 똑같은 것을 한다는 것을 경험하면, 그 때문에 물리학은 상호주관적 직관의 동일하게 확인된 술어의 존립요소에 따라 이 사물을 객관적 사물로 파악하는 것이 아니라, 그 자체를 참된 사물의 **상호주관적 '나타남'**으로만 파악한다.

물리학에 종사하는 주체와 이 주체의 직관적 주변세계를 통해 그 주체와 교제하는 다른 주체─자신의 직관적 주변을 지닌 주체─의 확고한 범위가 정립되고, 게다가 **사실적으로** 경험하는 우연적 주체 뿐 아니라 **가능한** 주체 일반에 관해서도 정립된다는 사실이 이러한 상태를 이해하는 데 너무도 쉽게 간과되기 때문에, 그러한 사실은 아주 특별히 강조되어야 한다.

따라서 주체는 자신의 구성적 경험직관의 존립요소를 통해 무한한 세계, 즉 가능한 경험이 진행되는 가운데 무한한 세계로 정립되는 자신의 주변세계를 갖는다. 이와 함께 무한히 많은 신체가 다른 주체에 경험할 수 있는 것으로 포함되어 있고, 이러한 사실을 통해 다시 그 주체와 함께 또 서로 의사소통하는 무한히 많은 주체에 일정한 테두리가 미리 지시되어 있다. 무한히 많은 가능성을 포괄하더라도, 이 테두리는 어쨌든 제한된 가능성에 대한 테두리다. 모든 주체가 의사소통하는 가운데 다른 모든 주체를 대표한다는 것, 모든 주체가 물러가고 항상 새로운 주체가 등장할 수 있다는 것, 하지만 다른 한편으로 어쨌든 전체 테두리는 그 어떤 개별적이고 또 사실적인 주관성과 그의 직관영역을 통해 고정된다는 것은 이러한 이념적으로 무한한 그룹의 의사소통의 본질에 포함된다. 이 주관성은, 이러한 다양체를 구성하는 출발점이라면 필연적으로 그 다양체에 자신을 포함시킬 뿐 아니라 '명백하게 함'(Eindeutung)을 통해 정립된 다른 모든 주체도 똑같이 자신으로 여기는 한, 이러한 테두리에 속한다.

　그래서 자연의 객체성은 개별적 현존재를 통해 사실성과 함께 부착된 이러한 이상적이고 무한한 주체의 다수성(多數性)에 관련된다. 물리학의 주체, 따라서 그때그때 물리학적으로 사고하는 사람은, 다른 모든 주체가 자신의 사회적 주변세계를 전적으로 나타남으로 받아들이듯이, 자신의 직관적 사물을 받아들인다. 많은 주체는 '우연적으로', 그렇지만 필연적은 아닌, 동일한 나타남을 가질 수 있다. 즉 많은 주체는 그가 동일한 것을 지각하고 자신의 —각자가 그 자신의 —경험범위 안에서 일치하게 경험한다는 사실, 또한 각자가 모두에게 동일한 것인 자신이 경험한 것을 비슷한 경험의 개념으로 기술해야 한다는 사실을 의사소통하며 발견하는 것은 우연적일 수 있다.

　이렇게 기술된 상호주관적인 것(Intersubjektives)*은 그 우연성에 의해 단지 '나타남의 사물'일 뿐이다. 그러나 경험의 현존재, 게다가 실재적 현존재가 동기부여된다는 사실, 의사소통은 동일한 실재적인 것의 현존재를 다른 주체가 경험한 것으로 동기부여한다는 사실은 확인된다. 어쨌든 이 동일한 것은 상대적이고 우연적인 것이 아니라 필연적인 것 속에 자신의 참된 존재를 갖는다. 이 필연적인 것은 미리 지시된 이념적 공동체의 모든 가능한 주체가 그의 '나타남'에 근거해 또 이 '나타남'에 관해(즉 단지 '2차적' 술어로 그것이 경험하는 사물에 관해) 다른 사람에게 전달함에 근거해 이성적 경험의 사유*로 이끌어내 규정할 수 있고, 각자가 시종일관 동일한 속성의 동일한 기체(基體)로 이끌어내 규정할 수 있으며, 이것이 바로 이성적으로 (자연과학적 방법으로) 진행되면, 다른 모든 사람과 완전히 일치해 이끌어내 규정할 수 있다.

　이렇게 규정하는 방법은 물리학의 작업수행이다. 객관적으로 참된 사물은 전적으로 그 '나타남의 속성'에 따라, 즉 '2차 속성'에 따라 '나타남' 속에 기록되는 물리학적 ('1차적') 속성만 받아들인다. 그러나 이 속성 자체는 그 나타남 속에 나타나지 않고, 그것 자체가 더 높은 등급의 나타남의 속성도 아니다. 요컨대 인류는 자연과학을 정초함으로써 다음과 같은 사실을 발견했다. 즉 실제로 주관적이며 또 상호주관적으로 직관할 수 있는 세계인 현실적 경험의 세계는 새로운 의미에서 하나의 자연인 '참된' '자연'을 갖는데, 이에 따르면 이 경험세계 전체는 오직 '정밀한' 수학적-물리학적 술어를 통해서만 규정된 자연, 결코 직관할 수 없고 경험할 수 없는 객관적 자연, 게다가 자연탐구의 방법을 통해 경험에 근거해 경험논리의 사유작용으로

---

* 이것은 자아가 체험하는 영역 전체를 함축하는 '주관적인 것'(Subjektives)이 언제나 '상호주관적인 것', 즉 서로 의사소통을 하는 '상호주관성'을 뜻한다.
* 이 용어에 관해서는 25쪽의 역주를 참조할 것.

인식할 수 있는 자연의 단순한 나타남이라는 사실이다. 그렇지만 주관 자체는 객관적 요인(Faktor)으로서 다음과 같은 형식으로 이러한 객관적 자연 속에 들어온다.

물리학적-정밀한 개념을 통해 순수하게 특징지은 온통 물리적 사물만으로 구성된 하나의 객관적 공간과 하나의 객관적 시간을 지닌 하나의 유일한 (앞에서 기술한 의미에서 '우리의' 이념적 사회성에 속하는) 물리적 자연이 존재한다. 그리고 물리적 사물에는 다른 사물 가운데 신체가 포함된다. 그래서 신체 역시 그 물리적 '본성'〔자연〕에 따라 추상적-물리학적 사고의 상징에 대한 단순한 담지자, 그렇지만 실재적 속성의 새로운 층을 통해 고유하게 부각된 '감각론적인 것' 이다. 그러므로 이 속성은 '나타남'의 통일체에 관련된 사유의 통일체가 아니라, 오히려 그 자체의 고유한 존재에 따라 경험할 수 있지만 그 본질에 따라 나타남을 통한 드러남을 배제하면서 그 자체가 주어지거나 주어질 수 있다. 모든 신체는, 감각론적 실재성의 유형과 관계없이, 신체가 변화하는 물리적 본성에 기능상 의존하는 자신의 변화하는 '감성적 조직'을 갖는다. 신체에는 실재적 영혼의 속성 ― 한편으로 새로운 실재적 속성, 다른 한편으로 그 자체가 부여되거나 직관 자체 속에 또 나타남 없이 드러나는 속성 ― 을 지닌 영혼이 포함된다.

그래서 모든 영혼은, 일반적인 영혼의 종류와 관계없이, 자신의 특별한 또 변화하는 영혼의 조직을 갖는다. 이 모든 실재적 통일체와 실재적 속성은 그 기초지음의 연관 속에, 따라서 연관된 경험에 근거해, 특수한 것과 일반적인 것에 따라 나름의 방식으로 규정할 수 있다. 이러한 연관과 이에 속한 객관적으로-타당한 진리에 의지함으로써 생리학적 (감각론적) 심리학은 '모든 영혼 또는 모든 영혼적 주체에 동일한 자연의 사물이 다르게 나타날 수 있고, 주어진 실재적 상황 아래 그때그때 다르게 나타남에 틀림없다'는 사실을 설명한다. 또한 하나의 동일한 영혼은, 그 신체의 감성적 조직이나 어쩌면——그 실재적 상황 아래 그 자체로 이해할 수 있는——그 영혼의 파악성향이 변화되면, 다른 것이라는 사실을 설명한다. 나타남의 변경과 똑같은 방식으로 어쩌면 주관적으로 유용함에도 불구하고 객관적으로 타당하지 않은 판단방식의 변경, 더구나 주관성과 객관성의 모든 차이가 설명되어야 한다.

자연과학적 인식과 인식의 객관성이 지닌 본질적 의미를 올바로 묘사했다면, 우리에게 중요한 감각론적 인식과 심리학적 인식의 연관 속에 올바로 묘사했다면, 우리는 이제 결론을 끌어낼 수 있다.

따라서 객관적 자연과학의 관점에서 기술적 자연과학은 단지 인식의 하부단계만 제시하는데, 이러한 단계에서는 아직 궁극적 객관화 (Objektivierung)가 감각적 관심과 실천적 관심이나 그밖의 어떤 관심을 만족시키며, 그래서 어쨌든 그것이 '객관적으로' '그 자체로' 존재하는 그대로의 자연에 대한 이론적 관심을 만족시키며 실행되지는 않았다. 물리학의 방법을 더 자세히 살펴보면, 단지 객관적인 것을 이끌어내 규정할 수 있는 나타남만 있기 때문에 왜 물리학이 자명하게 '나타남'에서 출발하는지, 그렇기 때문에 물리학은 그에 못지않게 자명하게 그 나타남에 관해 논의하고 그 나타남을 기술하는지, 그렇지만 물리학은 기술적 자연과학의 양식으로 그 나타남을 인간의 정상성에 관련지어 **체계적으로** 고정시키는 데 전혀 관심이 없고, 오히려 문제가 되는 일반적 나타남의 속성에 따라 객관적-인과적 분석의 목적을 위해 단지 충분한 이름을 붙이는 데만 관심이 있는지 이해하게 된다. 모든 정밀한 규정이 객관적 영역에 적용되기 때문에, 나타남이 그 자체에서 관심의 객체〔대상〕가 아니라 단지 객관적 속성이 드러날 뿐이기 때문에, 실제로 경험된 다양한 색깔 그 자체가 아니라 경험의 사유 속에 이끌어내 사유된, 사유에 적합하게 규정된 객관적 시각의 사건 — 이 사건으로부터 수학적 광학(光學)은 이론을 스케치한다 — 이 드러난 것으로 경험된 색깔이기 때문에 정교하게 구별하는 것은 물리학자에게 중요한 문제가 아니다.

심리학적 기술과 감각론적 기술의 영역에서 상태는 전혀 다르다. 영혼은 나타남에 관한 실체가 결코 아니다. 위에서 지적한 의미에서 나타남에 평행하는 것이 없다. 실로 일반적이듯이 구성적 통일체의 극히 복잡한 전체 체계가 여기에는 없다. 그 통일체의 각각은 더 높은 단계의 통일체와 관련된 '나타남'이며, 자신의 측면에서는 더 낮은 단계의 나타남(감성적 도식, 다른 단계·층·음영의 시각적 사물) 속에 나타나는 통일체다. 영혼의 통일체는 그 상태에서 직접 구성된다. 또한 영혼의 상태는 내재적 시간성(우리의 모든 분석은 이 속에서 유지된다)의 수준에서 스스로 그리고 나타남에 적합한 간접성 없이 충전적으로 주어진 '의식체험'이다.(파악하는 주체에 대한 '상대성'은 빼버리자. '기만'의 가능성이 있지만, 그렇다고 '다른 관점에서 고찰'의 가능성을 빼버리는 것은 아니다.)

그러므로 영혼 자체의 참된 존재에 포함되는 이러한 체험은 심리학 자체의 주제이지만, 가령 심리학을 통해 비로소 그 주제가 획득될 수 있는 단순한 매개는 아니다. 따라서 여기에서 사물의 구성에 대립된 영혼의 구성방식에 주요한 차이가 있으며, 이 차이는 그 방법을 규정한다. 직관적 사물, 즉 내가 직접 경험하는 사물은, 영혼이 자신의 의식상태에서 표명되는 것과 비슷하게, 감성적 도식 속에 표명된다. 직관적 사물이 물리학의 사물인 객관적인 실제의 사물이라면, 물리학자도 그때그때 감성적 도식을 사물적 속성의 순간적이며 변화하는 상태로 기술해야 하고, 사물적 속성 자체는 이제 기술하는 개념 속에 자신의 표현을 발견할 2차 성질을 통일시키는 것으로 포함할 것이다. 직관적 사물은 물리학의 사물—그 자체를 결코 직관적으로 가질 수 없는 사물, 따라서 본래 결코 경험되지 않는 사물—이 단순하게 '나타남'이라는 사실을 통해, 경험된 것과 그 경험의 속성도 물리학의 주제가 아니라 [이것이] 주제가 되는 단순한 매개다.

그러나 심리학에는 영혼의 '나타남'도 전혀 없고, 오히려 영혼 자체에 대한 경험만 있을 뿐이다. 왜냐하면 경험은 어떤 실재적인 것 일반에 관한 경험이 이제 실재적인 것 자체의 상태로서 학문적 주제에 속하고 또 학문적으로 기술하는 것이 필요한 상태가 경험된다는 사실을 통해 존재할 수 있는 것이기 때문이다. 즉 우리가 본래의 의미에서 경험된 것인 지각된 것 자체를 개념적 표현으로 기술하는 가운데 이해하면, 심리학적으로 기술하는 것은 영혼적인 것 자체를 규정하고, 체험을 심리학적으로 기술하는 것은 우리가 심리학적으로 기술하는 것의 다른 모든 경우에 명백하게 그것으로 환원되는 그 상태에 관해 영혼적인 것 자체를 규정한다. 반면 자연과학적으로 기술하는 것은 단지 나타남을 규정하지만, 규정되어야 할 그것 자체를 규정하지는 않는다. 그래서 이제 체험의 무한한 장(場)은 심리학에서 규정하는 기술하는 것의 무한한 장이 되며, 이것을 엄밀하게 학문적으로 형태짓지 않는다면, 심리학은 엄밀한 학문이라는 요구를 제기할 수 없다. 그러나 기술하는 것을 엄밀하게 형태짓는 일은 현상학적 분석이 필요하며, 개념은 그 순수 본질이 파악되고 그 본질연관 속에 엄밀하게 분리되며 구별될 때만 학문적이다.

이제 체험의 내실적일 뿐 아니라 이념적인 구성요소를 구별해 유지하고, 경험적 태도와 현실적으로 실행된 모든 작용의 현실적 지향성으로부터 모든 혼합—기술되어야 할 것 속에 기초지어져 있고 이것과 얽혀 있는 혼합—을 피하는 엄청난 어려움(이것은 결코 과장이 아니다)을 숙고하면, 그러한 모든 구별은 고찰될 수 있는 체험이 본질의 다른 측면과 구성요소를 움직이게 하는 본질변양에 지배될 때 또는 체험이 다른 기능 속에 유사한 측면이나 구성요소를 포함하는 여러 가지 가능한 다른 체험과 비교될 때 비로소 성공할 수 있다는 사실을 고려하면, 지향성이 드러나는 가운데 무수한 변경과 드러남의 종류를 반성할 필요성을 인식하면, 현실적 경험 속에 주어진 개별적 체험에 결합된 모든 기술은 그 어떤 가치 있고 구속력 있는 결과를 제공할 수 없다는 사실이 분명해진다. 이러한 사실은 영혼의 전체 영역에 적용되지만, 감각론적 영역——여기에는 목적의식을 지닌 현상학적 연구가 비교할 수 없을 만큼 더 깊은 통찰도 주지만——에는 그만큼 많이 적용되지 않는다.

따라서 참된 방법은 경험이 아니라 순수한 본질연관 속에, 경험적 심리학이 아니라 이성적 현상학 속에 본질구별과 개념적 본질파악의 전체 작업이 실행되는 것, 그런 다음 경험과학 속에 현상학적 성과를 단순히 적용하는 것이다. 이 방법에 따라 동시에 이성적 본질연관의 인식은 자명하게 본질을 기술하는 것에 결합되는데, 이 인식은 그에 못지않게 경험과학 영역에서, 즉 일상적 의미의 심리학 영역에서 그 성과를 끊임없이 그리고 필연적으로 적용되는 것을 반드시 발견하게 된다.

그러므로 현상학은 단순한 기술적 심리학이 결코 아니며, 경험적-기술적 본질학이 전혀 아니고, 즉 경험에 주어진 체험의 실제성에 연관되지 않은 체험-본질에 대한 탐구가 아니다. 오히려 현상학은 이상적 체험——이 체험이 기술적 심리학 아래 항상 이해된 것과는 총체적으로 다르더라도——의 가능성에 대한 탐구다. 본질을 기술하는 것은 그 자체에서 여전히 어떠한 본질법칙도 주지 않는다. 그러나 다른 한편으로 본질연관에 관한 인식은 본질을 기술하는 것(즉 직관하는 가운데 본질에 관해 파악하고 이 본질을 개념적으로 확정하는 것)에 즉시 접합되고, 그 각각의 인식에는 그 자체로 이미 아프리오리한 법칙성이 은폐된 채 포함되어 있다. 그렇지만 그것이 이러하다는 점, 그리고 체험의 흐름 일반이 결코 단순한 사실이 아니라 모든 경험적 가능성의 확고한 테두리를 형성하는 무수한 아프리오리한 연관이 속해 있는 이념이 개별화된 것이라는 점 ─ 이것을 사람들은 심리학자로서 명백히 밝혀야 한다.(그렇지 않다면 아주 일반적으로 본질법칙에 지배되지 않을 단순한 사실의 이념은 자연과학적 인식의 전도된 해석에서 생긴 이치에 어긋난 이념일 뿐이다!)

그러나 그렇다면 그것은 공허한 일반적 진리일 수 없고, 현상학적 아프리오리의 전체 영역, 즉 본질과 본질법칙의 다양체 전체가 체계적으로 게다가 경험심리학 자체의 관심 속에 뚜렷하게 부각되어야 할 인식은 필연적이다. 이러한 관점에서 우리는, 여기에서 유비가 다시 들어맞기 때문에, 물리적 자연과학과의 비유로 다시 되돌아가 포착할 수 있다. 즉 물질적 물체의 형태를 경험 속에 기술함으로써 연구하는 것이 아니라, 우선 기하학적 형태로 아프리오리하게 연구한다. 사실적 물체의 형태에 관한 모든 연구는 기하학적 인식을 적용하는 것이며, 이러한 것이어야 한다. 이것이 유일하게 올바른 방법이다. 순수한 물체의 형태에 관한 연구도 절대적으로 확고한 테두리를 형성하는 기하학적 본질법칙의 체계를 산출한다. 모든 경험의 운동과 형태는 이 테두리에 연결되어 있고, 이 경험의 운동과 형태를 역학 속에 학문적으로 다룰 수 있기 위해서는 이 테두리를 알아야 한다. 그리고 현상학과 자연과학적 심리학의 관계는, 주요한 사항에서 잘 설명되었고 상세하게 서술된 차이를 해치지 않는다면, 정확히 바로 그러하다.

12. 이성적 심리학과 현상학의 관계에 대한 계속된 해명

우리는 거대한 전환의 시대 속에 살고 있다. 얼마나 오래 지속할지 모르지만 이성적 존재론과 이성적 심리학은, 그리고 몹시 비난받았고 외견상 언제나 멸시당했던 과거 시대의 학과인 이성적 우주론과 신학은 다시 생명력이 싹트는 것처럼 보인다. 어쨌든 단지 실질적으로 부족한 확신으로 생생했던 것, 이 확신이 진리로 제기했던 것이 영원한 생명인 진리의 영역 속에 전혀 자리잡을 수 없었기 때문에 사라져야 했던 죽은 것이 다시 소생되어야 한다면, 나쁜 일일 것이다. 오직 그러한 이성적 학과의 일반적 이념 — 그러나 완전히 새로운 형태를 띤 이념 — 만 우리의 분석 속에 다시 소생하며, 여기에서 요구되는 이성적 심리학이 '영원의 상(相) 아래'(sub specie aeterni)* 견지될 것을 안심하고 믿어도 좋을 것이다. 이러한 이성적 심리학에는 체험의 본질학 이외에 당연히 다른 많은 본질학도 포함된다.

그렇다면 영혼적 자아의 아프리오리한 존립요소, 순수 자아의 학설만 지적해보자. 나는 여기에서 더 자세한 것으로 들어갈 수 없다. 왜냐하면 독자는 현상학이 본래 이성적 심리학 전체를 내포한다는 생각, 따라서 그 부분은 여기에서 주목할 만한 방식으로 전체를 집어삼키고 있다는 생각이 이러한 숙고 속에 벌써 확실하게 그에게 끈질기게 달라붙는 그만큼 더 쉽게 자세한 것을 포기할 것이기 때문이다. 만약 경험적 세계·인간·영혼에서 영혼의 이념으로 나아간다면, 우리는 영혼의 전체 상태성의 이념을 파악하고, 기하학을 추구할 때 공간과 공간형태를 분리하듯이 그 상태성을 추상적으로 분리하며, 그

---

* 이 용어는 스피노자가 세계를 시간적인 우연적 관점에서 추리하는 사고(ratiocinatio)가 아니라 무(無)시간적인 본질적 관점에서, 즉 변하지 않는 필연성 속에 본질을 직관하는 이성적 앎(intellectio)을 강조하기 위해 사용했다.

래서 체험의 순수본질학을 수립한다. 본질이 지배하는 곳에서 우리는, 본질필연성이 지배하는 한, 정지하면 안 된다. 왜냐하면 그 범위가 완결될 때까지 필연적으로 전체를 이루는 모든 것, 즉 이상적으로 따라서 분리할 수 없게 전체를 이루는 모든 것을 반드시 추구해야 하기 때문이다.

그러나 이것은 얼마나 놀랄 만한 일인가! 체험의 흐름은 이상적 가능성(그래서 필연적이며 또 필증적으로 필연적인 가능성)에 따라 자아와 사유된 것(cogitatum)을 지닌 사유주체(cogito)를 간직한다. 그리고 체험의 흐름은 가능한 세계의 구성과 영혼의 구성에 대한 모든 원천을 내포한다. 그 아프리오리를 추구하면서 우리는 가능한 자연인식 일반의 본질학, 이와 함께 우리가 사물의 구성에 다른 단계로, 즉 시각사물 등으로 알게 되었던 모든 초재(超在)에서 그 상관자에 관한 본질학과 마주치게 된다. 또한 경험적 자아, 신체와 마주치게 된다. 이것에 관련된 분질분석은 체험분석에 필연적으로 통합되고, 체험의 본질탐구는 인식대상이 된 것(Noemata)에 대한 본질탐구, 이것 속에 이상적 가능성으로 계획된 법칙적 규칙화에 대한 본질탐구, 그 각각이 의식 일반의 본질법칙에 따른 규칙화를 지시하는 '다양체'의 여러 가지 '통일체'에 대한 본질탐구를 요구한다.

어쨌든 의식 일반은 체험 일반과 체험연관이나 이 속에 포함된 것일 뿐이다. 따라서 실제로 그 부분은 전체를 집어삼키고, 이성적 현상학은 결국 그밖의 이성적 심리학뿐 아니라 모든 이성적 존재론─적어도 그 공리(公理)에 따라 이 이성적 존재론이 가능한 의식의 직접적 본질연관을 표현하는 한─까지 포괄한다.

그렇지만 도대체 연역적으로 이끌어낼 수 있는 존재론의 명제─연역적 작업수행의 의미를 해명하는 것이 이러한 점을 명증하게 밝혀준다─도 다시 가능한 의식연관을 표현하지 못하는가? 따라서 기하학 전체, 이성적 운동학, 이성적 자연과학 일반과 또한 모든 이성적 학과는 현상학의 한 부분이 아닌가?

경험적 심리학에서 출발해 이성적 심리학의 이념으로 진행해가는 경우 현상학은 영역적 일반성 속에 사고된 영혼의 상태인 체험의 단순한 본질학으로서 생긴다. 영혼 자체는, 실재적 속성·상황·행동방식에 따라 실재성으로서 영혼에 당연히 주어지는 모든 것과 더불어, 이성적으로 숙고되어야 한다. 그래서 그 본질학은 단순한 부분이다. 이성적 심리학 자체는──그 실재성의 종류의 이념이 물리적 자연에서 한 종류의 이념으로, 그런 다음 계속 감각론적 통일체 속에 기초지어진 실재성으로 그것을 요구하듯이──그밖의 다른 이성적 학과 가운데 하나의 학과로, 또 다른 이성적 학과와 연관을 맺는 하나의 학과로 제시된다. 게다가 실재성은 대상이며, 형식적 수학의 법칙 아래 있는 대상 일반과 마찬가지로, 따라서 형식적 수학도 이른바 그 일련의 모든 존재론의 모체〔원천〕로서 있다. 그러나 현상학의 필수 내용을 숙고하자마자, 우리는 이성적 심리학 전체를 그 표면상의 부분에 통합하게 재촉하는 것을 보게 되며, 그래서 이성적 심리학은 이제 단계적으로 모든 존재론을 집어삼킨다.

참된 상태(Sachlage)*에 관해 가장 완전한 명석함을 입수하는 것은 지극히 중요하다. 현상학을 단지 하나의 보조학과로 다루며 물리학

---

* 후설은 '상태'와 '사태'(Sachverhalte)를 엄밀하게 구별한다(특히 『경험과 판단』, 59항을 참조할 것). 즉 술어적 판단이 지향하는 '사태'는 수용적으로 파악할 수 있는 대상에 기초한 오성의 범주적 대상성으로, 감성적 지각에 의해 구성된 것이다. 반면 선(先)술어적 경험(지각)이 지향하는 '상태'는 수용적으로 파악된 대상성들의 복합으로, 사태를 구성하는 기초로 이바지하는 수동적인 전(前)-범주적 관계이다. 따라서 사태는 상태의 계기 또는 양상이다. 예를 들어 a와 b의 일정한 크기관계에 관한 하나의 동일한 '상태'에는 'a는 b보다 크다(a〉b)'와 'b는 a보다 작다(b〈c)'라는 명제형식의 두 가지 사태가 상응한다.

자가 기하학에 관심을 쏟는 것보다 현상학에 순수하고 독자적인 관심을 기울이지 않는 심리학자에게는 그러한 문제가 거의 중요하지 않다. 본래 경험과학자에게는, 어느 곳에서나 마찬가지로, 단지 그가 자신의 영역에 속하는 이성적 학과를 갖는 것만, 그리고 그가 이 학과를 불완전하게 가질 때는, 형상적 태도를 실제로 취함으로써 또 이 태도의 테두리 안에서 자유롭게 형성할 수 있는 탐구를 실제로 행함으로써 이성적 학과를 획득하는 것만 중요하다. 이때 순수하게 중요한 문제는 자신의 행위이지, 이 행위에 관해 자신이 반성한 '철학적' 이념이 아니다. 이것은 실로 자연과학자가 형상적 태도 속에 기하학을 추구한 다음 이것이 경험적 학문일 뿐이라는 사실을 거의 설명조차 하지 않을 때 손해를 전혀 입히지 않는 것과 마찬가지다.

그러나 지배적 관심이 바로 경험과학적인 것이 아니라 오히려 그 어떤 충분한 의미에서 학문이론적인 것, 형이상학적인 것, 철학적인 것일 때, 특히 심리학자 자신이 동시에 철학자이려 할 때, 사정은 완전히 다르다. 심리학자가 소박한 경험과학적 태도로 그토록 쉽게 얽힌 자신의 편견을 떨쳐버릴 수 없다면 그는 정말 실제의 철학자일 수 없고, 그렇다면 그는 자연과학과 철학 사이에서 태어난 기형아인 천박한 철학을 추구하는 것이다. 심리학자가 이렇게 하지 않으려면, 따라서 그는 처음부터 오직 철학자이려 할 뿐인 우리와 마찬가지로 순수한 명석함을 입수해야 한다.

우리는 이와 비슷한 물음이 정신과학(Geisteswissenschaft)*과 이것에 속한 존재론에 관해 제기되는 사실을 볼 것이다. 어디에서 착수하

---

* 이 용어는 보통 '인문과학'이나 '문화과학'으로 번역하지만, 이러한 번역으로는 독일어 'Geist'의 풍부하고 포괄적인 의미가 제대로 드러날 수 없기 때문에 '정신'에 관한 탐구 전체를 뜻하는 '정신과학'으로 옮긴다. 'Wissenschaft'도 문맥에 따라 그때그때 적절하게 '학문'이나 '과학'으로 옮긴다.

든 직접적이거나 간접적인 모든 본질진리, 따라서 우리가 이미 알고 있거나 아직 알고 있지 못한 모든 이성적 학과를 현상학이 집어삼킨 것으로 보이며, '의식'이나 '체험'이라는 단어가 등장하는 곳에서 즉시 심리학을 전제하는 경향이 매우 강하고, 심지어 이성적 심리학이라도, 심리학이 모든 것을 집어삼키는 듯이 보인다. 실로 이러한 것은 충분히 자명한 듯이 보인다.

그렇다면 과연 의식은 심리적인 것(Psychisches)과 다른 것인가? 또한 심리학은 심리적인 것에 관한 학문과 다른 것인가? 의식에 관한 학문과 심리학을 여전히 구별하려 한다면, 스콜라철학의 미세한 구분보다 다른 것이 중요할 수 있는가?

사람들은 다음과 같은 생각이 즉시 계속 밀려온다는 사실을 간과한다. 즉 이성적 심리학이 모든 이성적 학과를 집어삼키는 것처럼 보이듯이, 이와 연관해 경험적 심리학은 모든 경험적 학과를 집어삼킨다. 그렇다면 현상학은 그 이상(理想)에 따라 고찰함으로써 모든 대상성의 본질을 다양한 의식의 통일체로 해소하지 않는가? 따라서 경험적으로 주어진 것에 적용하는 것은 모든 종류의 **사실적 현존재**가 전부 의식의 연관──사실적 연관 그리고 사실과 연결됨으로써 본질법칙과 경험적 규칙에 따라 질서지어진 의식연관, 즉 공존과 계기에 따른 의식연관의 가능성──으로 환원되는 것을 뜻하지 않는가? 어쨌든 의식, 즉 체험은 다분히 심리적인 것이다. 그래서 우리는 가장 아름다운 '심리일원론'(Psychomonismus)을 갖는다. 요컨대 심리학은 모든 학문을 포괄한다.

이 마지막 심리일원론의 문제를 이후에 전개될 상론으로 넘기면서, 그밖의 문제를 해결할 우리의 고유한 문제의 연관 속에 머물자.

우선 '체험, 즉 의식은 그 자체로 가령 심리적인 것이며, 경험적 심리학이든 (누가 이와 같은 것을 인정한다면) 이성적인 형상적 심리학이든, 당연히 심리학의 소관사항'이라는 선입견에서 해방되는 것이 지극히 중요하다.

물론 우리는 일정한 단어 때문에 논쟁하면 안 되며, 심지어 역사적으로 전해온 언어용법에서 멀리 벗어났더라도 누구나 자신의 전문 용어에 몰두하곤 하기 때문에, 다른 단어용법에 대한 반감(反感)은 사태〔문제〕 자체의 차이를 살펴보는 데 아주 쉽게 방해가 될 수 있다. 우리는 심리학과 심리적인 것이 실제로 지배하는 의미를 정확하게 파악한다고 확신해 심리적인 것 아래 우리가 해명한 의미에서 영혼적인 것 — 이것은 엄밀하게 주목되어야 한다 — 을 계속 이해해간다. 그렇다면 체험은 어떤 영혼, 또는 인간이나 동물의 자아, 물리적 자연 속에 기초지어진 이러한 실재성의 **상태**로서 심리적인 것이다. 이러한 특별한 통각에서 해방되지 못한 사람, 현상학적 환원을 할 수 없고 절대적으로 정립된 순수한 체험, 즉 이념으로서의 순수 의식을 파악할 수 없는 사람, 이런 사람에게는 선험적 현상학 속에 밀고 들어가는 것뿐 아니라 철학 일반 속에 밀고 들어가는 것도 거부된다.

물질적 사물, 신체, 영혼 — 이것은 순수 자아에 대해 자신의 방식으로 또 순수 의식 속에 완전히 이해할 수 있게 구성된 완전히 규정된 특별한 초재이며, 순수 자아로 환원함으로써 비로소 '절대적인 것'이 획득될 수 있다. 이 절대적인 것은 모든 실재성 — 이것의 존재는 전적으로 상대적 존재다 — 에 대한 절대적 관계항(關係項)을 제시한다. 순수 의식은 절대적 우선성(Priorität)을 지니며, 이것과의 관계에서 모든 존재는 아포스테리오리한 것(Aposteriori)이고, 아프리오리한 것과 아포스테리오리한 것 사이의 이러한 관계는 이미 본질 영역 속에 포함되어 있다.

따라서 영혼에 관한 이성적 존재론의 한 부분인 의식상태의 형상학(形相學)과 **선험적으로 순수화된 의식**(또는 체험-존재)의 형상학을 구별해야 한다는 인식, 진정한 순수현상학인 선험적으로 순수화된 의식의 형상학은 이성적 자연학(Naturlehre)이 이성적 심리학이 아닌 것과 마찬가지로 이성적 심리학이 아니라는 인식으로 스스로를 고양시키는 것이 근본적으로 필요하며, 철학에서 주된 중요한 일이다. 앞에서도 살펴보았듯이, 오직 한 가지만 영혼의 의식상태의 형상학을 현상학으로 특징짓는 것을 정당화한다. 그것은 자신의 본질 전체와 함께 순수 체험이 영혼의 상태 속에 들어오는 상황, 또한 그 체험 자체를 변경시키지 않고 고유하게 파악하는 통각만 겪는 이미 언급된 상황이다. 이 통각은 아프리오리한 것으로부터 아포스테리오리한 것을 형성하고, 그 자체로 다시 아프리오리한 것을 전제한다. 왜냐하면 그것 자체가 자신의 순수 체험으로서 순수 자아에 속하기 때문이다. 모든 체험과 마찬가지로 이 순수 체험에는 경험적으로 통각될 수 있고 무한히 통각될 수 있는 본질가능성이 포함되어 있다.

이것은, 일단 이해하게 되면, 놀랄 만한 것이 전혀 없는 연관이다. 놀랄 만한 모든 것에서 가장 놀랄 만한 것은 순수 자아와 순수 의식이다. 그리고 바로 이 놀랄 만한 것은 현상학의 빛이 그것에 비추어지고 본질분석이 이루어지는 즉시 사라진다. 그 놀랄 만한 것은 풍부한 어려운 학문적 문제와 함께 학문 전체로 변화됨으로써 사라진다. 요컨대 놀랄 만한 것은 파악할 수 없는 것이다. 왜냐하면 학문적 문제의 형태에서 문제점이 많은 것은 파악할 수 있는 것이며, 이것은 문제의 해결에서 이성에 파악할 수 있는 것으로 그리고 파악된 것으로 명백히 밝혀지는 아직 파악되지 않은 것이기 때문이다.

제3절 현상학과 존재론의 관계*

13. 현상학적 탐구의 장(場)

이제 현상학과 존재론의 관계에 관한 일반적 연구로 향하자. 우리는 선험적 현상학의 토대 위에 서 있다. 선험적 경험작용에서는, 정상의 의미에서 참된 존재로 이해된 모든 '초월적 존재'는 배제되고, '괄호쳐진다'. 유일하게 남아 있어야만 할 것은 그 고유한 본질에서 '의식 자체'일 뿐이고, 의식에 초월적인 존재의 입장에서는 초월적인 것에 대한 '추정된 것'과, 따라서 모든 종류의 의식의 상관자(Korrelat), 추정된 것, 인식대상이 된 것(Noemata)이다. 이것은 특히 탁월한 방식으로도 다시 우리의 관심을 끄는 지향적 체험의 영역에 관련된다.

그러므로 우리는 지각과 지각된 것 그 자체(즉 우리가 지각된 것의 현실적 존재를 배제한 다음 그 본질에 따라 '지각은 바로 이러저러한 대상적인 것에 관한 지각이고, 지각은 대상적인 것에 관한 의식이다'라 대상적인 것을 추정하며, 명증하게 진술할 수 있는 한)를 간직하고, 기억과 기억된 것 그 자체, 사유작용과 사유된 것 그 자체, 요컨대 인식작용(Noesis)과 인식대상(Noema) 그리고 인식대상의 측면에서는 근본상 본질적인 여러 가지 차이를 간직한다. 우리는 〔존재정립의 타당성을〕 배제하는 판단중지(Epoché)가 두 가지 방향을 지닐 수 있다는 사실도 기억한다. 즉 초월적인 것(따라서 그 자체가 체험이나 체험의 상관자가 아닌 모든 것)이 정립될 수 있고, 그런 다음 모든 종류의 태도를 취하는 정립이 괄호쳐 질 수 있다. 그렇지만 반성은 체험 자

---

* 또한 부록 1의 6항 이하를 참조할 것.

체와 체험하는 자아로 향할 수도 있고, 이러한 관점에서 심리적 상태와 심리적 주체 그리고 영혼을 발견할 수 있다. 물론 여기에서도 환원이 실행된다. 이 모든 것 역시 형상적 태도 속에 이루어진다. 그렇다면 우리가 명백하게 요구했듯이, 모든 존재론은 환원의 수중에 떨어진다.

14. 존재론이 현상학에 포함되어 있음

그럼에도 순수현상학은 모든 존재론을 내포한 것으로 보인다. 순수현상학은 심리학적으로 전환된 현상학과 정확히 마찬가지다. 왜냐하면 '모든 존재론의 뿌리는 그 근본개념과 공리(公理)다'라는 방식으로 규정되어 상론되었기 때문이다. 또한 그 근본개념과 공리는 현상학에 속하는 것으로 보이며, 순수 체험의 일정한 본질연관 속에 바꾸어 해석될 수 있다. 그러나 만약 그렇다면, 동일한 것이 귀결명제에도, 따라서 학과 전체에도 반드시 적용된다는 결론은 부정할 수 없는 것으로 보인다. 왜냐하면 이것은 실로 공리와의 간접적 인식연관 속에서만 근본개념과 공리를 통해 정의되는 하나의 동일한 본질영역에 소속된 것을 확인하기 때문이다. 일단 아프리오리한 학과의 공리에 관해 어려운 상태에 특별한 주의를 기울였다면, 우리는 선험적 의식 일반에 관한 학문과 이 의식의 직관적 본질학을 구별해내는 것은 거부할 수 없는 일이라 답변할 수 있다.

선험적 의식 일반에 관한 학문에 관해 그 테두리는 아주 넓게 펼쳐진다. 우선 여전히 매우 간접적이라도 또한 직접적 직관을 통해 결코 파악할 수 없더라도, 체험 일반 ─ 그러나 선험적 순수함 속에 파악된 체험 ─ 에 생기는 본질인식의 존립요소 전체가 생각될 수 있다. 여기에는 모든 존재론의 선험적 해석도 포함될 것이다. 이 해석은 현상학적 방법을 통해 실행될 파악, 즉 모든 존재론적 정리(定理)를 ─ 학문적 통찰의 방법을 통해 그 정리로 분류될 ─ 선험적 의식의 완전히 규정된 연관에 대한 지표(Index)로 파악하는 것이다.

다른 한편 모든 경험적 진리도, 모든 경험과학의 모든 명제도 ─ 가능한 경험작용과 사유작용의 연관 속에 경험할 수 있는 실재성의 구성뿐 아니라 경험과학의 인식에서 '대상이 된 것'(Gegenstand worüber)인 모든 실재적 존재자 자체의 구성에 관한 학설에 따라 ─ 선험적 연관에 대해 지표가 된다는 점, 그래서 사실적 의식영역 전체, 그 사실적 체험의 존립요소를 지닌 절대적 모나드(Monade)*의 존립요소 전체를 ─ 우선은 단지 모나드가 구성하는 의식의 연관 속에 사실과학을 소급해 가리키는 해석을 통해서일 뿐이라도 ─ 학문적 고찰의 대상으로 만드는 탐구방식이 반드시 가능하다는 점은 분명해진다(사려 깊은 독자는 벌써 이러한 점을 확실히 스스로 마음 속에 생각했다).

우리에게 존재하는 것(Onta)에 관한 학문, 즉 이성적이거나 경험

---

* 이것은 본래 라이프니츠의 용어인데, 그의 '모나드'는 더 이상 나눌 수 없다는 점에서 물질적 '원자'와 같다. 그러나 양적 개념이 아니라 질적 개념이며, 결합·분리, 생성·소멸되는 것이 아니라 정신적인 것으로서 표상과 욕구에 따라 통일적 유기체로 구성된다. 그는 '지각'을 외부 세계를 반영하는 모나드의 내적 상태로 간주하고, 각 모나드는 자발적으로 변화하며 그 자체만으로도 완전하기 때문에 외부와 교섭하는 창(窓)을 갖지 않지만, 근원적 모나드(Urmonade)[신]의 예정조화로 결합되어 있다고 주장했다.

후설은 선험적 주관성을 표현하는 데서 라이프니츠의 이 용어에서 '실체'의 성격을 제거함으로써 서로 의사소통하며 영향을 주고받는 상호주관적 특성을 강조했다. 그가 선험적 현상학을 독아론이라 비판하는 오해를 증폭시킬 수도 있을 이 용어를 굳이 사용한 까닭은 선험적 주관성이 생생한 현재뿐 아니라 과거와 미래의 지평을 지닌 습득성의 기체(基體)로서 그 자체 속에 구체적인 사회성과 역사성을 포함한다는 점을 강조할 수 있기 때문이다.

적인 학문(이 학문은 '구성'의 통일체에 관련되는 점이 분명해지는 한, 모두 확장된 의미에서 '존재론'이라 부를 수 있다)을 제공해주는 모든 것은 "현상학적인 것으로 해소된다"는 —결코 오해하면 안 될— 이 비유적 발언은 더 정확한 그 의미가 여전히 밝혀져야 한다. 여기에서 수행되어야 할 것(존재론적 학문, 예를 들어 그 어떤 자연과학에서도 수행된 적이 전혀 없는 것은 —인간의 인식에 압도적으로 중요하다는 의미에서 —우리가 여기에서 '구성하는 절대적 의식으로 되돌아감'이라는 표제 아래 염두에 두는 것과 비교될 수 없다)은 일정한 의미에서 또 우리가 이미 한정한 의미에서 선험적 현상학을 전제한다. 즉 선험적 현상학은 우리가 기술한 '환원'을 통해 선험적 의식의 장(場)을 자신의 것으로 획득하고, 이 의식에 따라 직접적 직관 속에 주어진 것을 파악하며, —분석하면서 또 자유롭게 항상 새로운 형태를 산출하면서, 새롭게 본질을 파악하고 본질을 규정하면서, 그러나 항상 직접적 직관의 테두리 속에 남아 있으면서 —순수한 본질을 기술하고 순수하게 기술하는 학문이다. 기술(記述)에는 가능한·불가능한·필연적 연관에 관련된 필증적이고 또 항상 직접 통찰하는 인식이 결합되어 있다.

직접적 본질직관의 테두리 안에서 선험적 의식에 관한 학문으로서 이렇게 파악하는 데 현상학은 선험적 인식 일반의 중요한 도구(Organon)다. 내가 의미하는 선험적 인식 일반은 직접 직시할 수 있는 것을 넘어서 선험적 의식에 대해 진리를 표명하는 모든 인식 일반, 또는 독단적 학문의 존립요소나 물리적 자연과학과 심리학 같은 학문 전체를 선험적 의식의 사실적이고 본질에 적합한 규칙화로— 이 규칙화가 멀리 도달하더라도 또한 이것이 그 궁극적 의미에 따라 무엇을 함축하더라도— '해소하는' 모든 인식 일반이다.

15. 현상학에 대한 존재론적 확정의 의미와
두 학문에서 태도의 차이

그런데 어쨌든 이 절에서 다루려는 본래의 주제가 남아 있다. 이것은 존재론 속에 근본개념과 근본명제를 통해 표현된 본질과 본질연관의 정립에 관계된다. 우리가 밝혀낸 것에 따라 존재론 속에 근본개념으로 기능하는 존재적 근본개념은 의식 속의 대상성에 관한 (물질적이거나 형식적인) 구성의 근본형식에 상응한다. 그래서 이 근본형식은 처음부터 현상학에도 속하는 것으로 보인다.

사실 우리는 이것을 현상학의 근본과제로 간주하지 않았는가? 그리고 이것은 명증하게 우리가 '물질적 경험'이라 부른 경험의 근본유형에 상응하는 '물질적 사물'의 실재성을 그것이 주어지는 방식에 따라 철저히 연구하고, 어떠한 현상학적 연관 속에 이러한 종류의 실재성이 통일체로 구성되는지를 분명하게 밝히는 것이 아닌가? 이와 동일한 것이 환영(幻影) 또는 감성적 도식을 통해 이미 구성된 기하학적 물체의 이념에 명백히 적용되고, 신체, 영혼적 통일체, 동물적 존재의 이념, 요컨대 가능한 실재성의 모든 영역적 범주*에 적용된다. 똑같은 방식은 아니더라도, 어쨌든 그것은 '필요한 변경을 해' 생각해낼 수 있는 다른 존재론에도 적용되지만, 특히 형식적 일반성에서 사고의 의미에 관한 학문 그리고 이에 상응하는 형식적 일반성에서 의미된 대상 일반에 관한 학문인 형식논리학에도 적용된다. 결국 이러한 모든 개념은 처음부터 현상학적 연구의 영역 전체를 주도하는 개념을 형성한다. 그러나 여기에는 가장 원초적인 공리도 포함된

---

* '영역'(Region)은 가장 보편적인 내용(실질)적 본질을 뜻하며, '범주'(Kategorie)는 어떤 영역 속의 형식적 본질을 가리킨다. 후설은 이 영역 일반과 이에 속한 보편적 본질의 의미를 밝혀내는 존재론을 '영역적 존재론'이라 부른다.

다. 실로 이러한 점은, 조금밖에 명확하게 말하지 않았더라도, 우리의 연구에서 명백하게 부각된다.

사람들은 존재론자와 정확히 마찬가지로 가능한 실재성인 사물의 이념을 이미 갖고 있다. 존재론자와 마찬가지로 사람들은 이러한 이념에 속한 것을 스스로 밝힌다. 즉 '연장적(延長的) 사물에 본질적인 것은 무엇인가?'라 묻는다. 사물은 공간 속에 연장과 위치를 가지며, 공간 속에 자유롭게 움직이고, 이상적 가능성에 따라 일정한 기하학적 형성물과 같은 의미에서 변형될 수 있고, 자신의 방식으로 연장을 갖는 등 물질적 속성을 지닌다. 사람들은 이러한 것을 완전한 직관으로 이끌며, 주어진 것 속에 본질연관, 구성적 도식, 다양한 단계의 시각적 사물 등을 추구한다. 물론 모든 원초적 공리, 가장 적확한 의미에서 근원적 공리는 바로 영역적 개념의 본질을 '설명하는' 공리다. 따라서 존재론의 공리로 기능하는 동일한 명제는, 모든 근본개념 또는 직관적으로 포착할 수 있는 실질적 본질과 함께, 현상학 자체 속에 통합된다.

이제 중요한 문제는,——현상학적 영역 속에 들어오는 계속된 연관은 도외시하고——실제로 동일한 것이든 아니든, 따라서 존재론과 현상학의 일치하는 진술이 동일한 의미가 있든 없든, 양쪽에서 동일한 방식과 태도로 판단되든 않든, 개념과 명제에 관한 '동일한 것'이 어떻게 존재론적 탐구와 현상학적 탐구 속에 기능하는지를 이해하는 것이다. 이러한 관점에서 이제 다음과 같은 것이 밝혀져야 한다.

우리는 공간, 물질적 자연, 정신 등의 형상학 속에 '존재론'이라는 명칭 아래 독단적(dogmatisch) 학문에 관여한다. 우리는 공간형성물 그 자체, 영혼과 영혼의 속성 그 자체, 인간 그 자체에 대해 판단한다.

우리는 대상성 '그 자체'와 같은 것에 참으로——여기에서는 '절대적 필연성과 일반성에서'를 함축하는——당연히 주어지는 것에 대해 판단한다. 우리의 의미에서 현상학은 모든 인식의 '모체'인 '근원'에 관한 학문이고, 모든 철학적 방법의 모체가 되는 토대다. 모든 것은 이 토대로, 또 이 토대 속의 작업으로 환원된다. 철학자가 실천적 삶과 독단적 학문의 자연적 인식은 충분하지 않다고, 이것은 모든 학문 (즉 독단적 학문)의 근본개념을 '해명'해야 하고 그 근원으로 환원해야 할 막연함이 부착되어 있다고 반복해 말했을 때 또는 말하지 않더라도 이러한 생각에 이끌렸을 때, 여기에서 부족하다고 느꼈던 것은 어디에서나 현상학 속에 궁극적으로 충족되는 것을 발견하며, 의문스러운 개념의 해명은 현상학적 구성이라는 문제의 테두리 안에서 현상학적 해명과 현상학적으로 계속되는 본질연구에 이르는 단지 한 단계일 뿐이다. 여기서 '현상학적'이라는 표현은, 누가 전체 상황을 꿰뚫어 보았을 때, 어쨌든 명확하게 강조해야 하듯이, 이것에 의해 저절로 해가 되지 않는 매우 확장된 의미를 받아들인다. 모든 연구와 모든 인식의 존립요소, 우리의 특수한 의미에서 현상학에 속하는 모든 인식의 성과는 '현상학적'이라 할 수 있다. 그러므로 이러한 의미에서 기하학적 근본개념의 해명도, 이 해명이 현상학적 문제제기의 테두리 안에서 등장하는 경우에만 '현상학적'이다.

이미 여기에서 사람들은 현상학이 그 자체로부터 그 탐구의 연관 속에, 의식과 의식의 상관자에 관한 체계적 분석 속에 밝혀내는 것과, 획득된 성과를 독단적 학문으로 현존하는 기하학에 적용하고 특히 그 기초에 적용하는 문제사항인 것, 즉 획득된 성과를 '현상학적으로' 해석하고 '해명하는 것'을 구별할 수 있다. 만약 간접적 기하학의 사태를 —이 사태가 정리로 표명되듯이 — 현상학에 근거해 구성하는 의식의 연관으로 '소급해 해석하고', 그래서 그 존재의 종류를 이것이 필연적으로 얽혀 있는 본질연관 속에 통합함으로써 실로 가장 깊은 근거에서 이해할 수 있게 이끈다면,〔위에서 언급한 두 가지를] 더 구별할 수 있다. 그런데 이것은 현상학을 적용한 것이지 현상학 자체가 아니다. 물론 '현상학적'이라는 술어는 적용하는 데로 이행된다. 더 나아가 현상학은 선험적으로 순수화된 의식의 본질학이기 때문에, 그 탐구의 객체, 즉 순수화된 체험과 이 체험에 속한 모든 사건도 '현상학적'이라 부르며, 그렇다면 저절로 독단적 인식을 직접 간취함(Erschauung)에서뿐 아니라 간접적으로 해석함(Interpretation)에서 밝혀낼 수 있는──절대적 의식영역의 사실적이거나 형상적인 사건의──연관도 '현상학적'으로 특징지어진다.

그러므로 이러한 전이(轉移)는 주목되어야 한다. 즉 다른 한편으로 다른 모든 선험적 작업과 철학적 작업에 앞서 순수하게 간취하는 가운데 작업이 있을 필연성, 우리의 모든 서술에서 명증하게 분명해지듯이, 이러한 영역 속에 연관이 없지 않지만 우연적으로 상충되어 주어진 것이 있다는 필연성, 오히려 상상이 지배하는 자유에 힘입어──가능한 의식의 복합과 개별적 의식작용, 비교, 분석하는 구별, 사유에 적합한 포착을 결합해 산출하는 그 자유에 의해, 특히 실행된 파악 속에 놓여 있는 '지향'을 추구하고 충족시키거나 모순되는 일련의 직관을 성립시키며 모든 방향에서 본질직시와 본질법칙적 통찰을 행하는 그 자유에 의해──의식 일반 속에 놓여 있는 근본체제를 체계적으로 드러내 밝힐 가능성이 있다는 필연성이 견지될 수 있다는 점이다. 따라서 우리의 의미에서 현상학은, 단순한 직관과 형상적 통찰의 영역에 제한됨에도 불구하고 체계적 학문이며, 또한 이제 이러한 한계 속에 실행되어야 한다.

이와 동시에 다음과 같은 것에 주목해야 한다. 즉 기하학에서 우리는 공간형태 일반을 참으로 존재하지만 형상적 진리 속에 존재하지 경험세계 속에 존재하지 않는 것으로 정립하며, 이것은 공간형태 그 자체를 정립함을 뜻한다. 기하학적 판단은, 공간과 공간형태의 본질인 이념이 존재할 때만, 또는 범위와 관련해 말하면, 일정한 공간형태가 가능할 때만, 타당하다. 공간의 현존재와 이념으로서의 공간형태인 가장 일반적인 가능성은 직접적 본질직관을 보증하고, 그 어떤 형태의 예에서 '형태'라는 일반적 이념을 주어지게 하며, 그래서 기하학자가 끊임없이 사용하고 실행하는 정립, 즉 어떤 형태(절대적 일반성에서 본질의 개별적인 것)의 정립이 실로 가능해진다. 그것이 직선이나 각 등의 근본형태처럼 직접적 직관에서 이끌어낸 것이 아니라 이미 형성되었고 또 타당한 형태개념을 결부시킴으로써 비로소 산출된 것인 한, 모든 특별한 형태에 대해 그 '현존재의 증명'은 공리에 근거해 이끌어낸다. 즉 그 본질에 따라 이 형태-개념(자유롭게 형성된 논리적 의미)에 상응하는 일정한 기하학적 본질이 공간 속에 참으로 존재한다는 사실이 간접적으로 증명된다. 현존재가 증명되지 않은 동안에는, 어떠한 기하학적 성질(예를 들어 정십면체의 성질)에 관한 판단도 내릴 수 없다.

모든 타당한 기하학적 판단은 형상적 개별성(그에 상응하는 본질을 대상으로 정립하는 것과 같은 값을 지닌 것)을 정립하는데, 이것은 타당하게 정립된 영역적 이념을 통해 한정된 존재론의 분야를 총체적으로 형성한다. 이것은 정언(定言)으로 정립될 수 있지만, 더구나 다른 것이 가정에 입각해 필연적 결과로 정립되는 등 가언(假言)으로도 정립될 수 있다. 그리고 이것은 일반적으로 그러하다.

우리는 산술에서 수(數) 자체에, 물론 '가능한' 수 자체에 타당한 것이 무엇인지 묻고, 물리적 사물성의 이성적 존재론에서 가능한 사물 일반에 타당한 것이 무엇인지 등을 묻는다. 가능성은 어디에서나 형상적 가능성이며, 이 가능성은 최종적으로 직접적 직관 속에, 즉 근본개념과 공리에 따라 증명됨에 틀림없다. 도출된 모든 개념과 명제는 그 타당성을 형상적 타당성의 이 근원원천에서 길어낸다. 부정적 존재명제를 제외하고, 이 정리(定理) 속에 등장하는 모든 개념은 정립을 수반한다. 즉 그 개념에 대해 존재가 이미 증명되었음에 틀림 없는 것으로, 타당한 것으로 정립한다. 그런데 부정적 존재명제는 부당한 개념이나 본질[내용]이 없는 표현을 제거하는 기능을 한다. 그렇다면 이렇게 획득된 형상적 일반성에 관한 명제는 경험적 인식의 영역에 적용되는 것을 발견하고, 그래서 우리는 현존재의 영역에는 이 속에서 개별화된 본질을 통해 본질에 적합하게 제외된 어떤 것도 일어나지 않는다는 사실, 다른 한편 일어나는 모든 것은 이것이 그 속에 필연적으로 포함된 결과로서 그것을 요구하는 방식으로 일어남에 틀림없다는 사실을 미리('아프리오리하게') 알게 된다.

그래서 우리는 본질과 본질관계에 관해 존재론은 어떤 목적을 정하는지, 본질과 본질관계에 관해 어떤 방식으로 판단하는지에 대한 완전한 명석함을 획득한다. 존재론은 본질과 본질관계 그리고 이것에 상응하는 형상적 개별성에 관해, 긍정이든 부정이든, 정언이든 가언이든, 존재판단(형상적 존재판단)을 내린다. 즉 영역(Region)을 통해 특징지어진 본질과 본질개별성의 영역은 자신의 영토(Gebiet)다. 즉 모든 학문은 존재자, 존재자를 인식하는 것 그리고 이에 관해 참된 진술을 하는 것을 문제 삼는다. 모든 학문이 이러한 의미에서 존재자를 정립하고 규정하면서 향해 있는 단지 그 존재자만 바로 모든 학문의 영토다. 따라서 모든 학문이 어느 정도까지 개념에 관해 또 인식대상이 된 것 일반에 관해 판단을 내리는지, 모든 학문이 때로는 개념과 인식대상이 된 것을 반성하면서 인식대상의 관심 — 이러저러한 개념·판단·정리는 부당하며 다른 것은 타당하다는 관심 — 을 밝혀내야 하는지도 이해하게 된다.

이제 다른 측면에서 현상학을 고찰하자. 그리고 현상학이 '동일한' 본질과 본질관계(즉 존재론의 공리적 본질과 본질관계)에 관련된 것을 주시해보자. 현상학의 영토는 형상적 일반성 속에 있는 공간형태·사물·영혼 등이 아니라, 직접적 직관 속에 또 형상적 일반성 속에 탐구할 수 있는 자신의 모든 선험적 사건을 지닌 선험적 의식이다. 따라서 현상학의 영토에는 다른 것 가운데 공간형태에 관한 직관, 공간형태에 관한 사유작용과 사유하는 인식작용, 사물에 대한 경험작용, 경험과학적 의식 등도 포함된다. 그러므로 여기에는 '공간형태' '사물' 그리고 이와 같은 많은 존재론적 개념과 본질이 있다.

그러나 우리는 여기에서 그것이 영토를 나타내지 않는다는 사실 속에 어떤 방식으로 이미 표현된 것과는 완전히 다른 방식으로 일어난다는 것을 살펴보았다. 사물에 관한 의식의 현상학에서 물음은 '사물이 도대체 어떻게 존재하는가?' '사물 그 자체에 참으로 속하는 것이 무엇인가?'가 아니라, '사물에 대한 의식은 어떻게 성질이 부여되는가?' '사물에 관한 의식의 어떤 종류가 구별될 수 있는가?' '어떤 방식으로 또 어떤 상관자와 더불어 어떤 사물 그 자체가 의식에 적합하게 제시되고 드러나는가?'이다. 그렇지만 여기에는 '어떻게 의식이 그 자체로부터 어떤 사물이 거기에 존재함·존재하지 않음, 가능함·불가능함에 대한 인식일 수 있는가?' '그 본질에 따라 어떤 사물의 현존재를 증명하는 것, 어떤 자연과학적 명제를 정초하는 것은 무엇인가?' 등의 물음도 포함된다.

우리가 알고 있듯이, 의식의 작용에 대한 현상학적 탐구에서는 끊임없이 두 가지로 고찰된다. 즉 의식 자체와 의식의 상관자, 인식작용과 인식대상이다. 사물직관, 모호한 사물표상, 사물기억 등의 현상을 기술하고 본질에 적합하게 규정하는 것은 바로 의식의 작용은 그 자체로 어떤 것을 '추정하는 것'이라는 점과 추정된 것 그 자체는 '사물'이라는 점을 동시에 주목하는 것이다. 그러나 이러한 것을 확인하는 것, 실로 추정된 사물을 그 자체로서, 즉 상관자(지각에 관해 지각된 것 그 자체, 명명함에 관해 명명된 것 그 자체)로서 탐구의 대상으로 만드는 것, 이렇게 추정된 사물 그 자체에 형상적으로 속한 것에 관해 진술하는 것 ── 이것은 사물, 즉 사물 그 자체를 탐구하는 것을 뜻하지 않는다. 상관자로서의 '사물'은 결코 사물이 아니며, 그렇기 때문에 [단지] 인용부호일 뿐이다. 따라서 우리의 주제는, 본질관련이 다양하게 이루어지더라도, 총체적으로 다른 것이다.

16. 인식대상과 본질

우리는 인식대상(상관자)과 본질을 결코 혼동하면 안 된다. 심지어 명석한 사물직관의 인식대상(Noema) 또는 하나의 동일한 사물을 향해 연속해 일치하는 직관연관의 인식대상은 사물의 본질(Wesen)이 아니며, 사물의 본질을 포함하지도 않는다. 인식대상을 파악하는 것은, 여기에서 그때그때 그에 상응하는 존재적 본질을 파악하는 것으로 이행할 수 있는 태도를 변경하고 파악하는 방향을 변경하는 것이 본질에 적합하게 가능하더라도, 사물의 본질을 파악하는 것이 아니다. 그러나 존재의 본질을 파악하는 경우 인식대상을 파악하는 것과는 다른 종류의 직관을 갖는다. 본질을 직관적으로 파악하는 경우에만 직시함을 이야기한다면, 우리는 바로 인식대상의 직관에 대해 다른 전문용어를 사용한다.

여기에서 우선 인식대상을 존재하는 것으로 정립하는 것은, 인식대상 속에 의미된 대상성이라도, 인식대상에 '상응하는' 대상성을 정립하는 것을 뜻하지 않는다는 점을 분명하게 설명해야 한다. 이러한 점은 사유의 의미, 즉 특수한 논리적 사유의 의미에서 쉽게 설명될 수 있다. 이때 인식대상 속의 이 대상성은 다른 인식대상이 된 것을 '동일한 것'으로 가질 수 있는 ── 그러나 물론 우리가 방금 전 충분한 근거에 따라 인용부호 속에 정립했던 동일한 것과 꼭 마찬가지로 통일체나 대상성이 인용부호 속에 있는 방식으로 — 통일체의 계기로 등장한다는 사실에 주목해야 한다. 논리적 의미의 경우 우리는 이제 사유된 것 그 자체(인식대상의 의미에서 논리적 의미)는 '이치에 어긋날' 수 있으며, 어쨌든 '논리적 의미', 더 일반적으로 말하면, '인식대상'이라는 존재범주 안에서 '존재하는' 사유된 것 그 자체가 예를 들어 '둥근 사각형'이라는 사유의 의미와 같은 자신의 실제적 존재를 취한다는 점을 알게 된다.* 의미된 것 그 자체(이것은 그 의미가 타당한 것일 때만 그러하다)가 의미와 다르듯이, 의미된 것의 **본질** 역시 의미와 다르다는 점도 자명하다. '둥근 사각형'이라는 본질은 존재하지 않지만, 이것을 판단할 수 있으려면 '둥근 사각형'이 이러한 통일성 속에 존재하는 의미라는 점이 전제되어 있기 때문이다.

이제 더 나아가 직관의 영역은 사유의 영역과 사정이 결코 다를 수 없지만, 단지 직관의 영역에는 직관의 인식대상과 직관된 것의 본질 사이에 중요한 본질관계가 존재하며 직관의 인식대상이 파악될 수 있는 곳에는 직관된 것의 본질도 파악되며 그 반대로도 마찬가지다. 이러한 사실은, 직관이 사물에 대한 직관인 경우 필연적이듯이, 불완전한 직관, 즉 규정되지 않았지만 〔앞으로〕 규정할 수 있음 (Bestimmbarkeit)이 부착된 단지 일면적인 직관이라도, 일반적으로 타당하다. 그렇다면 본질직관 역시 정확하게 이에 상응하는 충전적이지 않은 직관이다. 왜냐하면 본질직관이 즉시 충전적 직관을 결코 뜻하는 않는다는 사실을 간과하면 안 되기 때문이다.(어쨌든 그렇기

---

* 가령 '둥근 사각형'은 논리상 모순된 개념이지만, 그 의미지향(Bedeutungs- intention)이 충분히 가능하기 때문에, 즉 충분히 생각해볼 수 있기 때문에 유의미한 표현이다. 물론 그 대상성을 현실적 경험 속에 직관할 수 없기 때문에 그 의미충족(Bedeutungserfüllung)은 원리상 또는 아프리오리하게 불가능하다.

때문에 완전히 타당한 본질인식이 어떻게 공리 속에 가능하며, 완전히 충분한 본질파악이 개별적 사물에 대한 직관에 근거하지 않더라도 일정한 방식으로 가능한지를 우리는 '이념론'Ideenlehre*에서 더 자세하게 상론할 것이다.)

이러한 관계를 분명히 알고 있다면, 인식대상에 관한 직관적 파악과 존재적 본질에 관한 직관적 파악 사이의 현상학적으로 확인할 수 있는 그 본질관계에도 불구하고 존재하는 것에 대한 모든 직관의 경우 어쨌든—인식대상을 현상학적으로 판단하는 대신 본질과 본질 개별성 그 자체를 존재론적으로 판단한다면—판단하는 태도에 본질적 변경이 있다는 사실을 확실히 이해하게 된다. 다른 한편 예를 들어 물리적 사물을 현상학적으로 구성하는 단계에서 사물 그 자체와 관련해 판단되는 것이 아니라, '사물'이라는 본질을 최대한 생각해볼 수 있는 완전함 속에 일치하게 파악하고 일치하지 않는 본질의 첨부물을 떨쳐버릴 수 있는 전제조건, 이와 함께 그 자체에서 또한 공리의 가장 완전한 명증성을 그것의 순수하고 또 유일하게 타당한 의미에 따라 획득하고 거짓된 공리의 첨부물을 이치에 어긋난 것으로 거부할 수 있는 전제조건이 충족된다는 사실을 이해하게 된다. 이러한 작업수행에 요구되는 판단의 방향을 변경시키는 일을 하자마

---

* 이 '이념론'이 무엇을 뜻하는지는 여기에서 분명하게 드러나 있지 않다. 그러나 후설이 『이념들』 제1권의 머리말에서 "결론인 제3권[이 책이 아니라 원래 계획에 따르면 미완성으로 그친 부분]은 철학의 이념에 전념한다. 절대적 인식의 이념을 실현하는 것이 그 이념인 진정한 철학은 순수현상학 속에 뿌리를 내린다는 통찰이 일깨워질 것이다. 이것은 모든 철학의 최초인 이 철학을 체계적으로 엄밀하게 정초하고 상론하는 것이 모든 형이상학과—'학문으로서 등장할 수 있는'—그밖의 철학에 대한 끊임없는 전제조건이라는 중대한 의미에서 그러하다"(같은 책, 7~8쪽)고 밝힌 점으로 미루어 1920년대 줄곧 그의 연구과제였던 '현상학적 철학의 이념'에 관한 논의일 것이다. 이러한 내용은 『제일철학』 제1권(부제: 비판적 이념의 역사)에서도 일부를 찾아볼 수 있다.

자, 우리는 현상학의 영토를 넘어 존재론의 영토에 들어서게 된다.

이와 함께 다음과 같은 의혹도 해소된다. 즉 우리가 어떤 작용을 기술하는 가운데 그것이 어떤 집·인간·예술작품 등에 관한 의식이라 진술하면, 어쨌든 이렇게 기술하는 타당성은 집 등의 개념이 〔의식〕작용 속에 추정된 것에 실제로 맞는지 아닌지에 달려 있음에 틀림없다. 그러나 이러한 단어가 '본래 뜻하는' 것, 즉 아무튼 그 단어가 본질 속에 뜻하는 것조차 전혀 모를 때, 이러한 사실을 어떻게 알 수 있는가? 오직 해명하는 직관에서만──단어의 의미, 즉 논리적 단어의 의미를 직관하는 가운데 주어진 본질에 순수하게 표현하면서 적응시킴으로써──그 표현이 그 의미와 함께 막연하게 추정된 것에 실제로 맞는지 아닌지 우리에게 분명해질 수 있다.

이에 반해 누군가 예를 들어 '원과 같은 크기의 정사각형을 작도(作圖)하는 문제'*의 증명과 같은 이치에 어긋난 판단이 내려지고, 이때 여기에서 그에 상응하는 본질〔존재〕이 결코 존재할 수 없다고 이의를 제기할 것이다. 그러나 이에 대해 위에서 우리에게 합치된 것이 여기에서 우리에게 합치될 수 없다고 여전히 답변할 수 있을 것이다. 만약 '원과 같은 크기의 정사각형을 작도하는 문제'를 설명할 수 없다면, 이것이 본래 무엇을 뜻하는지 우리는 어떻게 알 수 있는가? 물론 여기에는 〔이것에〕 일치하는 본질이 존재하지 않는다. 그러나 우리는 이치에 어긋난 판단 속에 추정된 본질의 일치하지 않는 통일성, 즉 '양립할 수 없음'(Unverträglichkeit)을 어쨌든 깨닫고, 이렇게 깨달은 양립할 수 없음에서 본질(일치하는 것) 그 자체 대신 이른바 비-본질(Unwesen)을 파악한다. 이렇게 본질과 비-본질을 동등하게 놓는

---

* 이것은 '반지름이 r인 원의 면적(πr^2)=한 변이 x인 정사각형의 면적(x^2)'에서 π의 제곱근을 구할 수 없기 때문에 작도가 불가능한 문제를 뜻한다.

시도가 참되더라도, 이 때문에 이에 관한 상론이 여전히 올바르지는 않을 것이다. 오히려 오직 '직관'만 단어를 단순히 막연한 〔의식의〕 작용(막연한 표상, 감정의 동요 등)에 근거해 추정된 것의 단어개념에 사용하는 것이 적합한지 아닌지 확신한다. 왜냐하면 막연한 작용은 이에 상응하는 명석한 작용 —— 이 작용 속에 추정된 것은 정확하게 동일한 것으로, 하지만 '명석하게' 의식된다 —— 과 합치의 통일성으로 반드시 이끌 수 있기 때문이다.

그럼에도 이러한 것을 수행하는 직시함(Erschauung)은 이에 상응하는 본질을 참으로 존재하는 것으로 정립하는 통찰 또는 본질을 존재하지 않는 것으로 거부하는 양립할 수 없음에 대한 통찰과는 본질적으로 매우 다르다. 이러한 통찰은 존재론적이다. 이 통찰은 단순히 존재론적 개념을 해명하기 위해서가 아니라 이 개념의 타당성, 본질의 존재, 본질판단의 타당성(본질사태가 참으로 있음)을 정초하기 위해 필요하다. 전자와 후자가 구별되어야 한다는 것은 '원과 같은 크기의 정사각형을 작도하는 문제' 같은 기하학적 의미에 관한 개념의 해명, 또는 이러한 단어 속에 놓여 있는 사유의 개념이 막연한 작용으로 생각된 것을 기술하는 개념으로 이바지할 수 있을 증명은 아무튼 우리가 그와 같은 개념의 대상이 불가능함을 기하학적으로 입증할 것을 요구하지 않는다는 사실에서 이미 분명해진다. 아마 우리는 이렇게 입증할 능력이 전혀 없을 것이다.

여기에서 누군가 실제의 명석함과 완전한 통찰은 완전한 명석함이 통찰과 같은 뜻이라는 것을 입증함으로써 평행해간다고 확실히 부당하게 답변할지 모른다. 그러나 여기에서 더 자세한 논의로 파고들지 않고도, 우리는 '평행해감'과 '같은 값을 지님'은 이미 충분한 양보일 것이며, 실로 간과하면 안 될 차이의 표현일 것이라 미리 말할 수 있다. 또한 기술하는 개념이 실제로 적합한지 아닌지를 해명하는 가운데, 즉 주시하는 가운데 평행론이 실제로 일어나는 곳에서, 우리는 본질의 타당성이나 부당성을 정립하는 통찰에서와는 완전히 다른 태도를 취하게 된다.

어떤 경우 사유의 의미는 그 밑에 놓여 있는 작용의 인식대상에 부합하고, 해명하는 작용의 경우 자신을 이 작용과 동일하게 확인해 해명하는 직관의 인식대상에 부합한다. 반성하는 가운데 적합함에 관한 물음에 답변하면서 우리는 온통 인식대상이 된 것을 정립하고, 이 것의 일치함(또는 일치하지 않음)을 진술한다. 이에 반해 인식대상이 된 것도 존재론적 태도에서 합치되지만, 우리는 [이것을] 파악하면서 본질로 향해 있다. 우리는 처음부터 본질을 존재론적 판단 속에 정립했고, 사유의 의미는 현실적으로 믿는 작용의 내용이다. 마찬가지로 우리는 [대상을] 부여하는 직관으로 이행하는 가운데 인식대상으로 직관된 것을 가질 뿐 아니라, 본질을 파악한다. 즉 직관은 직관적 정립이며, 게다가 현실적 본질정립이다. 현상학자로서 우리는 정립을, 이론적 태도를 취하지만, 이것은 오직 체험과 체험의 상관자만 향해 있다.

이에 반해 우리는 존재론에서 인용부호 속에 있는 상관자와 대상을 향한 대신 대상 그 자체를 향한 현실적 정립을 한다. 요컨대 앞에서 강조한 차이가 중요한 문제다. 즉 사물을 현실적으로 정립하는 것은 사물이 추정된 것을 정립하거나 정립된 것 그 자체를 정립하는 것이 아니다. 이와 마찬가지로 본질을 현실적으로 정립하는 것은 본질이 추정된 것 그 자체를 정립하는 것이 아니다. 이것은 의미를 정립하는 것과 대상을 정립하는 것은 서로 다르다는 간단한 차이, 즉 인식대상 일반은 어쨌든 의미의 이념을 작용의 전체 영토에 일반화한 것일 뿐이라는 간단한 차이를 단지 일반화한 주요한 차이다.

이 모든 것에서 존재론적 공리는 현상학적으로 기술하는 것이 기술하는 개념을 정당하게 사용하는지 아닌지*에 대한 기준으로 이바지할 수 있다는 사실이 배제되지 않았다. 그렇다면 관찰방식은 물론 더 이상 순수현상학적 방식이 아니라 혼합된 현상학적–존재론적 방식이지만, 어쨌든 이 방식은 타당한 결과를 낳는다. 그러나 환원을 순수하게 하고 탐구하는 가운데 지켜가는 것에 매우 큰 관심이 결부되어 있기 때문에, 우리는 이러한 상태를 현상학이 아니라 심리학의 테두리 속에 논의하려 한다. 그리고 현상학적 방법을 숙달함에 완전한 확신을 거두고 본래 현상학적 영역을 넘어서는 것과 또 이 속으로 되돌아오는 것의 모든 의미가 분명하게 설명되자마자, 그것의 측면에서는 당연히 더 높은 조망으로부터 적합하게 확장된 현상학적 내재(Immanenz) 안에서 정당화되는 방법론으로 허용된 넘어섬도 명백히 밝혀진다는 사실에 단지 주목하려 한다. 현상학이 비–현상학적인 모든 것을 '괄호치는' 형식으로 포괄하듯이, 경우에 따라서는 현상학적 고찰을 넘어선다는 것도 포괄한다. 그러나 모든 정당화는 그 의미와 가능한 타당성에 따라 현상학에 속하며, 따라서 이와 관련된 종류의 넘어서는 정당화도 현상학에 속한다.

17. 심리학에 대한 존재론적 개념의 의미

어쨌든 심리학으로 넘어가보자. 우리가 여기에서 현상학과 존재론을 대립시키는 가운데 상론한 것이 자명하게 심리학과 존재론의 관계로 반드시 이행된다는 사실에 주목하는 것은 그 자체로 매우 중요한 관심사다. 실로 모든 현상학적 기술은 체험하는 영혼의 체험에 관해 심리학적 통각을 통해 〔다른〕 심리학적 통각으로 이행하고, 거꾸

---

* 144쪽을 참조할 것.

로도 마찬가지로, 영혼이 겪는 체험을 각각 기술하는 것은 이상적으로 가능한 환원(형상적 환원과 실재화를 순수화하는 환원*)을 통해 순수현상학으로 기술하는 것으로 이행한다. 따라서 심리학적 탐구 안에서 '사물, 공간과 공간형태, 운동 등의 지각에 〔피상적으로〕 요구된 기술하는 것이 올바른지', 게다가 '이것을 올바로 말할 수 있는지' '이것을 지각이라 하는 것이 곧바로 사물·공간·운동에 (어쨌든 심리적 체험의 본질에 대해 무엇인가를 뜻하는) 타당한지 부당한지'——이처럼 드물지 않은 논쟁을 결정하는 것이 중요하다면, 그 관심은 사물·공간 등의 본질을 향하지 않은 관심으로, 명백히 존재론의 관심이 아니다. 여기에서 물리적 사물이 판단의 주제이고 사물 일반에 관한 본질통찰이 그때그때 경험된 특별한 사물을 판단함으로써 자명하게 끌어들일 수 있는 곳은, 물리적 자연과학도 아니듯이, 심리학도 아니다. 이 본질통찰은 그 자체로 주제다.

그러나 심리학은 사물이 아니라 사물에 대한 지각에 관심을 쏟는다. 또한 지각이 사물적인 것(Dingliches)을 뜻하는 한, 추정된 것 그 자체, 즉 인식대상은 기술하는 지각의 영역에 속한다. 그럼에도 우리는 앞에서** "존재론적 공리는 인식대상으로 기술하는 정확성에 대한 기준으로 이바지할 수 있다"라 말했다. 이미 잘 알려진 것을 예로 들자. 초월적 대상성의 단적인 직관이 (의문스러운 구조 일반의 경우와 마찬가지로) 중요한 문제일 것이다. 이와 같은 직관은 필연적으로 공허한, 하지만 충족될 수 있는 지향(Intention)***을 포함하며, 이 지향에

---

* 이것은 의식에 초월적인 실재적 대상을 의식에 내재적인 대상으로 환원함으로써 대상과 본질적 상관관계에 있는 선험적 자아와 그 체험영역 전체를 드러내 밝히려는 '선험적 환원'을 뜻한다.
** 141쪽의 역주를 참조할 것.
*** 이에 관해서는 40쪽의 역주와 136쪽의 역주를 참조할 것.

는 일련의 직관으로 이행할 수 있는 본질가능성이 있다. 이 일련의 직관 속에 공허한 지향은 충족되며, 직관된 것 그 자체는 일치해 견지된다. 일치하지 않음은 일치하지 않는 개념이 적용된 것을 발견하는 사실을 통해 또는 빨간 것으로 파악된 것이 종합적 첨부물을 통해 동시에 녹색으로 첨부되듯이, 종합적 첨부물을 통해 개념적으로 포착하는 경우에만 가능하다. 그래서 이러한 것을 배제하면, 실제로 단적인 직관에 머물면, 이 직관에서 그때그때 적합한 시선방향을 통해 또 직관적으로 본질을 이끌어낼 수 있다. 즉 본질이 거기에서 직관적으로 생각되는 것처럼 직관된 것에서 본질을 이끌어낼 수 있다.

직관이 범주적 유형 안에서 원리상 더 완전한 것이 될 수 있듯이, 본질은 범주적 유형 속에 더 완전한 것이 될 수 있다. 결국 모든 직관은 자신을 형성해나감으로써 범주적 본질, 예를 들어 '사물'(비록 '이념'으로라도)이 완전하게 파악되고 그래서 이 본질을 설명하는 공리가 모든 명증성 속에 실행되는 데까지 일치하는 의미에서 이를 수 있는 가능성을 원리상 그 자체로부터 보증한다. 따라서 다음과 같은 아프리오리하게 타당한 명제를 표명할 수도 있다. 즉 모든 단적인 직관은 그에 상응하는 영역의 본질과 그에 속한 영역적 범주 ─ 자신의 형상적 정립을 그에 상응하는 존재론 속에 하며 관련된 존재론의 모든 공리를 계속 내포하는 영역적 범주 ─ 의 본질을 '내포한다'.

그 반대로 영역의 개념과 그 자체로 영역 자체를 규정하는 개념인 모든 개념 그리고 결국 특수화로서 영역적 개념을 포함하는 모든 개념은, 이러한 것을 실행하는 한, 직관된 것 그 자체와 관련된 직관에 현상학적으로 기술하는 개념으로 타당하게 적용될 수 있다. 이와 마찬가지로 직관에 속한 영역적 개념 ─ 따라서 영역적 공리도 ─ 을 제외하는 것에 부착된 모든 기술하는 개념이 거부될 수 있다.

그에 따라 기술하는 개념 속에 놓여 있는 것을 숙고함으로써(가령 자신의 가능한 대상에 적용될 것을 요구하는 직관으로 되돌아감으로써) 이 개념 자체에는 그 존재론적 공리에 모순되는 것이 포함되어 있다는 사실을 인식하자마자, 우리는 그 개념이 기술하는 가운데 잘못 적용되어 있다는 사실, 그 개념이 기술하는 개념으로 기능하면 안 된다는 사실을 알게 된다. 그러므로 이러한 방식으로 존재론적 진리(어쩌면 간접적 진리도)를 기술하는 개념에서 규범을 행사하는 데 이바지할 수 있다. 자연과학적으로 기술하는 어떠한 것도 자연의 존재론적 법칙에 일치할 때만 타당할 수 있으며, 〔이에 관해서는〕 특별한 논의가 전혀 필요없다. 왜냐하면 기술된 것은 바로 그 자체가 타당한 존재론적 개념 아래 있기 때문이다. 그래서 예를 들어 일치하지 않는 어떠한 기하학적 개념도 기술하는 개념으로 기능할 수 없다. 그러나 여기에서 사물의 직관(또한 그 어떤 실재성의 직관)을 **심리학적으로** 기술하는 것도 기술하는 개념이 직관된 것 그 자체가 그 속에 포함될 실재성영역의 존재론을 지시하는 관계를 맺을 때만 타당할 수 있다.

　외관상으로는 이것도 사소한 일이다. 그럼에도 내면으로 이해하는 데 아주 큰 어려움이 따르는 사소한 일 가운데 하나다. 심리학은 실로 자신이 설명하는 미리 주어진 자신의 세계를 갖는다. 그러나 심리학은 그 술어가 관련된 대상을 미리 주어진 것으로 다루면 안 되며, 심리학이 직관을 심리학적으로 기술한다면, 직관된 것 '그 자체', 즉 인식대상과 함께 기술해야지, 그 이상을 기술하면 안 된다. 그러므로 이 속에는 심리학에서 존재론적 개념이 전위(轉位)된 것이지 존재론적 개념 자체가 아닌, 또한 존재론에서와는 완전히 다른 기능을 하는 기술하는 개념의 특별한 기능이 포함되어 있다. 그 타당한 규칙은 심리학적-방법론으로 중요한 문제이며, 이 문제는 우리의 상론에서 해결방안을 발견하게 된다.(어쩌면 당연하다고 생각되는 〔해결방안을〕 일반화하는 것으로 파고들어갈 필요는 없다.)

그러나 한 가지 사실에 대해 한마디 첨부해야 한다. 존재론적 명제는 실로 절대적 타당함을 요구하면서 또는 완전히 충분한 직관에서 길어낸 것임을 요구하면서 등장하기 때문에, 잘 알려져 있듯이 이 요구가 종종 사정이 정말 나쁘다면, 방법론으로 존재론적 명제로 되돌아가는 것은 대체로 신뢰할 수 있는 방법이 아니다. 그렇지만 그렇기 때문에 이렇게 되돌아가는 것이 완전히 거부될 수도 없다. 존재론의 자명함에 호소하는 것은 직관적 탐구의 길에 일정한 방향을 제시하지만, 직관(Intuition)만이 실제로 〔올바른 길을〕 결정하는 법정이다. 그렇다면 어쨌든 우리는 앞에서 제시한 일반적 상론의 의미에서 심리학뿐 아니라 현상학에서도 여기서 최종적인 것을 수행해야 할 것은 존재론적 직관이 아니라 현상학적 직관이라는 사실도 알게 된다. 자신의 모든 존재적 정립을 지닌 존재론 자체는 바로 그러한 작업수행과 본래 관련이 없으며, 이 작업수행은 단지 이것이 물론 본질법칙으로 결부된 인식대상의 연관에 대한 지표로서만 있다.

제4절 해명하는 방법

방금 수행된 연구는 현상학과 존재론의 관계를 해명하는 데 이바지한다. 그러나 우리는 일정한 방향에서 현상학적(마찬가지로 심리학적) 방법을 해명하는 데 그 의미(Bedeutung)도 인식했다. 결국 이 의미에 따라 현상학적(또는 심리학적) 기술의 의미(Sinn)*와 이에 연

---

* 후설에서 명제의 의미(Sinn)는 사고(Gedanke)이고, 그 지시체(Bedeutung)는 사태(Sache)다. 그는 초기에 "Sinn과 Bedeutung은 같은 뜻"(『논리연구』제2-1권, 52쪽)이라 보았다. 그러나 'Bedeutung'은 점차 표현의 이념적 내용으로 남고, 'Sinn'은 의식체험에서 표현되지 않은 기체(基體)의 인식대상 전체를 포괄

관된 규범화(規範化)의 어렵고도 중요한 문제가 해명된다. 현상학과 우리의 인식 전체에 대해 현상학에 맡긴 유일무이한 작업수행의 본성에는 현상학이 끊임없이 반성을 통해 자기 자신에 관련된다는 사실, 현상학은 자신이 수행하는 방법 자체를 다시 현상학적 원천에 입각해 가장 완전한 명석함으로 이끌어야 한다는 사실이 포함되어 있다. 현상학의 배후에는 현상학이 그 어떤 작업을 맡길 수 있을 학문은 없다. 그 어떤 작업에 남아 있는 모든 막연함은 모든 종류의 혼동과 [부당한] 횡령, 현상학적 결과를 타락시킴, 또한 현상학적 방법을 전체로 오해함—그렇다면 현상학적 방법을 잘못 조작함은 이러한 오해와 결합되어 있다—에 기름진 온상을 제공한다.

근본적 학문은 자신의 측면에서 해명하는 방법 속에 가장 완전하게 규명할 것을 요구하는 가장 철저한 엄밀함(Strenge)을 요구한다. 따라서 다음과 같은 연구의 주제를 형성해야 할 발언이 나온다. 왜냐하면 방금 전에 상론한 것을 토대로 우리는 그 발언에 최선을 다해 준비해야 하기 때문이다. 우리는 환원에 관한 학설에서 극도로 가능한 명석함으로의 환원*도 언급했다. 이것은 모든 학문적 영역 속에 일반적으로 중요한 해명하는 방법에서 특수한 경우로 이야기되었다. 어쨌든 해명이 무엇을 향해 있든, 해명 일반과 현상학적 해명은 밀접한 관계가 있다는 점은 다른 모든 학문에 대한 현상학의 독특한 위치에 그 원인이 있다. 그러나 이것은 이미 실제로 현상학을 알게 되었지만 현상학의 순수 본질과 그 의미에 적합한 한계를 자신에게 반성을 통해 충분히 설명하지 못한 사람의 측면에서는 '현상학과 현상학적 방법'이라는 개념도 쉽게 변위(變位)되고 확장된다—이것이 자연스

하는 의미를 지닌 본질로 사용된다(『이념들』제1권, 133항을 참조할 것).
* 이것은 더 이상 의심할 여지가 없는 가장 명석한 의식의 내재적 영역으로 환원하는 '선험적 환원'을 뜻한다.

럽게 생기더라도 어쨌든 혼란을 일으킬 수 있다──는 사실에 그 원
인이 있다.

18. 독단적 학문을 해명할 필요성

모든 학문은 그 명제와 개념의 존립요소를 정초할(Begründung) 것
을 자명하게 요구받는다. 진술은 타당해야 하고, 그 방식에서 개념이
타당할 때만 타당할 수 있다. 우리는 학문의 그때그때 분야에 관해
명제(따라서 개념도)──이것은 사유작용의 재료 속에, 즉 단어의미
의 재료 속에, 그 분야의 모든 사건, 즉 거기에 있는 모든 것을 성질·
관계·연관에 따라 명백하게 규정한다──의 타당한 체계를 획득하
는 것은 학문의 이상(理想)이라 말할 수 있다. 이것은 이 작업수행이,
좁은 범위 속에 실행된 것으로 간주되더라도, 정초함으로써 입증되
고 또 항상 입증될 것을 요구하게 된다. 어떤 이론의 진리에 대한 확
신 그리고 이 이론을 실천적으로 유용하게 적용하는 데 대한 확신은
결코 정초할 수 있는 능력, 또는 그 이론을 근거에 입각해 통찰할 수
있는 능력을 전제하지 않는다. 그러나 이론뿐 아니라, 올바른 이론을
획득할 방법적 준비장치인 학문을 주목할 만한 방식으로 성립시키는
것도 통찰과 깨달을 수 있음을 전제하지 않는다.

인간의 문화 일반의 발전, 또한 학문적 문화의 발전은 가치 있는
생산물이──통찰이 없거나 심리적 효과가 지배하는 가운데 통찰과
본능(Instinkt)의 혼합물을 통해──생길 수도 있는 주목할 만한 목적
론(Teleologie)*이 지배한다. 그 생산물이 가치 있다는 사실은 물론 완

---

* 후설의 목적론은 아리스토텔레스처럼 모든 실체의 변화가 정해진 순수 형상
이 미리 설정된 것도, 헤겔처럼 의식의 변증법적 자기발전을 통해 파악한 절
대정신이 이미 드러난 것도 아니다. 그것은 모든 정상인에게 동일하게 기능하

전한 통찰의 테두리 안에서 타당성에 대한 요구를 입증한 뒤에 따라오는 정초함에 의해 증명된다. 모든 학문, 최고로 발전된 정밀과학도 이러한 문화의 가치다. 통찰해 정초하는 것이 학문의 성립과 발전에 관여하지 않는다거나 크게 관여하지 않는다는 주장이 아무리 우스꽝스럽게 들려도, 모든 학문은 완전히 통찰하는 충분히 정초함에서 멀리 떨어져 있다. 이러한 사실은 이미 그 학문이 술어화(述語化)하는 것을 구축하는 개념의 착상에 관해 그러하다.

일부는 일상인의 매우 불완전한 소박한 경험에서, 일부는 단지 일면적이고 허술하게 해명된 경험을 새롭게 형성함으로써 학문을 최초로 창시한 사람이 이끌어낸 이 개념은, 일반적으로 이러한 작업이 진행되는 가운데 명석함의 깊이를 획득하지 않은 채, 혼란된 존립요소와 함께 학문의 작업 속에 들어왔다. 여기에서 독창적 사상가가 민감하게 느꼈던 혼란과 혼동을 제거하기 위해 때로는 그 독창적 사상가의 근본개념으로 되돌아가는 데, 그래서 때로는 명석함을 심화시키는 데 아무것도 변경시키지 않는 전도된 과정이 전개되었다. 학문이 더 높이 발전할수록, 학문의 '방법학'(Methodik)이 더 풍부해질수록, 그만큼 더 〔학문의〕 주된 작업은 상징적 사유의 영역으로 이전되었다. 왜냐하면 근원적으로 직관에 따라 방향이 정해진 개념은, 다시 직관으로 되돌아가지 않은 채, 본질상 상징적으로 〔이미〕 형성된 방법의 양식 속에 사람들이 그것으로써 조작하는 계산석(計算石)으로

는 '이성'과 '신체'를 근거로 '사태(Sachen) 그 자체'로 부단히 되돌아가 경험의 지평구조를 해명하는 측면과, 이 경험이 발생하는 원천인 선험적 주관성의 자기구성을 되돌아가 물음으로써 인간성(Menschentum)의 궁극적 자기책임을 추구하려는 측면을 동시에 취한다. 그런데 여기서 목적론은 이처럼 어떤 분명한 목적을 지향하는 것이 아니라, 문화의 발전에서 이들을 포괄하는 단순한 내재적 의미로 사용되고 있다.

서 단순히 상징적으로 사용되었기 때문이다.

언제나 새로운 상징적 처리방식을 고안해내는 기술(Kunst)은 더욱더 완전하게 실행되었는데, 그 합리성은 본질적으로 단순히 상징적인 것에 의존하며, 상징의 인식가치를—하지만 이 인식가치를 통찰하지 못한 채—이미 전제한다. 왜냐하면 상대적으로 더 낮은 단계에서 통찰할 수 있었던 것은 더 높은 단계에서 다시 상징화되며, 그 결과 (사유에 나머지로 부과된) 통찰할 수 있는 것을 빼앗고, 그래서 학문은 우리가 그것으로 알고 있는 것, 즉 매우 가치 있고 실천적으로 유용한 명제를 만들어내는 공장이 되기 때문이다. 이러한 공장에서 사람들은 노동자로 또 [새로운 것을] 고안해내는 기술자로 작업하며, 이 공장에서 실천가(Praktiker)로서 그 내면에 대한 이해도 없이 기껏해야 기술적 합리성만 파악하면서 건져낼 수 있을 뿐이다.* '전문가', 즉 학문의 기술(技術)을 다루는 기사(技師)는, 자신이 위대하다고 의식해, 또 무한하게 풍부한 작업수행을 지닌 학문적으로 거대한 기업의 조직된 공동작업에 [참여한다고] 의식해, 이러한 상태에 극도로 만족할 수도 있다. 마찬가지로 그의 목적이 실제성[현실]을 실천적으로 지배하는 일상적 의미에서 기술자도 [이러한 상태에] 만족할 수 있다.

그래서 전문가나 기사에게 인식은 처음부터 자연을 기술하거나 인간을 기술하는 실천 속에 기술에 적합한 작업수행의 목적을 위해 사유작용을 기술에 적합하게 고안해내는 것으로만 간주된다. 이제 인

---

* 후설의 이러한 주장은 『형식논리학과 선험논리학』에서 "우리는 이론적 작업을 수행하면서 사태와 이론, 방법에 몰두한 나머지 이 작업의 내면에 관해 아무것도 모르고, 이 작업 속에 살면서 이러한 작업을 수행하는 삶(Leben) 자체를 주제로 삼지 않은 이론가(Theoretiker)의 자기망각(Selbstvergessenheit)을 극복해야 한다"(20쪽)는 비판으로 그대로 이어진다.

식을 이렇게 파악하는 것이 '기술(技術) 시대'에 널리 보급된 것처럼 보여도, 지난 10년 동안 그 위력이 막강해지고 거대한 전환이 시작된 반작용도 있었다. 그런데 학문의 진보가 통찰의 보고(寶庫)를 풍부하게 해주지는 않는다. 세계는 적어도 학문 때문에 더 이해할 수 있게 되지 않으며, 세계는 우리에게 단지 더 유용해질 뿐이다. 그러나 학문 속에 인식의 보고가 담겨 있을지도 모르며, 실로 인식의 보고는 학문 속에 담겨 있어야 한다. 왜냐하면 우리는 학문의 명제가 주장하는 타당성의 요구가, 아직은 여전히 한정할 수 있는 것이라도, 충분하다는 사실을 의심할 수 없기 때문이다.

그렇지만 우리는 이 인식의 보고를 갖지 않았고, 그래서 그 보고를 처음으로 획득해야 한다. 왜냐하면 인식은 통찰이고, 직관에서 길어낸 것이며, 이러한 사실을 통해 완전히 이해된 진리이기 때문이다. 주어진 학문에서 새롭게 실행된, 해명하고 통찰할 수 있게 하는 작업을 통해서만 우리는 학문 속에 숨겨진 그 자체의 가치를 길어낸다. 참된 진술이 곧 그 자체의 가치가 아니며, 따라서 이와 마찬가지로 그러한 진술을 만들어내기 위한 방법이 아니다. 참된 진술은, 단지 간접적으로만, 우선 통찰의 수단으로서 가치가 있다. 왜냐하면 '통

---

9) 이때 '통찰'은 들여다보는(Einsehen) 피상적 작용 이상을 뜻한다. 오직 통찰할 수 있게 근원적으로 건립함에서 획득한 진리, 또한 지금부터 이렇게 획득한 것의 의식과 더불어 계속 타당하고 항상 현실적 통찰의 근원상태 속에 원상을 회복할 수 있는 진리만 진정한 인격적 가치인 지혜의 가치가 있다. 그리고 오직 이러한 진리만 지혜의 가치에 의해 자신의 진리에 대한 객관적 증거를 획득하며, 진리로서 실제로 정당하게 요구될 수 있다. 통찰한 정초를 통해 우리는 이전에 품었던 확신이 진리라는 것을 나중에 인식할 수 있게 된다. 또한 통찰하지 않은 판단(그 판단이 명시적으로 이해되지 않은 한, 통찰하지 않은 판단)은 어쨌든 예감의 방식으로, 자신의 종류 속에 미리 포착하는 명증성의 방식으로 맡겨지고 작동된다. 또한 계속된 실천 속에 진정하고 논리적으로 강제하는 통찰이 생기지도 않은 채, 자신의 확증을 획득한다 등등.

찰'은 그 자체의 가치이기 때문이다.[9] 그런 다음 계속 기초지어진 가치를 위한 수단, 예를 들어 가치를 평가하며 실천적 이성의 활동을 위한 수단으로서 참된 진술은 가치가 있다.

따라서 인류가 학문을 사유의 기술(技術)로 형성해내는 데 일방적으로 몰두하는 것에 대항해 직관주의(Intuitionismus)는 지극히 정당하게 반응한다. 이성이 견딜 수 없게 된 비상사태 ─ 지극히 풍부한 이론적 소유물 가운데 이성의 본래 목적, 세계에 대한 이해, 진리에 대한 통찰을 점점 더 멀리 밀어놓고 보는 비상사태 ─에 종지부를 찍어야 한다. 그러나 물론 직관주의는 앞에서 기술한 상황에서 생기는 냉철한 과제에 다가서는 대신, 신비주의(Mystizismus)로 전락하면 안 된다. 그래서 학문을 통찰과 엄밀한 타당성을 요구하는 자신의 근원으로 환원하고 해명하며 명료하게 하고 궁극적으로-정초하는 작업을 통해 학문을 통찰하는 인식의 체계로 전환시키고, 개념과 명제를 직관 속에 포착할 수 있는 개념적 본질 자체와 실질적으로 주어진 것 자체 ─ 이것이, 실제로 참인 한, 적합한 표현을 부여하는 것 ─로 환원해야 한다. 그렇다면 학문도 단지 실제 현실의 어떤 측면만 이론적으로 포착하는 일면적인 것은 아닌지, 또 어느 정도까지 그러한지, 직관적으로 주어진 것의 근원토대에서 이성적으로 제기할 수 있는 모든 문제를 전면적이고도 완전하게 해결하는 인식의 목표가 어떻게 도달될 수 있는지 명백히 밝혀야 한다.

19. 개념의 재료를 해명함

착수해야 할 첫 번째 작업은 명백히 학문이 조작하는 개념의 재료, 먼저 원초적 개념으로 향한다. 개념에 의해 학문은 그 분야의 대상과 관련된다. 유감스러운 결점에도 불구하고, 학문의 처리절차는 당연히 직관에 생소한 것이 결코 아니다. 개념은 언제든 직관된 것에 관련되고, 경험과학에서는 경험된 것에 관련되며, 반대로 직관과 이것이 주어진 것에 지도를 받아 개념은 언제나 다시 형성된다(도표·모형·관찰·실험). 그럼에도 개념에는 그 인식타당성에 필수적인 명석함이 없다. 개념이 방향을 정해 주어진 것, 예를 들어 그때그때 경험된 사물은 주어지지만, 불완전하게 주어진다. 그래서 주어진 것에 직접 방향을 정한 개념조차, 주어진 것을 직접 기술하는 개념조차 불완전하다. 그러므로 여기에서 어떻게 진행해가야 하는지, 원했던 완전함은 어떤 더 자세한 의미가 있는지 심문해야 한다. 우선 개별적 존재에 관련된 임의의 어떤 학문의 개념은 다음의 세 종류다.

a) 논리적-형식적 개념

대상·성질·사태·관계·수 등과 같은 개념, ‘개념’ ‘명제 일반’처럼 의미형식·의미범주를 표현하는 개념은 모든 학문 일반의 공유재산이다. 이것은 ‘형식’으로서 ‘범주적 명제’ ‘개별적 명제’ 등과 같은 모든 특별한 개념 속에 일정한 방식으로 ‘놓여 있다’.

b) 영역적 개념

예를 들어 ‘사물’처럼 영역 자체를 표현하는 개념, ‘사물의 속성’ ‘사물의 관계’처럼 영역의 논리적 변형을 표현하는 개념. 이 개념은 일정한 종류의 형식적 특성이 있고, 일정한 영역의 모든 학문을 관통해나가며, 모든 특수한 개념의 기초가 된다(그래서 예를 들어 모든 자연과학의 개념 속에 사물성의 형식적 구성요소가 놓여 있고, 모든 심리학의 개념 속에 심리적 실재성의 형식적 구성요소가 놓여 있다).

c) 재료의 특수화

실질적으로 규정된 모든 진술이 그 사태의 존립요소에 따라 바로 사태와의 관련을 떠맡는 영역적 개념 자체. 수(數)의 단순한 양상은 산술에 속하고, 의미라는 이념의 단순한 양상은 의미논리학에 속하며, 공간성의 단순한 양상은 기하학에 속한다. 왜냐하면 이 모든 것은 형식적 양상이기 때문이다. 색깔·음(音)과 같은 개념, 감성적 느낌과 충동 등의 성질과 같은 개념은 완전히 다른 특성이다. 이것은 사태의 내용을 모든 규정하는 것으로 이끌어온다.

모든 학문을 해명하는 데 이 모든 그룹의 개념을 해명하는 것이 필수적이라는 사실, 이 그룹의 순서는 서열을 미리 지시한다는 사실은 처음부터 명백하다. 그 자체로 논리적-형식적 개념을 맨 먼저 해명해야 한다. 왜냐하면 이 해명이 모든 학문에 공통요건이기 때문이다. 그런 다음 영역적-형식적 개념이 해명되어야 하고, 마지막으로 특수한 학문의 독자적 재산인 특수한 개념이 해명되어야 한다.

모든 가능한 본질학, 즉 모든 형상적 학과가 자연과학처럼 역사적으로 형성되었다면, 하지만 자연과학과 비슷한 결점도 부착되어 있다면, 우리는 존재론의 해명이 경험과학의 해명에 반드시 선행한다고 명백히 말해야 한다. 더구나 개념의 해명에 관해 모든 학문에 요구되는 작업 전체는 존재론 학과의 개념을 해명함으로써 이미 수행되었을 것이라는 점에 주목해야 한다. 왜냐하면 모든 임의의 개념은 어떤 본질학에 영토로 기능할 수 있을 일정한 본질 유(類) 속에 이념적으로 통합되는 자신의 개념적 본질을 지니기 때문이다. 그러므로 (단순히 형식적 존재론이 아닌) 가장 넓은 의미에서 존재론의 전체성 (Allheit) 속에 모든 본질이 포함되어 있다. 그래서 원초적 본질로 되돌아감으로써 원초적 개념을 이미 해명했을 것이다.

그러나 아주 약간의 존재론만 구성되었을 뿐인데, 이 존재론을 학문으로 유능하게 형성하는 일은 예외적으로만, 즉 일정한 부류의 본질의 경우에만 상대적으로 쉽게 수행될 수 있는 직관의 완전함을 처음부터 요구하기 때문이다. 정말 이것은 아주 일찍부터 이미 어떤 〔유클리드〕 기하학 그리고 형식논리학과 형식수학의 일정한 부분이 발전되기 시작했다는 사실, 그렇지만 오늘날까지(바로 막 싹트기 시작한 심리학적 현상학까지) 물질적 자연의 존재론이 없고 또 이성적 심리학이 없다는 사실과 연관되어 있다. 이 영역적 분야 속에 충분히 깊게 파고들어가면서도 혼란되지 않은 풍부한 직관을 획득하는 일은 그러한 어려움을 수반한다. 그런데 이 어려움은 현상학의 토대가 획득된 다음에는 철저하게 극복할 수 있는 어려움이다.

완벽한 이념의 영역이라는 이념, 즉 직관적으로 포착할 수 있는 모든 본질의 완벽한 체계라는 이념, 모든 형상적 학과(또는 본질학)의 완벽한 체계라는 이념은 순수한 명석함에서 길어내고 이 명석함에 따라 충전적으로 방향이 정해진 모든 가능한 개념을 모두 포괄하는 체계라는 이념을 내포한다. 실로 명석한 개념과 함께 명석한 공리도 주어졌으며 〔이렇게〕 계속된 모든 결과가 주어졌기 때문에, 그 개념과 공리는 같은 값을 지닌 것이다. 따라서 우리가 이러한 이상(理想)에 헌신하고 미래에 또 가능한 모든 학문을 위한 과제를 즉시 제기하면, 〔지금 우리에게〕 주어진 모든 학문 속에 그 개념에 관해 해명하는 과제를 해결하라는 요구는 존재론의 모든 것을 포괄하는 체계를 순수한 직관의 원천에 입각해 정초하라는 이상적 요구로 이끈다.

그것에 따라 지금까지 학문적 작업을 수행했을 뿐 아니라 미래에 언젠가 수행할 원초적 개념의 존립요소는 ─제한되었더라도─어쨌든 확고한 것이라면, 우리는 도달할 수 있는 모든 형상적 본질이 그 속에 통합되는 형상적 학과의 체계라는 경험적으로 제한된 이념에 도달하게 된다. 이것은 이미 세상과 동떨어진 이상이 아니라, (다른 근거에 입각해서도 극도로 중요한) 실천적 이상이다. 즉 그것의 측면에서는 일정한 방식으로 다른 모든 형상적 학과를 포함하면서 현상학을 포괄하는 이상이다.

이제 모든 학문을 인식작용으로 완전하게 만드는 데 이바지하는 이 해명 자체의 본질을 명석하게 하기 위해 요구할 수 있는 작업수행의 의미를 어떤 사례, 예를 들어 물질적 물체의 개념 ─ 그 물체가 '본래 뜻하는' 것, 즉 그 물체가 보이는 그대로의 '사물' ─ 을 명석하게 하는 것이 중요한 문제라는 사례에서 숙고해보자. 그렇다면 우리는 '사물'이라는 말이 확실하게 사용되어 제시되는 예 ─ 예컨대 돌·집 등 ─ 에서 출발하지만, 이것을 이른바 명칭을 통해 단순히 잡아채는 것, 따라서 단순한 단어의미를 통해 '생각하는 것'에 만족하지 않고, 오히려 직관으로, 그러한 개별성의 지각이나 생생한 상상으로 이행한다. 이것〔직관·지각·상상〕은 여기에서 '그와 같은 사태를 지각하는 주어짐 속에 집어넣어 상상하는' 역할을 한다.

주어짐이나 유사-주어짐(Quasi-Gegebenheit) 속에 범례로 제시되는 다른 대상을 비교하면, 우리는 그 차이점과 공통점을 발견한다. 그러나 귀납적으로 앞서가면서 어디에서나 공통인 것을 발견하는 것이 중요한 문제는 아니다. 오히려 우리는 직관적으로 주어진 것에서 이른바 단어개념으로부터 이끌어내고 합치되며 개념적으로 생각된 것과 그렇지 않은 것, 즉 직관적으로 주어진 것에서 '그렇게 부르는 것'이 본래 존재하는 것 또는 직관적으로 주어진 것의 어떤 본질계기가 바로 이것 때문에 사태를 바로 그렇게 '부르는' 것이라는 사실을 주시하게 된다. 결국 주안점에 따라 보면, 이것은 소크라테스의 실행절차〔방법〕*다. 물론 중요한 문제는 언어용법을 고정시키는 것이 아니라, 직관적으로 주어진 것 속에 그와 같은 합치로 인식대상의 본질을 부각시키는 것, 또한 이 본질을 단순한 단어의미를 통해 생각된 것으로 고정시키는 것이다. 바로 이렇게 함으로써 단어의미, 즉 개념은 타당한 것으로 입증된다. 왜냐하면 개념에는 오직 본질만 상응하기 때문이다.

20. 판명하게 함과 해명함

이때 여전히 개념이 복잡한 것이라면, 판명하게 함(Verdeutlichung)과 해명함(Kläung)을 구별해야 한다. 단어와 함께 생각된 것 그 자체인 개념을 판명하게 함은 단순한 사유영역 안에서 이루어지는 절차다. 해명을 향한 최소한의 단계가 실행되기 이전에, 어떠한 직관도 단어와 하나가 되지 않거나 매우 부적절한 간접적 직관이 단어와 하나가 되는 동안, 의견— 예를 들어 '십면체', 즉 물체, 10개의 합동인 측면을 지닌 정다면체—속에 놓여 있는 것은 숙고될 수 있다. 이러한 것은 연속으로 획득될 수 있고, 그 사유영역의 형식 속에— 즉 '10개의 합동인 평면으로 완벽하게 한정된 기하학적 물체'〔처럼〕—연결될 수 있다. 이러한 절차에서 논리적 형식, 즉 사유의 소재가 형성되는 '종합'(Synthesis)은 다른 것일 수 있으며, 동일한 상태에 '같은 값을 지닌' 많은 표현이 존재한다.

그러므로 우리는 판명해지지 않은 개념, 즉 분석되지 않은 개념과 분석해 판명해진 개념 그리고 칸트가 어쩌면 우선적으로 주목한 의

---

* 소크라테스의 대화[문답]법(dialektike)은 무지를 깨닫는 논박술(elenchos)과 지혜를 직관하는 산파술(maieutike)의 두 단계로 이루어지는데, 이 과정에는 귀납적으로 열거된 사례에서 한 가지 공통된 명칭으로 지칭된 동일한 본질적 성질, 즉 '보편자'(to katholou)인 '하나의 형상'(hen ti eidos)에 대한 '한 가지 의미규정'(heis logos)인 정의(定義)가 중요한 출발점이자 핵심역할을 한다.

미에서 '분석판념'*——이것은 전자의 개념과 후자의 개념에 인식대상의 대상을 동일하게 확인하면서 동일한 것으로 서술한다——을 구별해야 한다. 더 정확하게 말하면, 어쨌든 이것은 분석되지 않은 개념과 이 개념과의 관련 속에 그것을 판명하게 하는, 즉 그 속에 포함된 것을 설명하는 기능의 다른 개념을 대립시키는 것을 뜻한다. 왜냐하면 '판명해진' 개념은 개념상, 즉 의미상 다른 것이기 때문이다.

그런데 해명하는 경우 우리는 단순한 단어의미의 영역과 의미〔에 대한〕사고의 영역을 넘어서 의미를 직관의 인식대상인 것과 합치시키고, 의미의 인식대상의 대상을 직관의 인식대상의 대상에 합치시킨다. 합치는 그만큼 완전함에 틀림없으므로, 판명하게 함으로써 이끌어낸 모든 부분개념에는 직관적 인식대상이 명시된 계기가 상응한다. 직관이 추정된 것을 명시하는 것은 사유가 추정된 것, 즉 사유의 의미를 명시하는 것과 명백히 다르다. 적어도 그 부분의 의미가 직관적 계기 속에 자신의 충족을 발견하면서 직관적 계기에 합치한다는 사실을 통해 〔그것에〕 상응하는 것으로 특징지어진 어떤 상응하는 직관에서 측정하는 것이 모순되는 일은 매우 자주 일어난다. 즉 다른 의미를 명시하는 항(項)은 직관의 상관자를 요구한다. 이 상관자는 직관의 통일체 속에 '양립되지 않는' 것, 즉 정상의 의미에서 통일체인 일치하는 직관의 통일체에 이르지 않고 관련된 계기에 관해 모순의 형식으로 두 가지 직관을 연결하는 것이다.

---

* 칸트의 분석판단은 라이프니츠의 이성적 진리(vérités de raison)에 상응하는 용어로, 주어의 개념을 술어가 설명하는 것이다. 따라서 주어의 내용은 술어를 논리적으로 분석해 알 수 있기 때문에, 분석판단은 경험을 통해 확인하지 않아도 아프리오리하게 필연적이며 보편타당한 특성이 있다. 반면 라이프니츠의 사실적 진리(vérités de fait)에 상응하는 그의 종합판단은 주어의 개념을 분석해 술어의 내용을 알 수 없기 때문에 새로운 지식을 확장해주지만, 그때그때 경험에 따라 달라질 수 있으므로 아포스테리오리하며 우연적이다.

더구나 의미와 직관된 것 그 자체(사유의 인식대상과 직관의 인식대상)의 관계뿐 아니라 자신의 단어음성(音聲)을 지닌 단어 자체와 이것에 부착된 단어의 경향 그리고 인식대상이 된 것의 관계에 주의를 기울여야 한다는 점을 진술해야 한다. 단어는 어떤 것을 '생각하고', 말할 수 있으며, 그 의미는 이 의미를 충족시키는 적합한 본질을 요구한다. 그러나 자신의 단어음성에 부착된 경향을 지닌 단어도 일정한 의미를 요구하며 단어로서 이 의미와 하나가 된다. 어쨌든 단어는 같은 값을 지닌 것일 수 있고, 단어로서 다른 의미를 요구하는데, 때로는 연관 없는 의미를, 때로는 밀접하게 유사한 의미를, 때로는 더 넓거나 좁은 의미를, 때로는 더 일반적이거나 덜 일반적인 의미를 요구하기도 한다. 잘 알려져 있듯이, 이러한 사실을 통해 많은 혼동과 오류가 학문 속에 들어오게 된다. 그래서 해명은 이제 오래된 단어에 새롭게 구성된 의미를 부여하는 기능을 한다. 이 의미에 부착된 단어의 경향 가운데 어떤 경향은 이른바 말소되며, 직관된 것에서 해명된 유일한 경향은 타당한 경향으로서 앞으로도 계속 강조되고 기억된다.

지금까지는 단어, 단어의미 그리고 직관 사이에 이루어지는 관계를 고찰했다. 그러나 직관의 측면에서 해명하는 주된 작업을 아직 이야기하지 않았다. 단어를 판명하게 함(말의 의미분석)은 본래 실행될 수 있는 직관적으로 판명하게 함을 준비하는 기능이 있다.

사람들은 해명하는 목적을, 이미 상론한 것의 의미 속에, 해명하는 것이 미리 주어진 개념을 어느 정도까지 새롭게 만들어내고 그 개념을 개념적 타당성의 근원원천인 직관으로부터 비옥하게 만들며 직관 안에서 그 개념의 원본적 본질에 속한 부분개념을 그 개념에 부여하려는 것으로도 포착할 수 있다. 따라서 미리 주어진 개념, 하지만 무엇보다 먼저 확증할 수 있고 새롭게 정초할 수 있는 개념에 '적합한' 직관, 즉 그에 상응하는 직관의 인식대상이 발견된다면, 그 개념에 속하는 본질이 정밀하고 확고해야 할 것 ─ 직시된 본질에 대해 '표현'이 만들어지고 관련된 단어의 경향이 강조되는 것 ─이 (일정한 개념내용의 경계를 설정함으로써, 따라서 인식대상 전체를 분석함으로써) 그 개념에 고정될 수 있다. 그래서 이렇게 부각된 본질은 분석되고, 이에 상응하는 의미는, 원초적 계기에 이를 때까지 또는 관심이 그것을 요구하는 데까지, 표현으로서 분석적 계기에 배분된다.

그러나 해명하는 목적은 완전한 명석함이며, 특히 실재성의 영역에서 유래하는 모든 개념의 경우 우리가 이미 알고 또 우리의 분석에 근거해 특징적으로 지시할 수 있는 매우 번거로운 과정을 요구한다. 그래서 해명은 관련된 범례적 직관의 객체를 구성하는 단계를 정확하게 추구해야 한다. 어떤 사물이 단순히 보인다면, 그 사물은 〔완전히 명석하게〕 주어지지 않았고, 그 개념은 실제로 명석하게 이끌어낸 것이 아니다. 어떤 환영(幻影)도 보이며, 단순한 봄(Sehen)도 환영에 상응하는 것, 즉 감성적 도식 이상을 산출하지 않기 때문이다. 그렇지만 '사물'이라는 것 또는 자신의 실재적 상황과 본질적 관련을 맺는 '실재적 사물의 속성'이라는 것을 분명하게 하는 것이 중요한 문제라면, 해명하는 직관은 도식화된 상황의 다양체와 관련해 감성적 도식의 다양체를 추구해야 하며, 감성적 도식에 이른바 사물에 대한 직관의 가치를 부여하는 직관의 구성요소는 충족되어야 한다.

그러므로 해명하는 과정은 이중의 것을 뜻한다. 첫째 충족시키는 직관에 의지함으로써 개념을 분명하게 하는 것과, 둘째 어쨌든 직관의 영역 자체 속에 실행된 해명하는 과정이다. 요컨대 추정된 대상(직관도 방금 '추정'하고, 어쩌면 그 속에서 인식대상의 대상이 더 완전하게 명백히 밝혀지는 인식대상의 다양체에 일원인 인식대상을 갖는다)은 더 분명한 명석함으로 이끌어야 하고, 더 자세하게 이끌어야 하며, 해명하는 과정 속에 완전한 '스스로 주어짐'(Selbstgegebenheit)으로 이끌어야 한다.

이제 모든 종류의 대상(모든 종류의 개념)에는 다양체의 통일체로서 구성(Konstitution)과 같은 것이 존재하지 않는다. 예를 들면, 감성적 내용이나 그 자체가 반성하는 가운데 대상이 되는 모든 작용에는 구성과 같은 것이 존재하지 않는다. 그러나 다른 한편으로 모든 대상에는 직관에 가까워짐과 직관에서 멀어짐, 일정한 계기에서 내적으로 풍부한 것을 이끌어내 분석하게 해줄 수 있는 밝은 빛 속으로 떠오름, 모든 것이 희미해지는 어둠 속으로 가라앉음이 있다.

이것은 물론 상(像)과 이중의 의미를 지닌 상이다. 왜냐하면 그 속에 파악할 공허한 자리가 충족되고 직관, 더구나 '명석한 직관'이 일련의 직관으로 이행해야 할 바로 이 더 가깝게 이끄는 일은, 그 직관 속에 제시되는 일면적이고 허술하며 규정되지 않은 대상(직관이 '추정하는' 대상)을 진행되는 '스스로 주어짐'으로 이끌기 위해, 예를 들어──그 직관이 충분히 명석한 직관, 즉 충분히 만족한 직관(예컨대 불완전하게 '생생한' 상상)이 아닌 한──그와 같은 모든 직관이 허용하는 것과는 총체적으로 다른 방향의 것이다. 따라서 '명석함'과 '해명'의 개념은 애매모호하다. 그러나 여기에서 모든 의미는 문제가 된다. 즉 한편으로 최대로 가능한 '생생함' '만족함'이 문제가 되며, 다른 한편으로 직관의 존립요소에 속하는 통각의 지향과 제시하고 드러내는 지향의 최대로 가능한 충족이 문제가 된다.

사람들은 여기에서도 완전히 명석하게 일반적 과제와──무한히 멀리 떨어져 있더라도──가장 포괄적인 이상(理想)을 보게 된다. 이것은 가능한 대상성 일반의 가능한 본질종류의 세계인 이념의 세계를 직관 속에 그리고 완벽한 명석함에서 체계적 완벽함으로 포괄하는 것, 직관 속에 놓여 있는 인식대상이 된 것에 근거해 대체로 가능한 개념적 본질 일반을 획득하는 것, 순수하게 이 본질을 표현하는 단어의미와 단어 자체 — 이것은 완전하게 해명된 개념이나 전문용어의 총체성을 형성할 것이다 — 를 이 본질에 통합하는 것이다.

그리고 사람들은 여기에서 다시 **모든 존재론과 형상적 학과 일반**이 하나의 체계라는 무한한 이상에 도달하게 된다. 스스로 주어지는 가운데 본질을 설명함으로써 또 본질연관을 고찰함으로써 충실한 개념으로 표현되었기에 존재론의 근본진리가 되는 본질에 적합하게 세워진 다양한 관계 — 연결의 필연성·가능성·불가능성 — 가 정리된다. 어쨌든 이제 이러한 모든 탐구는, 이미 상론한 것의 의미에서, 현상학과 밀접하게 관련된다. 현상학 자체는 하나의 형상학(Eidetik)이다. 따라서 현상학은 형상적 학과를 모두 포괄하는 체계도 포괄한다. 그러나 공리의 명석한 테두리 안에 실행된 모든 것을 해명하는 존재론적 통찰 — 직접 현상학적인 것은 아닌 통찰 — 은 단순한 **시선전환**을 통해 현상학적 통찰이 되고, 그 반대로도 마찬가지로 현상학적 통찰의 모든 것에는 단순한 시선전환을 통해 존재론적 통찰이 되는 그러한 통찰이 반드시 등장한다.[10]

사람들은 모든 형상적 공리(Axiom)가 현상학의 연관 속에 시선변경과 이에 상응하는 정립을 단순히 실행함으로써 발견된다고, 따라서 그 공리는 **모든 존재론적 통찰이 유래하는 모체를 내포한다** — 이것

---

10) 어떤 개념, 예를 들어 '영혼'을 해명한다면, 나는 그 단어의미를 나에게 분명히 이해시키고 그 '본래의' 의미를 추구한다. 즉 나는 어떤 의미도 추구하지만, 어쨌든 충족시키는 직관에 속하는 인식대상인 '충족시키는' 의미를 추구한다. 여기에서 나는 어떠한 존재적 태도도 취하지 않는다. 나는 인식대상의 대상을 내가 정립하는 — 판단의 태도를 변경하는 — 대상 자체로 변화시키려 하지 않는다. 인식대상이 된 것과 이 인식대상의 통일체(인용부호 속의 '대상')가 현상학에 속하는 한 모든 해명하는 것은 현상학에 속하고, 마찬가지로 의미론의 공리도 의미론의 형식론으로서 현상학에 속한다.

은 확실히 매우 중요한 점이다──고 말할 수 있다. 어쨌든 현상학이 그밖의 존재론뿐 아니라 다른 모든 독단적 학문에 결코 의거하지 않고 의거할 수도 없다는 사실, 현상학이 병존하는 존재론의 공리와 그밖의 본질통찰이 그 위에 성장하는 통일적 토대인 일종의 존재론의 계속된 정립일뿐이라는 사실은 원리상 중요하다.

그렇지만 사람들은 이것이 다른 측면에서 필연적으로 실행되어야 할 것을 그 자체로 체계적으로 분석하고 현상 속에 놓여 있는 모든 동기(Motive)를 고정시키며 이 동기부여된 것(Motivate)에 관해 심문하는 현상학의 철저한 반성적 작업을 통해 비로소 이루어진다는 사실, 존재론으로 기초지어진 탐구는 이러한 현상학의 반성하는 작업을 통해 비로소 자신의 완전한 능력을 펼칠 수 있으며 자신의 완전한 확실함을 유지한다는 사실을 말할 수 있고 또 말해야 한다. 오직 현상학에만 체계적으로 구성하는 층 속에 구축된 본질성에 관해 가장 깊게 해명할 수 있는 자격과, 그래서 우리에게 매우 부족한 존재론을 정초하게 준비할 수 있는 자격이 주어진다.

부록 1

1912년『이념들』제2권의 초안*

1. 영혼의 구성(감정이입)

이제 여전히 영혼의 '구성' 그리고 이것과 일치된 영혼적 자아의 '구성'에 관한 어려운 문제를 잠시 살펴보자. 우리는 영혼이 깃든 존재인 동물·인간을 보게 되고, 이러한 일은 어떤 사물이 신체로 파악된다는 사실, 즉 의식의 경과와 이 경과에 의해 구성되는 통일체가 신체 때문에 생긴다고 생각하는 사실을 통해 일어난다. 신체(즉 가능한 도식적 다양체의 통일체로 순수 자아에 주어지며, 이러한 통일체로 다시 인식할 수 있고, 고유하고도 분리된 일련의 경험 속에 동일하게 확인할 수 있는 신체)는 심리적인 것(Psychisches)의 담지자로 기능할 수 있기 위해, (자신의 측면에서는 이미 다수의 인간과의 관련을 전제하는 상호주관적 구성을 통한 '객관적인' 물질적 사물로는 결코 아니더라도) 실재적 통일체로 파악되어야 한다. '감정이입'(Einfühlung)** 또

---

* 이 부록은 1912년『이념들』제2권 초고의 첫 부분인데, 1952년 비멜이 편집해 후설전집으로 출간할 때 정작 제2권에서는 빠지고 제3권의 부록으로 실렸다. 후설 현상학이 발생적 현상학으로 발전해간 모습에 관심있는 독자, 특히 제2권을 접하지 못한 독자는 6항 이하에서 전개되는 서술에 주목해야 한다.

는 '명백하게 함'(Eindeutung)* 속에 신체는 신체로, 우선 단순히 심리적인 것의 담지자로 이해된다. 이때 신체는 감각의 담지자뿐 아니라 '작용', 즉 지향적 체험의 담지자로 이해된다.

이 때문에 그때그때 명백해진 사유주체(cogito)의 주관(Subjekt)인 순수 주체는 '명백하게 하는' 존립요소에 속한다. 이 순수 자아는 자신의 환경세계(Umwelt)를 가지며, 자신의 사물성이 그것과 관련해 방향이 정해진 자신의 '여기(Hier)와 지금(Jetzt)'을 갖는다. 그리고 이 '여기와 지금'은, 나의 '여기와 지금'이 나의 신체에 관련되는 것과 유사하게, 순수 자아에 두드러지게 나타나는 사물, 즉 자신의 신체와 관련된다. 내가—사실적으로 언제나 나의 방향이 정해지는 중심을 자체 속에 지니고, 따라서 언제나 나의 순수 자아를 수반하고 이 순수 자아에 나타나는—나의 신체를 '나 자신에서 떼어낼' 수 있다면, 신체는 다른 사물이 제시하는 일련의 모든 나타남을 제시할 것이다. 신체는, 단지 떼어내지 않고 그래서 오직 제한된 그룹의 나타남에서만 나타나는 것을 제외하면, 다른 사물과 마찬가지로 그 자체로 하나의 사물이다.

그러므로 '어떤 다른 사람의 신체'인 외적 사물에 대해 명백해진 자아 역시 자신의 떼어낼 수 없는 사물인 '자신의 신체'를 가지며, 이것은 감정이입의 의미에서 감정이입이나 '명백하게 함'의 담지자로 나타나는 바로 동일한 것이다. 따라서 동시에 타인의 순수 자아의 환경세계는 나의 순수 자아의 환경세계와 동일하다는 사실이 주어진다. 이것은 환경세계의 사물은 '명백하게 하는' 길에서 구성되는 더 높은 단계의 통일체를 뜻한다. 두 사람이 서로 교류하는 곳에서 자아₁에 대해

어떤 실재적 사물을 구성하는 (그 모든 단계에서) 나타남의 다양체와 자아$_2$에 대해 '동일한' 실재적 사물을 구성하는 나타남의 다양체는 다른 것이다. 왜냐하면 전자는 가능한 나타남의 무한하지만 규정된 총괄로서 어떤 사람의 의식의 흐름, 즉 자아$_1$의 의식의 흐름에 속하지만, 후자는 다른 사람의 의식의 흐름, 즉 자아$_2$의 의식의 흐름에 속하기 때문이다. '명백하게 함'에는 그 '의미'에 따라 이 두 가지 나타남의 다양체를 조정〔통합〕하는 일정한 파악이 생기는데, 이것에 따라 '객관적' 사물은 '동일한 것'으로 구성된다. '명백하게 함'을 통해 정립된 모든 새로운 순수 자아인 자아$_x$는 나타남의 다양체에 한정된 그룹의 수를 증가시키며, 그래서 '명백하게 함' 또는 감정이입은 실로 외적 사물성에 대한 경험의 근본형식 가운데 하나다.

바로 이 객체〔객관〕화(Objektivierung)를 다른 방식으로 표현할 수 있다. 즉 모든 사물인 사물$_x$가 근원적으로 오직 어떤 개별적 자아$_x$에만 구성된 것으로 생각된다면, 그것은 이제 이러한 **통일체**로서 그것의 다양한 **구성원**(Glied) 속에 하나의 동일한 객관적 통일체인 **사물**이 구성되는 다양체의 구성원이 된다. 요컨대 이미 실재적 사물이었던 것, 그렇지만 아직 어떠한 감정이입도 하지 않았던 어떤 순수 자아에 실재적 사물이었던 것은 이제 단순한 '나타남'이 된다. 왜냐하면 나타남의 다양체는 이제 자아$_1$·자아$_2$·자아$_3$ 등에 상응하는 사물$_1$·사물$_2$·사물$_3$ 등의 실재적 통일체이고, 이것은 감정이입 속에 '동일한 객관적 사물'이라는 파악을 경험하기 때문이다. 이 사물은 어떤 사물 속에 단지 나타날 뿐이지만, 어쨌든 이렇게 나타나기 위해서라도 그와 같은 나타남에서 나타날 수 있는 것으로만, 따라서 감정이입을 통해 객관적 실제성〔현실〕으로 증명할 수 있는 것으로만 나타나기 때문이다.

그러므로 신체도, 물질적 사물인 한, 이렇게 객관화된다. 자신의 순수 의식으로 다른 사람의 순수 자아(다른 사람의 자아)를 명백하게 포착하려는 모든 순수 자아(나의 자아)에는 다른 사람의 자아에 대한 다른 사람의 신체, 즉 신체 — 나의 자아(다른 사람에 대한 나의 신체로서)에 주어진 — 를 파악하는 것이 '명백하게 하는' 목적에 충분하다. 그러나 '명백하게 함'을 통해 신체는 다른 사람에 대한 다른 사람의 신체와 동일하게 확인되고, 그런 다음 계속 다른 자아가 '동일한' 신체사물(Leibding)에 나타남으로서 갖는 그에 상응하는 통일체, 즉 다른 사람에 대한 신체물체(Leibkörper)라는 상징적으로 시사된 형식에 동일하게 확인된다. 그렇지만 물론 곧바로 다른 사람의 자아인 다른 자아의 신체로서 명백하게 하는 파악의 의미는, 이 다른 사람의 자아가 특별한 방식으로 **자신의** 다른 사람에 대한 다른 사람의 신체를 경험한다는 의미, 이러한 다른 사람의 자아에 대해서만 신체는 자신의 의식과 연결된 바로 자신의 신체라는 의미다.

그렇다면 문제가 되는 것은 '이렇게 연결시키는 것은 무엇을 뜻하는가?', 즉 '경험하는 순수 자아인 다른 사람에 대한 어떤 자아에 무엇을 뜻하는가?' '이것은 어떻게 다른 사람의 신체인 객관적으로 파악된 신체가 어떤 의식과 연결시키는 것으로 구성되는가?' 또는 '오히려 (우리가 당장 말해야 하듯이) 어떤 실재적인 객관적 영혼의 존재와 영혼-자아에 연결시키는 것으로 구성되는가?'이다. 왜냐하면 경험하는 자인 나에게는 객관적인 다른 사람의 신체가 어떤 단순한 순수 의식(나는 언제든 이것으로 되돌아갈 수 있다)과 연결된 것으로 현존하는 것이 아니기 때문이다. 이것은 경험하는 자인 나에게 사물의 도식 또는 심지어 음영·감각이 대립해 있는 것이 아니라, 사물 더구나 객관적 사물 — 내가 경험의 단계를 형성함에 따라 대상성의 단계로 바로 아프리오리하게 되돌아갈 수 있는 것을 제외하고 — 이 대립해 있는 것과 매우 비슷하다.

우리가 이러한 문제를 제기할 때, 물체[인]신체(Körper-Leib)가 물체신체$_1$, 물체신체$_2$······ 속에 다양체로 구성되듯이, 영혼의 실재적인 것인 물체[인]영혼은 그에 상응하는 다양체인 물체영혼$_1$, 물체영혼$_2$······ 속에 구성된다. 더 나아가 우리는 이때 물체신체$_1$과 물체영혼$_1$, 물체신체$_2$와 물체영혼$_2$······ 등의 결합이 이미 구성된다는 사실을 보게 된다.

그렇다면 나의 물체[인]영혼(Körper-Seele), 예컨대 객관적인 실재적 영혼의 나타남은 도대체 무엇인가? 〔그 답변은〕 이것은, 다른 사람의 신체와 마찬가지로, 그 자체로 이미 구성된 통일체다. 다른 사람의 신체는 — 일정한 방식으로 동기지어진, 동시에 이미 일정한 측면에 관해 기술했듯이, 일정한 방식으로 상황에 관련된 — 규칙적인 일련의 도식을 통해 구성된다. 그렇지만 나의 물체영혼의 경우 그렇게 도식화하는 것이 전혀 문제가 되지 않는다. 그럼에도 이것은 구성적으로 드러나는 통일체. 내가 경험하는 순수 자아(방향이 정해진 물체[인]자아Körper-Ich)로서 나의 방향이 정해지는 공간 속에 하나의 신체(객관적 신체 자체가 아니라 방향이 정해진 물체신체)로서 직관적으로 주어진 나타나는 사물을 파악하면, 어떤 인간, 즉 물체[인]인간(Körper-Mensch)의 구성에서 가장 낮은 파악의 단계는 어떤 의식의 흐름 — 이미 사물의 실재적인 것의 도식과 같은 것이 거의 아닌 실재적인 것 — 을 명백하게 하는 단계다. 이 의식은 순수 의식(또는 완전한 영혼파악과 인간파악에서 객관화하는 단계로 이행하는 가운데 나중에 순수한 것으로 발견될 수 있는 의식)이다.

이 순수 의식은 여기에서 문제로 삼는 낮은 단계 속에 나에게 나타나는 다른 사람의 신체인 방향이 정해진 물체[인]신체와 원본적으로 결합하는데, 이 결합은 그뒤에 실행해야 할 특별한 기술(記述)이 필요하다. 우선 잠정적으로 말하면, 나에게 나타나는 다른 사람의 신체는 신체로서 고유하게 특성지어진다. 그 신체는 감성적 감각, 감성적 느낌과 충동의 담지자, 인식작용의 형식인 작용의 특성과 계속 얽혀 있는 '소재'(Stoff) 모두에 대한 담지자 등으로, 그 결과 의식의 흐름 전체도 그 자체로 사유주체의 특수한 형식의 작용과 순수 자아를 파악하면서 수립된다.

그래서 이러한 결합 속에 들어오는, 나에게 나타나는 물체의 신체인 방향이 정해진 물체[인]신체는 자신의 단계의 실재적 사물로 구성되고, 경험하는 나의 자아인 방향이 정해진 자아, 나의 세계인 방향이 정해진 세계의 나타나는 공간, 즉 방향이 정해진 공간 속의 실재적인 것으로 구성된다. 이 신체사물은 실재적 상황인 방향이 정해진 상황과 관련되고, 따라서 나의 나타남의 세계인 방향이 정해진 세계의 구성원이다. 이제 이 동일한 자아의 경험 속에 방향이 정해진 물체신체와 연결되어 나타나는 다른 사람의 의식(방향이 정해진 물체[인]의식)은 방향이 정해진 세계인 세계 안에서 상황에 규칙적으로 종속되는 방식으로 정확하게 있으며, 이에 따라 방향이 정해진 물체[인]영혼으로서 실재화하는 파악을 경험한다. 그래서 감정이입이 된 다른 사람의 의식이 — 일부는 나타나는 신체에 의해, 일부는 그밖의 환경세계에 의해 — 경험할 수 있고 또 이렇게 경험할 수 있는 가운데 파악된 종속성과 관련해, 나타나는 신체와 일치하는 영혼의 실재적인 것이 나에게 나타난다. 더구나 이것은 감정이입이 된 그리고 될 수 있는 의식 전체 — 이제 이 의식은 그 속에서 영혼 자체가 드러나는 영혼의 '상태'(전체 상태) 또는 영혼의 '태도'(Verhalten)가 지닌 특성을 띤다 — 에 관련된다.

어쨌든 우리는 이것으로 아직 영혼의 객체성(Objektivität), 영혼과 신체가 실재적으로 연결된 객체성, 따라서 완전한 인간을 갖지 못한다. 오히려 이것은 나의 경험하는 순수 자아인 방향이 정해진 자아에 대해 최초의 직관적 경험의 통일체, 즉 '나에 대해 다른 인간', 단순한 '나타남'인 방향이 정해진 영혼(쉽게 오해할 수 있는 표현이지만)이며, 순수하게 경험하는 자아로서 물체[인]자아, 즉 임의의 다른 사람의 자아는 '동일한' 영혼에 대해 하나의 물체[인]영혼을 갖는다.

그러나 이것이 뜻하는 바는 가능한 상호 의사소통에 따라 이렇게 동일하게 확인할 수 있다는 것, 이 동일하게 확인함에 따라 비로소 객관적 신체와 함께 객관적 인간과 객관적으로 일치하는 **객관적 영혼이 구성된다는 것**(그러므로 나의 물체신체나 나의 물체신체와 나의 물체영혼이 결합된 것 그리고 물체신체와 다른 사람의 물체영혼이 결합된 것이 아니라, 그 아래 단계의 지표가 없는 물체신체와 물체영혼이 결합된 것 그리고 물체인간)과는 다른 것이다.

우리는 이러한 사실에 의해, 구성이 일반적으로 문제가 되는 한, 인식작용과 인식대상에 따른 영혼-통각과 인간-통각에 관한 현상학적 구조를 이해하게 된다. 영혼은 음영지어진다는 의미에서 나타나지 않지만, 모든 순수 의식(또는 순수 자아)에서 단순한 (인식대상의) '표상'이 나타나는 가운데 표상된다. 객관적 존재로서 파악된 영혼은 영혼(동일한 영혼이 경험하는 모든 자아는 그러한 표상, 즉 물체[인]영혼을 소유한다)에 관한 이 모든 표상 속에 드러나고 또 상호 의사소통 속에 드러나는 통일체다. 이 통각의 **의미**에는 이러한 표명됨(따라서 증명하는 경험)이 포함되어 있고, 영혼이 그 자체로 또 충전적으로 주어져 있다거나 어떤 체험이나 체험의 흐름과 동일한 방식으로 주어져 있다는 것은 이치에 어긋난다고 요구하려 한다.

그러므로 모든 사람은 어떤 다른 사람이 영혼에 대해 직접 경험하는 것보다 더 자신의 고유한 영혼에 대해 직접 경험하는가? 모든 순수 자아는 자신의 의식, 자신의 순수 의식에 대해 직접——여기서 이 말은 감정이입에 의거하지 않는다는 것을 뜻한다——경험한다. 그러나 자신의 신체파악이 많은 관점에서 이미 다른 사람의 신체파악(신체의 감각에 대한 근원적 포착작용을 통해 장점을 갖더라도)보다 더 불완전하다는 사실과 이것이 다른 사람의 신체를 파악하는 작용에 대한 전제라는 사실을 제외하더라도(마찬가지로 주관적 단계에서 자신의 영혼을 포착하는 것이 어떻게 다른 사람의 영혼을 포착하지 않고도 아주 기초적으로 남아 있다는 사실을 제외하더라도), 그 자신의 영혼의 객체성이 상호 의사소통을 전제한다는 점은 더 분명하다. 그 자신의 영혼은, 객관적 세계 속에 객관적 현존재를 가져야 하듯이, '나타남' '표상' —개별적 자아의 관점에서는 이미 '실재성'이지만, 객관적 실재성, 즉 '실체'는 아닌 — 의 다양체가 구성된 통일체다. 어떻게 부르든, 이것은 단순한 '나타남' 또는 그러한 것이다.

2. 순수 자아의 실재화하는 파악

한 단계 더 나아가서 순수 자아를 경험하는 자아가 아니라 '명백하게 하는' 가운데 나타나고 객체화된 신체에 이해된 자아로 고려해보자. 순수 자아는 감정이입이 된 사유작용(Cogitation)의 주체, 이 사유작용을 통해 의식에 적합하게 그 주체에 대립해 있는 환경세계(Umwelt) —이것은 주변의 사태세계(Sachenwelt)뿐 아니라 가치의 환경세계이고 실천적 환경세계다— 의 주체다. 순수 자아는 동일한 통일체이지만, 그 어떤 의미에서 제시되고 드러나는 통일체가 아니라 바로 사유하는 통일체이며, '그것이 어떻게 이해될 수 있는가'는 오직 또 충전적으로 모든 사유주체(cogito)에서만 이끌어낼 수 있다. 따라서 이 자아는 우리가 알았던 통일체 —이 자아가 이 모든 통일체와 마찬가지로 상호주관적으로 동일하게 확인하고 객체화를 경험할 수 있더라도 영혼적 통일체를 포함해 —모두와 총체적으로 다른 것이다. 다른 사람의 자아를 명백하게 하는 경험 속에 우리는, 그의 순수 의식을 넘어서는 것 모두를 도외시하면서, 명백해진 사유작용 속에 동일한 순수 자아를 포착할 수 있고, 다른 사람 역시 바로 동일한 것을 포착할 수 있으며, 그는 우리와 의사소통할 수 있고, 그래서 우리는 다수의 절대적 모나드*와 이에 속한 순수 자아를 공통으로 밝혀낼 수 있다.

그러나 이 객체화도 자명하게 어떠한 실재화가 아니다. 순수 자아는 객체화에 의해 아무것도 획득하지 않으며, 즉 순수 자아는 객체화에 의해 새로운 실재성에 구성적인 새로운 파악 속에 들어가지 않는다. 다른 한편 이것은 어쨌든 순수 자아가 새로운 파악을 받아들일 수 없고 이 때문에 이러한 파악의 의미에서 예컨대 실재적 자아로 변화할 수 없다는 것을 뜻하지 않는다.

우선 전체 의식의 흐름을 지닌 모든 사유주체──이것은 그 의식의 흐름의 존립요소에 속한다──는 아무튼, 이 흐름이 신체에 종속적인 것으로 파악될 수 있고 신체를 통해 실재적인 것으로 구성되고 정립된 물질적 세계에 종속하는 것으로 파악될 수 있는 한, 실재화하는 파악을 경험한다. 내가 뛰어난 이론적 착상을 떠올리기 위해 커피 한 잔을 마신다면, 그뒤에 일어나는 관련된 이론적 판단작용·추론작용 등은 이러한 신체적 영향을 통해 제한된 것으로 거기에 있다. 이것은 여러 가지 방식으로 모든 사유작용에 적용되며, 이러한 파악의 의미에 따르면서 이 종속성의 범위와 특수화를 규정하는 경험탐구의 소관사항이다. 왜냐하면 이것은 영혼을 '실재성'으로, 특히 신체적으로 종속하는 것으로 파악하는 존립요소 전체에 속하는 그 종속성의 부분일 뿐이기 때문이다. 신체적 종속성에 관해 논의할 것은 자기(自

---

* '모나드'에 관해서는 126쪽의 역주를 참조할 것.

己)심리적* 종속성 ―이 속에서 자아의 작용은 모든 심리적 체험과 마찬가지로 명백히 얽혀 있다―에 관해 논의할 것에 못지않다. 예를 들어 증명하는 것은 '반복'의 경우 '더 쉽게' 진행된다는 점, 새롭게 획득된 통찰은 이에 상응하는 자신의 예전 오류를 말소한다는 점 또는 다시 등장하는 오류를 말소하는 특성 속에 체험하는 경향이 있다는 점, 따라서 그러한 작용은 예전 작용에 종속적이라는 점―이러한 점은 〔이미〕 잘 알려진 사실이다.

그렇지만 이제 사유작용의 순수 주체를 살펴보고 이것이 그 여러 가지 형태의 변화 속에 동일한-통일적인 것이라는 사실을 숙고하면, 우리는 순수 주체가 사유작용과 더불어 바로 사유작용의 동일한 주체로서 필연적으로 그에 상응하는 실재화하는 파악을 반드시 경험한다는 사실을 알게 된다. 거기에서 사유하는 자아는 이제 때에 따라 이러저러하게 사유하는 것이 결코 아니라, ―이 신체에 속하면서 신체에 생기를 불어넣고 신체에 종속적인 ―실재적 상황의 변화와 관련을 맺고 이에 상응하는 방식으로 관계하는 실재적 자아다. 순수 자아는 이제 일정한 파악 속에 들어가 있고, 일정한 파악을 경험하며, 이 파악을 통해 '경험적' 자아가 구성된다.** 이 자아는 이제 더 이상 모든 사유주체에서 이끌어낼 수 있고 이끌어내는 가운데 충전적으로 주

---

* '자기심리적'(idiopsychisch)은 자신의 심리 또는 마음을 대상화해 내성(內省)과 관찰을 통해 탐구하는 전통적 심리학, 특히 영국 경험론의 심리학적 방법을 뜻한다.

** 순수 자아, 즉 정상으로 기능하는 신체와 이성의 통일체로서 의식의 끊임없는 흐름인 선험적 자아는 심층의식이며, 경험적 자아는 그 표층의식이다. 요컨대 경험적 자아와 순수 자아는 별개의 독립된 자아가 아니라, 태도를 변경하면 다르게 드러나는 동일한 자아의 표층과 심층이다. 흔히 경험적 자아는 그대로 존재한다고 파악하지만, 후설은 순수 자아에 의해 구성된다고 파악한다. 이것은 후설의 '구성'이 결코 새로운 것을 '창조하는 것'이 아니라, 이미 있는 것을 드러내 밝히는 '해명하는 것'이라는 사실로 충분히 이해될 수 있다.

어지는 자아가 아니라, 사람들이 [이제야] 비로소 알게 되지만 어쨌든 이러한 앎으로는 끝까지 가지 못하는 자아다. 왜냐하면 우리에게 이러한 앎(바로 이 경험적 자아에 구성적인 파악유형에 대한 경험)을 부여해야 하고 모든 경험(실재적인 것에 관련된)과 마찬가지로 언제나 새로운 상황──이 상황 아래 실재적인 것은 자신이 종속되는 방식으로 바로 그 본질을 가리켜준다──에 관한 무한한 가능성으로 이끌어가는 것은 경험이기 때문이다.

순수 자아는, 어떤 경험하는 인간의 순수 자아로 파악될 때, 이미 일정한 경험관련을 받아들인다. 이것은 자아(방향이 정해진 자아)가 인간, 즉 방향이 정해진 물체[인]인간을 이해하면서 정립할 때, 어떤 영혼, 즉 물체[인]영혼과 이와 더불어 순수 자아, 즉 방향이 정해진 물체[인]자아를 순수 자아에 명백하게 하는 것과 마찬가지다. 그러나 자아의 이 본질 외적인 경험관련에는 방향이 정해진 물체자아가 실재화하고 이 자아 자체를 실재적 상황에 종속적인 것으로 파악하는 경험파악이 대립해 있다. 우선 어떤 실재적인 것을 내 주변세계에 구성하고 상호주관적 연관 속에 들어감으로써 객체화에 접근할 수 있게 하는 모든 실재화와 마찬가지로, 영혼적 자아의 실재화도 그러하다. 그것은 상호주관적으로 경험을 교환하는 가운데 객관적인 실재적 자아가 된다. 그렇다면 누구나 자기 자신을 파악할 수 있다.

나는 나 자신을 더 이상 나의 순수한 사유작용의 순수 자아로 파악하지 않고, 객관적 세계 속에 객관적 영혼을 지닌 객관적 인간으로 파악한다. 그래서 내가 잘 알려진 특성(적어도 나는 이 특성을 알고 있다고 생각한다)을 띠는 객관적인 실재적 자아로도 파악한다. 이 자아에 대해 경험은 이 자아가 자신의 성향·특성소질 등과 어떤 상태에 있는지 증명해야 하며, 모든 자아는 다소 규정되고 완전한 방식으로 자기 자신을 그러한 실재적 속성의 주체로 파악한다. 순수 자아(일정한 사유주체와 사유작용의 연관 속에 있는 순수 자아)로서 나는 나 자신을 경험적으로 파악한다. 즉 나 자신을 다른 모든 사람과 전적으로 마찬가지로 세계 속에 존재하고 바로 이 세계 속에 종속적이며 원인으로 일어난 것으로 고찰한다.

우리는 방금 전에 '객관적 세계 속에'라 했다. 왜냐하면 순수 자아가 경험하는 실재화하는 통각을 통해 순수 자아는 (영혼과 실재적 영혼주체로서) 객관적 공간성과 시간성을 받아들이기 때문이다. 그런데 순수 자아의 경우 이것에 관해 그 자체로 논의하는 것은 전혀 의미가 없을 것이다. 그러나 경험적 자아는 처음부터 객관적 세계의 구성원으로 구성되었다. 경험적 자아는 신체 속에 기초지음을 통해 객관적 세계에 속한다. 왜냐하면 물질적 세계의 구성에 따라 객관적 공간과 객관적 시간이 구성되기 때문이다(이것도 이러한 객체성의 근원적 구성이다). 따라서 신체도 물질로서 객관적 공간-시간의 존재 속에 있다. 그렇다면 '장소화'(Lokalisation)의 형식으로 감각을 객체화하는 본성은 '감각신체', 즉 감각을 지닌 신체를 실재화하는 것과 더불어 감각도 공간세계와 시간세계 속에 확고하게 통합시킨다. 이것은 '장소화(場所化)된 것은 장소성을 제공하는 연장적인 것(Extensives)과 객관적으로 동시에 일어난다'는 원리에 따라 일어났다. 더구나 감각과 특히 심리적인 것이 얽혀 있음으로써 심리적인 것과 영혼의 실재적인 것도 객관적으로 통합된다. 그래서 내재적 시간은 객관적 시간의 드러남(Bekundung)이 되고, 내재적 '동시에 일어남'은 객관적 '동시에 일어남'의 드러남이 된다.*

---

* 후설은 1904~1905년 괴팅겐 대학 강의 「현상학과 인식론의 주요문제」에서 순수한 감각의 자료가 시간적으로 구성되는 과정과, 이와 같은 구성의 기초인 현상학적 시간이 구성되는 내적 시간의식의 지향성을 상세히 분석했다(이 초고는 1928년에야 하이데거가 편집해 『철학과 현상학적 탐구 연보』 제9권에 『내적 시

그러므로 실재성의 세계는 우선 실재성의 형식 일반인 객관적 시간형식에 따라 포괄된 유일무이한 세계가 된다. 그러나 '어떻게 심리적인 것의 객관적 시간성(Zeitlichkeit)이 도대체 신체와 관련해 다르게 증명될 수 있는지' 결코 간과할 수 없다. 모든 심리적 과정은 물론 자신의 내재적 시간을 지니며, 마찬가지로 심리적 자아도 나름의 방식으로 내재적 시간을 지닌다. 당연히 내재적 시간 속에도 '동시에 일어남'(Zugleich)과 '잇달아 일어남'(Nacheinander)의 의식이 존재한다. 그러나 객관적 시간성은 상호주관적으로 포착될 수 있고 규정될 수 있으며, 여기에서 그러한 객관적 시간성은 심리적인 것뿐 아니라 모든 것에 관해 상호 의사소통(Wechselverständigung)이라는 유일하게 가능한 매개를 통해, 즉 신체성(Leiblichkeit)을 통해서만 포착되고 규정된다는 사실은 아프리오리하게 분명하다. 오직 내가 보인 신체를 하나의 '지금'(Jetzt)으로 간주하고 신체에 명백하게 된 것을 신체와 동시에 일어난 것으로 간주한다는 사실을 통해서만 나는 다른 사람의 의식과 나의 의식이 ─거꾸로도 마찬가지다─ 동시에 일어남과 시간질서도 파악한다. 실로 상호주관적으로 포착할 수 있는 주기적 과정과 상호주관적으로 이 과정에 관련지을 수 있는 공간측정으로 환원하는 물리적 자연 속에 실행할 수 있는 모든 시간규정도 바로 언급된 관련에 근거해 그 시간에 따라 심리적인 것을 규정하는데 이바지할 수 있다.

간의식』으로 출간되었다). 후설의 이러한 분석에 따르면, 객관적 시간과 이 속에 시간적-개체적으로 존재하는 객체는 근원적 감각질료인 주관적 시간의식의 끊임없는 흐름 속에 구성된 것이다.

3. 자연과학적 태도와 정신과학적 태도를 필연적으로 구분하는
   첫 번째 시사*

우리가 논의한 순수 자아를 경험적 자아로 파악할 수 있는 본질적 가능성도 유비시키는 예에서 분명해질 것이다. 순수하게 그 자체로 고찰된 어떤 음(音)은 그 국면의 시간적 연속인 자신의 지속 속에 통일체를 갖는데, 이것은 가령 그 성질에서 변화되지 않고 그 강도나 음색에서 변하기 쉬운 동일한 음이다. 그러나 이제 나는 음을 그 바이올린에서 들려오는 음으로 파악한다. 이 음은 그 바이올린이 더 강하게 연주될 때 강해지고, 더 약하게 연주될 때 약해지면서 바이올린이 가까워지거나 멀어짐에 따라, 또 바이올린에 약음기(弱音器)를 부착하거나 떼냄에 따라 변한다. 이제 음의 통일체는 '실재적' 상황에 종속되어 파악되고, 그 자체로 실재적인 것, 즉 자신의 실재적 속성을 띠며 자신의 변화하는 '상태' 속에 드러나는 (실재성에 관한 우리의 개념에 따라) 실재적 음이다. 그 음의 동일한 것은 그 자체에서 상황과 관련해 종속적인 동일한 것이 되고 실재화된다. 이것은 도식과 도식적 다양체의 경우 전적으로 마찬가지이고, 순수 자아의 경우도 비슷하다.

그렇지만 물론 이때 본질적 차이가 현저하게 부각된다. 순수 자아는 이 국면 속에 때로는 변화될 수 있고 때로는 변화되지 않을 수 있는 국면의 연속성이 지닌 통일체와는 총체적으로 다른 의미의 통일체다. 실로 어떤 사유주체의 연속적인 시간적 통일체는 총체적으로 다른 특성을 띤다. 왜냐하면 이 통일체에는 거기에서 변화되거나 변

---

* 『이념들』 제2권과 제3권(이 책)의 편집자 비멜의 주석에 따르면, 이 항의 시작 부분은 『이념들』 제2권 제2장 34항에 포함된 것이지만, 제2권에서는 빠졌다. 아마 다소 중복되는 내용 때문에 비멜이 이렇게 편집한 것으로 보인다.

화되지 않을 수 있을 동일한 것이 전혀 없고, 단지 사유주체 속에 현상(Phänomen)으로서 동일한 것이기 때문이다. 더구나 사유주체인 순수 자아의 통일체는 사유주체와는 총체적으로 다르게 시간적으로 존재한다. 본래 순수 자아는 연장되지도 않고 지속되지도 않는다. 순수 자아는 사유주체에 대해 구분할 수 없고 연장될 수도 없는 하나이며, 이것은 다른 모든 사유주체에서도 동일하다. 그러나 이 모든 작용의 동일한 주체로서 순수 자아는 어쨌든 음의 통일체와 비슷하게 실재화되고, 자신의 방식으로 실재화된다. 그래서 순수 의식도 영혼으로서 실재화된 의식 속에 들어가고, 영혼의 상태의 경험적-실재적 특성을 받아들인다.

그러므로 우리는 이 모든 것에 따라 실재적 영혼의 주체로부터 실재적 영혼을 구별한다. 신체는 실재적 영혼의 상태성의 흐름인 영혼 삶의 담지자이며, 이러한 흐름 속에 자아주체는 실재적 상황(경험은 이 상황을 그때그때 명백히 밝혀야 한다)과 끊임없이 관련해 영혼의 근거 속에 놓여 있고 이 근거로부터 부각된 자신의 — 하지만 자립적이지는 않은 ― 실재적 통일체로서 지배한다. 영혼은 기초근거로서 없을 수 없지만, 실재적 주체는 영혼이 없을 수 있다. 왜냐하면 영혼은 그때 더 낮은 단계의 영혼이고, '주체 없는 영혼'(subjektlose Seele)이기 때문이다. 영혼은, 어떠한 실재적인 영혼적 자아주체도 영혼에 속하지 않는 한, '주체 없는' 것이기 때문이다.

그런데 객관적 세계에는 영혼을 그 무감각상태에서 일깨우고 영혼에 '나는 생각한다'(Ich denke)의 빛[능력]을 밝혀줄 수 있을 인과적 상황과 전혀 관련없다. 그러나 인간은, 그에게 실재적 상황이 '나는 생각한다'는 종류의 어떠한 상태도 실재적 결과로 갖지 못한 시기가 있더라도, 영혼적 주체를 갖는다. 그때 실재적 자아는 잠을 자고 있는 것이다. 즉 세계에는 실재적 가능성이 있지만, 이것은 '일깨워짐'을 위해 〔아직〕 실재화되지 않은 가능성이다. 이와 관련해 인간은, 바로 그때 '나는 생각한다'를 전혀 실행하지 않더라도, '나는 생각한다'의 소질이 있는 것으로 파악된다. 그리고 경험적 근거가 가능한 작용의 진행을 더 높은 통일체, 즉 자아의 개별성이 드러나는 방식으로 상황에 관련지을 파악에 제시하는 한, 그 인간이 잠을 자고 있을 때라도 그러한 특성을 지닌다.

영혼적 주체는, 그 기초인 영혼으로부터 추상적으로 구별할 수 있더라도, 영혼과 하나가 되어 일상적으로 정신을 파악하는 가운데 융합된다.(맨 나중에 말한 것으로 이미 분명해지듯이, 신체에 대립해 인간의 정신적 자아를 말할 때, 우리는 자아 전체를 그 영혼의 기초 속에 또 이 기초에 따라 분리한다. 왜냐하면 신체를 〔영혼과〕 함께 포착하면, 전체 인간, 즉 나의 인간 신체가 속한 자아·인간을 갖기 때문이다.)

4. 영혼과 신체가 결부됨

신체와 영혼을 그 실재적 관련 속에 서로에 대해 고찰하면, 자연 속에 물질적 사물뿐 아니라 신체 그리고 신체와 함께 영혼을 통합하면서 자연의 토대 위에 서면, 신체와 영혼은 연결된 것으로 나타난다. 그러나 이 연결은 단지 일정한 측면에서 우연적인 것이다. 영혼적 실재성은 신체적 물질 속에 기초지어져 있지만, 거꾸로 신체적 물질은 영혼 속에 기초지어져 있지 않다. 더 일반적으로 말하면, 물질적 세계는 '자연'이라는 전체 객관적 세계 안에 있다. 이것은 다른 실재성의 지원이 전혀 필요없는 그 자체로 완결된 독자적 세계다.

한편 정신적 실재성이 존재함(Existenz), 실재적 정신세계가 존재함은 1차적 의미인 물질적 자연의 의미 속에 자연이 존재함과 결합되고, 이것은 우연적이 아니라 원리적 근거에 입각한다. 연장실체(res extensa)의 본질을 심문하면, 연장실체는 정신성(Geistigkeit)을 전혀 포함하지 않고 자신을 넘어서 실재적 정신성과의 연결을 결코 요구하지 않는 반면, 우리는 그 반대로 실재적 정신성은 본질적으로 신체의 실재적 정신인 물질성에 연결시켜야만 존재할 수 있다는 사실을 알게 된다. 이때 '신체'라는 단어는, '영혼'이라는 2차적 실재성과 더불어 또는 심지어 의식의 흐름의 의식현상과 더불어 — 임의로 — 기능적 종속성이 얽혀 있는 단순히 일반적인 물질적 사물을 뜻하지 않는다. 의식(영혼의 실재적인 것이 여기에 속하든 속하지 않든), 예컨대 어떤 기관차와 관련될 나의 의식을 상상해볼 때, 그 기관차에 물이 공급되면, 이 의식은 우리가 포식(飽食)이라 부른 즐거운 감정을 느낄 것이다. 왜냐하면 그 기관차가 가열되면, 열 감각 등을 느낄 것이기 때문이다. 명백히 이러한 관련의 존립요소를 위해 그 기관차는 이러한 의식에 '신체'가 되지 않을 것이다. 그 기관차가 내가 지금 나의 신체라는 사물 대신 내 순수 의식의 장(場)인 나의 의식 속에 있다면, 나는 그 기관차를 가령 신체로도 간주할 수 없을 것이다. 왜냐하면 그 기관차는 결코 신체가 아닐 것이기 때문이다.

a) 감각이 장소화되는 장(場)인 신체

왜 그런가 묻는다면, 우리는 '신체' 그 자체가 일반적으로 신체가 물질적 자연 속에 겪는 일정한 실재적 영향은 나의 의식 속에 의식의 결과를 초래한다는 사실뿐 아니라, '의식의 소재'라는 명칭 아래 의식의 영역에 속하는 거대한 부류의 내용에서 현저한 부분이 물질적 신체와 긴밀하게 하나가 되어 직관적으로 주어지는 가운데 결합과 〔동시에〕바로 통일성도 보여준다는 사실을 통해 일정한 방식으로 부각된다는 점에 주목하게 된다. 그러므로 '신체'라는 것은 이미 물질적 사물 이상이며, 이미 '영혼적인 것'에 속한 층을 지닌다. 이 층은 우리가 단순히 관련짓는 숙고로 바로 그것에 관련지은 것이 아니라, 처음부터—그래서 직관적으로—신체 자체의 전체에 속하는 통각의 층으로 거기에 있다.

따라서 우리는 단순한 물질적 신체를 얻기 위해 먼저 그 층을 도외시해야 한다. 신체는 종종 감각의 담지자이며 항상 새롭게 '자극에 민감하다'고 한다. 신체는 감각, 촉각감각과 운동감각의 감각과 같은 여러 가지 감각을 지닌다. 왜냐하면 온도·냄새·맛의 감각은 신체 위에 또 신체 속에 '장소화되고', 신체 위에 또 신체 속에 놓여 있는 존재층을 형성하기 때문이다. 이러한 방식으로 장소화되지 않은 다른 모든 감각은 간접적으로, 하지만 우연적이지 않게 파악을 획득한다. 이 파악에 따라 그 감각은 신체와 신체의 다른 '감각기관'과 관련되고, 이 파악은 다른 곳에서 장소화된 감각을 전제하며, 따라서 이와 마찬가지로 앞에서 든 예의 그 종속적 감각이 기관차에 속하는 것과는 본질적으로 다른 방식으로 신체에 '속한다'. 신체가 어떤 감각그룹의 장소화가 되는 장으로서 지닌 특징은 아래에서 계속 더 자세하게 밝힐 더 이상의 특징에 대한 전제다.

먼저 장소화의 특수성은, 매우 중요하기 때문에, 더 자세하게 기술해야 한다. 따라서 일정한 그룹의 '감각'(이 명칭 아래 순수 의식의 관점에서 논의하면, '소재'의 특성과 기능을 지닌 모든 의식의 내용을 포함할 수 있다)은 경험하는 신체 안에 또는 위에 자리하는 것으로, 신체를 넘어 확산되고, 신체에서 이 확산된 것 속에 존재하는 것으로, 요컨대 장소화된 것으로 직접 경험직관 속에 주어진다. 이와 관련해 때때로 '신체의 감각'(Leibesempfindung)이라 하는 이 표현은 모든 감각 일반이 신체에 관련된 것으로 경험되고 따라서 '신체의 감각'으로 부를 수 있기 때문에, 적절하지 않다. 우리는 앞에서 시사한 신체 위에 또는 신체 속에 '장소화'되는 감각그룹을 특징짓기 위해 '감각됨'

(Empfindnisse)*에 관해 논의할 것이다.

신체가 단적인 경험의 직관에서 (따라서 사물세계와 신체가 객관적 '자연'의 구성원으로 구성되는 궁극적 객체화의 단계 이전에 벌써) 단순한 물질적 사물과 본질적으로 다른 것은 이 감각됨에 힘입고 있다. 사실 한편으로 경험적 지식과 학문적 이론화가 여기에서 거둘 수 있을 모든 것을, 다른 한편으로 경험적 직관의 상호주관적 관련에서 도움받을 수 있을 모든 것을 배제하면, 신체는 감각됨에 의해 덮히거나 충족된 감각하는 사물로서 우리에게 대립해 있다. 한편으로 신체는 물리적 사물이다……** 그러한 사건(감각됨)이 단순한 물질적 사물에는 없다. 어떤 신체마디가 다른 신체마디와 접촉하게 되는 곳에서 감각됨은 두 배가 된다. 예를 들어 차갑고 매끈한 손가락 끝이 따뜻하고 다소 거칠한 손등과 접촉한다. 나는 이것을 경험하고, 다른 측면에서 손등의 감각됨인 차가움의 감각과 매끈함의 감각이 유출되는 것을 경험하며, 손가락〔끝〕의 감각됨인 따뜻함의 감각과 거칠음의 감각이 유출되는 것을 경험한다. 명백히 이에 상응하면서 명명된 물질적 사건과 감각됨은 어디에서나 본질적으로 다른 것이다. 손가락〔끝〕의 변함없는 매끈함은 손가락〔끝〕에 의해 만져진 손바닥〔손등〕의 매끈함을 감각하는 것이 유출된 것이 아니다.

모든 감각이 감각됨의 이러한 특성, 즉 신체적 장소화를 지닐 수 없고 결코 받아들일 수 없다는 사실은 분명하다. 색깔의 감각과 음의 감각(현상학적으로는 감각됨과 매우 유사하지만)에는 이러한 장소화가 없다. 보인 사물의 색깔에는, 만져진 사물의 거칠음에서와는 다르게, 색깔의 감각됨이 상응하지 않는다. 왜냐하면 손가락이 촉각감각

---

* 이 용어에 관해서는 34쪽의 역주를 참조할 것.
** '……' 이하는 『이념들』 제2권 제2장 36항의 일부(145쪽 27줄~146쪽 15줄)와 중복되기 때문에 여기에서는 뺐다.

이 장소화되는 장인 것처럼 눈이 시각감각이 장소화되는 장이 아닌한, '눈으로 봄'은 '손으로 만짐'과 본질적으로 구별되기 때문이다. 눈도 장소화의 장이지만, 단지 접촉감각에 대해서만⋯⋯.* 어쨌든 감각됨은 사라지지 않는다. 감각됨이 그것 위에 장소화되어 직관된 실재적인 것만 존재에서 사라진다. 물론 감각됨은 장소화된 것으로 주어지지 않은 색깔의 감각이나 그밖의 감각과 공통으로 이러한 사실을 갖지만, 아무튼 그렇기 때문에 장소화가 주어진 곳에서 감각됨은 연장(Extension)일 뿐이라는 사실을 말하는 것이 〔이러한 분석을 이해하는 데〕 도움이 된다.

b) 의지의 기관인 신체

지금까지는 폐쇄된 그룹의 감각됨에서 그 예를 들어왔다. 이것은 일정한 적확한 의미에서 철저히 거대한 감각그룹에 속하며, 그것이 물질적 사물세계의 현상학적 구성에서 구성하는 '소재'의 역할을 한다는 사실로 특성지어진다. 다른 종류의 의식소재도 감각됨을 통해 대변된다는 사실은 이후에 논의할 것이다. 먼저 위에서 지시한 부류에 여전히 제한시켜 이 감각됨의 의미를 연구하자. 그렇게 하기 위해 감각됨이 유출되는 방식에 속하는 운동감각의 감각의 특징에 대한 논의를 미리 말해둔다.

직관에서 출발하자. 신체는 감각하는 신체이며 운동의 기관(器官)이다. 신체 속에 영혼이나 영혼적 주체는 감각하고, 신체 속에 주체는 움직이며, 그러한 움직임을 통해 작업수행('나는 나 자신을 움직인다' '나는 어떤 것을 움직인다')은 물질적 세계 속에 이루어진다. 따

---

* '⋯⋯' 이하는 『이념들』 제2권 제2장 37항의 일부(148쪽 23줄~150쪽 19줄)와 중복되기 때문에 여기에서는 뺐다.

라서 물질적 행위로서 '신체'라는 물질적 사물의 운동인 기계적 운동과 신체주체의 행동, 즉 영혼이 행위하는 자발적 운동을 구별해야 한다. 여기에서 운동감각의 감각에 일정한 특성이, 그 감각에 순수하게 주목하면, 뚜렷이 나타난다. 결국 운동감각의 감각은 지속적으로 경과하면서 다음과 같은 이중 특성을 띨 수 있다. 즉 이 감각의 경과는 '자발적'이며 '자유로운' 진행으로 특성지어지든지, '행한 것'(Getanes) 대신 '처리된 것'(Angetanes)으로서 자발성에 전혀 관여하지 않는 수동적 진행으로 특성지어진다.*

이러한 방식으로 신체는 자의적 운동의 기관이며, 일련의 운동감각의 감각과 이에 속한 나타나는 신체마디의 운동이 존재하는 만큼의 여러 가지 자의적 운동의 기관이다. 이러한 사실은 그 논의가 당연하다고 생각되는 방식으로 다음과 같이 전이되는 것을 정초한다.

요컨대 주체는 이제 물질적인 신체의 외적 세계에서, 즉 그 신체마디의 자유로운 운동에 의해, 동시에 능동적이 된다. 예를 들면 나는 어떤 사물을 밀어젖히고, 내 손으로 저울의 추를 들어올린다. 따라서 오직 신체만 장소화된 감각됨의 층을 지니며, 그 가운데는 운동감각의 감각됨도 있다. 이것은 자유롭게 의욕하는 주체에 의해 움직일 수 있는 유일한 직접적 객체다. 그런데 단순한 물질적 사물은 오직 기계적으로만 움직이며, 그밖에는 신체에 의해 단지 간접적으로만 자발적으로 움직인다. 우리는 여기에서 신체파악 전체에는 ― 오직 그 진행을 통해서만 신체가 나의 자유(Freiheit)에 의해 움직이는 것으로 나타날 수 있는 한 ― 운동감각의 진행하는 자발성이 본질적 역할을 한다는 사실을 알게 된다.**

---

* 이 다음 부분은 『이념들』 제2권 제2장 41항의 일부(159쪽 33줄~160쪽 9줄)와 중복되기 때문에 여기에서는 뺐다.

** 이 다음 부분 'c) 지각의 기관과 방향이 정해지는 중심인 신체'는 『이념들』 제2

f) 다른 감각과 비교해 운동감각의 구성적 역할 그리고
  신체의 구성과 사물의 구성의 관련

신체가 주어져 있음이 물질적 사물이 주어져 있음과 본질적으로 얽혀 있는 가운데 신체가 주어져 있음의 구성을 잘 이해하기 위해 어쨌든 여전히 더 깊이 파고들어가야 한다. 우리가 신체의 구성에 대해 부여한 해명의 출발〔점〕은 그 부각된 감각됨의 신체 층에 관련되었다. 이 감각됨은, 촉각감각처럼, 자신의 고유한 내용이 단계지어지는 가운데 연장되어 나타나는 감각하는 표면인 장소의 체계에 의해 '합치'될 수 있으며, 파악되는 가운데 이 '합치시킴'은 감각됨의 본질 속에 있는 가능성, 즉 감각됨을 가능한 일련의 지각 속에 삽입한다는 것을 뜻한다. 이 일련의 지각 속에 어떤 대상은 자극을 주며 접촉하면서 피부표면 위로 움직이거나 그 대상이 상대적으로 손에 정지하지만 손의 피부표면은 그 대상을 넘어 더듬으면서 움직임의 자유로운 작용 속에 움직인다. 이 자유로운 작용은 본질 외적인 것이 아니라, 오직 그것에 의해서만 사물대상 일반이 구성될 수 있는 철저히 필수적인 역할을 한다.

우리는 신체의 경우 신체가 사물로서 거기에 있다는 것을 이미 전제했다. 왜냐하면 신체는 오직 신체를 넘어서만 가능한 자유롭게 그 대상을 충분히 만짐, 충분히 봄 등을 통해서만 경험 속에 우리에게 있는 사물이다. 이러한 충분히 만짐, 충분히 봄 등은 자신의 측면에서는 아무튼 신체활동으로 파악되며, 이때 사물로서 신체를 파악하는 것은 다시 가능한 신체의 운동을 소급해 지시하기 때문에 당장 곤경에 처할 듯하다(또한 사물을 구성하는 것과 신체적으로 장소화된 것

권 제1장 18항(56쪽 8줄~57쪽 6줄)에 사용되고, 이 책의 d)와 e)는 제2권 제2장 39항부터 41항까지의 내용과 중복되기 때문에 여기에서는 빼고 a)와 b)에 이어 f)부터 시작한다.

의 이중 기능을 지닌 촉각감각이 사물을 구성하지만, 장소화되지 않은 감각보다 우선권을 이해하는 데 어려움이 생긴다).

어쨌든 이 모든 것은 구성적 기능이 있으며, 이 기능은 반드시 이 해될 수 있어야 한다. 여기에서 나는 단지 몇 가지 시사만 제시할 수 있고, 운동감각의 감각이 경과하는 데 고유한 특별한 특징에서 출발하며, 나중에 살펴보게 되듯이, 사물의 구성에 대해 아주 비상한 역할을 하게끔 이 경과를 미리 정하는 특별한 특징에서 출발한다.

운동감각이 경과하는 것는 이중 특성으로 의식 속에 등장한다. 그 진행은 '자발적'이고 '자유롭거나' '행한 것' 대신 '처리된 것'으로, 자발성(Spontaneität)에 전혀 관여하지 않는 수동적 진행으로 특성지어진다. 신체의 파악에서 물리적 사물로서 신체의 단순한 기계적 운동인 수동적 운동과 '나는 손 운동을 실행한다' '나는 발을 들어올린다' 등의 양상으로 특성지어진 자유로운 신체의 운동을 구별하는 것은 이러한 이중 특성에 따라 제한된다. 이 대상적 파악 속에 신체인 대상과 대상적 신체의 운동이 능동성(Aktivität)과 수동성(Passivität) 의 특성을 취하면,* 아무튼 그것이 진행하는 방식에 관해 신체는 우선적으로 이미 일련의 운동감각인 것을 자신의 것으로 소유한다는 사실을 추상적으로 포착할 수 있다.

그런데 당장은 이러한 특성 이외에 어떤 것도 사용하지 말고, 운동 감각인 것이 그 속에 들어가는 신체의 파악에 관한 어떤 것도 사용하지 말며, 또 신체마디에서 운동감각인 것이 겪는 모호한 장소화와 신체 일반에 관한 어떤 것도 사용하지 말자. 오히려 운동감각의 경과가 더구나 그 자발성에 따라 연장적 사물성의 모든 구성에 역할을 하는

---

* 이처럼 후설의 '수동성'과 '능동성'은, 칸트의 '감성'과 '오성'의 역할처럼, "고 정된 것이 아니라, 지향적 현상을 기술하는 방편으로서 단지 상대적 의미가 있 다"(『경험과 판단』, 119쪽을 참조할 것).

주목할 만한 기능에 유의하자. 일반적으로 다음과 같은 것(이것은 일정한 다른 연관 속에 전달되어야 할 깊이 파고드는 현상학적 분석이 반드시 증명해야 할 것이다)을 진술할 수 있다. 즉 공간사물성에 대한 모든 구성의 경우 반드시 다르게 구성하는 기능을 지닌 두 가지 감각이 관여된다……*

더 나아가 여기에서 문제는 '운동감각의 감각 자체가 대상화하는 파악을 겪는지, 이 감각이 앞에서 진술한 신체 속에 장소화하는 통합을 겪을 수 있거나 겪었는지'가 아니라는 사실에 주목해야 한다. 내가 지각하면서 '책상'이 나에게 주어지게 할 때, 확실히 내 눈은 움직이고, 만지는 내 손은 움직인다. 그러나 책상을 경험하는 데 바친 눈운동은 이러한 파악 속에 경험된 것으로 작용하지 않는다. 우리는 눈운동에 주의를 기울일 수 있고, 이 운동을 그러한 것으로 통각할 수 있다. 그렇지만 이것에 의해 우리는 경험을 파악하게 이끈다. 이것의 증명 자체는 신체의 운동에 따라, 가령 눈을 만지는 손 운동에 따라 일어남에 틀림없을 것이다. 일련의 동기부여된 책상을 파악함과 이 속에 함축된 소재의 질서――이 질서에 의해 색깔·거칠거칠함 등이 제시된다――와 그 동기부여의 관련 속에 오직 운동감각의 감각의 자유로운 진행만 근원적으로 구성적이다. 여기에서 동기부여에 관한 논의가 운동감각의 감각에서도 '파악함'과 같은 것을 뜻한다면, 그 파악함은 이러한 태도에 의해 사물대상이 그 속에 '나타나는' 동기부여된 것의 측면에서 파악함과 총체적으로 다른 것이다.

이제 신체의 구성에 대한 그 의미에서 촉각감각과 시각감각을 비교하면, 이것들이 아주 다른 구성적 질서에 속하며 결코 동일한 역할

---

* 이 다음 원문은 『이념들』 제2권 제1장 18항의 a), 즉 57쪽 10줄~58쪽 29줄과 중복되기 때문에 여기에서는 뺐다.

을 하지 않는다는 사실을 알아차리게 된다.* 즉 단순히 눈만 지닌 주체(이것은 명증하게 만들 수 있는 이념이다)는 나타나는 어떤 신체도 가질 수 없는데, 그렇지만 단순히 촉각만 지닌 주체는 우리 인간에 의해 충족되는 조건 아래에서만 이해된다. 단순히 눈만 지닌 주체는 운동감각의 동기부여(따라서 그 주체는 이것을 신체적으로 파악할 수 없을 것이다)의 활동 속에 그 사물의 나타남을 가질 것이며, 실재적 사물(물론 신체에 대한 경험이 없기 때문에 상호주관적으로 실행할 수 있는 객체화에 접근할 수 없을 감각의 사물만)을 볼 것이다. 사람들은 보는 자〔주체〕만 자신의 신체를 본다고 말하지 않을 것이다. 왜냐하면 어떤 임의의 사물에 대립해 보인 이 신체에는 특수한 특징이 없을 것이며, 심지어 운동감각이 경과하는 자유와 제휴해가는 이 '신체'의 자유로운 운동도 그것을 신체로 만들지 못하고, 어떠한 장소화도 이루어내지 못할 것이기 때문이다. 왜냐하면 이 경우 그것은 마치 운동감각인 것 속에 이러한 자유와 일치된 자아가 어떤 임의의 다른 사물〔신체〕을 직접 자유롭게 움직일 수 있다는 것처럼만 그렇게 될 것이기 때문이다.

여기에 없는 것은 시각적 내용을 시각적 신체 위에 장소화하는 가능성, 눈을 눈에 의해 보인 사물로서 이른바 더듬으면서 보는 가능성, 이와 상관적으로 우리가 실제로 만지는 기관, 예를 들어 손바닥으로 대상을 쓰다듬고 또 대상으로 손바닥을 쓰다듬을 수 있는 잘 알려진 방식으로, 정지해 있는 눈을 넘어서 보인 사물을 지속적으로 '접촉하면서'(시각으로 접촉하면서!) 훑어보는 것으로 보인 사물을 볼 수 있는 가능성이다.**

---

* 이 아래부터 이 문단 끝까지의 문장은 『이념들』 제2권 제2장 37항(150쪽 25~36줄)에 거의 그대로 사용된다.

** 앞의 문장은 『이념들』 제2권 제2장 37항(148쪽 1~8줄)에 그대로 사용된다.

그러므로 만지는 작용은 항상 이중적인 것을 제공한다. 즉 한편으로 만지는 작용은 대상을 만지고, 일련의 촉각감각은 운동감각의 감각과의 그 동기부여의 관련 속에 일정한 공간적 연장 속에 있는 대상이 거칠함 또는 매끈함으로 파악함을 경험할 수 있다. 다른 한편으로 만지는 손은 예를 들면 손을 보는 가운데 또는 어느 손으로 다른 손을 만지는 가운데 현실적으로 나타난다. 이 경우 **동일한** 촉각감각은 새로운 통각 속에 통합된다. 만약 손의 지각이 결코 현실적이 아니라면, 그것은 바로 희미한 지각, 즉 우리가 그 속에 놓여 있는 증명하는 현실적 경험으로 이행할 가능성에 관해 그 지각을 심문한다면, 그러한 일련의 지각으로 우리를 이끈다.

일반적으로 확신하듯이, 최초의 장소화는 단지 촉각감각과 이것과 평행해가는 감각 ─ 자신의 연장(延長)을 지니고 자극된 신체표면을 따라가는 온도감각, 맛감각과 (매우 불완전한) 냄새감각 ─ 에만 이른다. 이것은 동시에 사물을 구성하고 신체를 구성하면서 기능하며, 신체를 구성하는 관점에서 신체를 사물로 또 장소화의 장(場), 감각됨의 담지자로 구성하면서 기능한다. 사물의 구성에는 파악이 얽혀 있음으로써 다른 모든 감각이 관여하고, 이것은 신체의 구성에 최초로 기여할 수 없다. 운동감각의 감각 ─ 이것이 어디에서나 동기부여하는 것으로 기능하고 바로 이렇기 때문에 동기부여된 것 속에 기능하지 않는 상황을 손상시키지 않고 ─ 은 동기부여하는 기능 이외에도 동시에 장소화의 2차적 기능을 받아들일 수 있다.

이것은 최초로 장소화된 감각, 특히 촉각감각이 얽혀 있음을 통해 일어난다. 그러나 여기에는 열감각과 촉각감각 사이에서처럼 정확하게 단계지어진 어떠한 평행성도 지배하지 않기 때문에, 운동감각의 감각은 나타나는 연장을 통해 단계지어 확장되지 않는다. 이것은 거의 규정되지 않은 장소화를 겪을 뿐이다. 어쨌든 이렇기 때문에 무의미하지는 않다. 왜냐하면 그것은 신체와 자유롭게 움직일 수 있는 사물 사이의 통일성을 더 밀접하게 만들기 때문이다.*

그러나 이제 계속해 공간적으로 사물의 징표를 구성하는 것에 음영의 방식으로 구성적인 모든 감각 —이것은 장소화(단지 2차적 장소화이지만)될 수 없다— 은 신체에 규정된 관련을 획득한다. 시각감각, 예를 들어 머릿속에서 눈과의 관련은 만지는 작용을 통해 신체의 움직일 수 있는 마디로 구성된다. 눈은 보는(Sehen) 가운데(눈 운동의 자유로운 작용 속에) 보인 것을 '향해' 있고, 이것에 스스로를 조절하면서 적응시킨다. 모든 지각작용, 모든 경험작용 속에 신체는 자신의 감각기관과 더불어 거기에 함께 있고, 모든 경험된 사물은 경험 속에 신체적인 것과 관련된다. 즉 우리가 몇 가지 시사를 통해 기술한 가장 기초적인 경험의 층과 관련해 이미 그때 사물의 구성과 신체의 구성을 전제하기 때문에 전체로 더 어렵지 않은 다른 층이 합류한다.

특히 여기에서는 신체가 방향이 정해지는 중심을 내포한다는 신체의 중요한 특징, 신체는 언제나 나타나는 것이고 모든 감각의 소재가 장소화되는 장으로 특징지어진 객체이며 이러한 특별한 방식으로 모든 것에서 그 곁에 함께 있는 상황과 연결된 신체의 중요한 특징을 더 자세히 논의하지 않을 것이다.

영혼의 주체와 얽혀 있더라도 신체는 주변에 둘러싸인 다른 모든 객체에 '대립하는' 주체적 객체(subjektives Objekt)다. 더구나 신체는 사물의 실제성에 관한 모든 경험뿐 아니라, 우선 직관적으로 포착된 가치와 의지의 세계에 관해서도 '거기에 함께' 있다. 모든 감성적 느낌과 충동의 감각이 얽혀 있음에 따라, 모든 감성적 느낌은, 앞에서

---

* 이 문단은 『이념들』제2권 제2장 37항(151쪽 7~16줄)에 그대로 사용된다.

말했듯이, 신체적으로 장소화된다. 그러한 감각이 지원해 새로운 종류의 객체성이 구성되면, 우연히 나타나는 자연의 객체가 직관적으로 주어진 가치나 실천의 술어(예를 들어 예술작품·생활용품으로 직접 현존하는 객체로서)의 새로운 층을 받아들이면, 이것은 이것을 특징짓는 새로운 존재의 층에서도 신체성에 관련된다. 여기에 이제 신체가 모든 행동의 중심, 더구나 주체의 모든 직접 직관적 행동의 중심으로 취하는 부각된 태도가 이어진다. 세계 속에 〔일어나는〕 모든 영향을 미치는 경우 신체는 직접 자유롭게 활동하며, 세계의 다른 객체와 관련해 근원적 의미에서 모든 '영향을 미치는' 중심이다.

그러나 이론적 경험이 단순히 주어져 있음에 여전히 제한하면, 모든 가치와 모든 실천적 객체성을 배제하면, 우리가 고찰한 가장 중요한 성과는 '자연'과 신체가 자연이 신체에 얽혀 있고 영혼이 서로 상호 관련되는 가운데 서로 함께 하나로 구성된다는 사실이다.

5. 독아론적 경험과 상호주관적 경험

물질적 사물과 신체의 관계 그리고 경험 속에 그 구성에 관한 우리의 연구는 어느 정도까지 경험하는 개별적 주체에 대한 경험이라 부른 낮은 단계 경험의 테두리 속에 유지되었다. 왜 단지 '어느 정도까지'인지는, 어떤 개별적 주체에 관해 이야기하자마자, 가령 개별적 신체와 개별적 영혼을 지닌 개별적 인간으로 우리를 나타내자마자, 우리는 실제적이거나 가능한 다수에 대립된 개별자로서 그리고 이때 많은 사람에 의해 경험될 수 있고 그 경험 속에 동일한 하나의 객체로서 우리 자신을 이미 객체로 파악했다. 이러한 객체성 속에 우리는 경험된 모든 것 ─사물·신체·영혼 또는 영혼적 주체, 인간, 동물까지─ 을 포착하며, 이 모든 것은 하나의 객관적 공간-시간 세계에 통합된다.

그러므로 이 객체성에 관련된 구성요소는 모든 자연적 경험 속에 삽입되고, 우리는 이것을 추상화했으며, 이것 역시 쉽게 추상화될 수 있다. 그렇다면 현실적 경험의 전체 내용은, 이 내용이 단적인 직관적 경험, 직관적 지각, 현실적 지각의 연관——이 속에서 지각된 것은 순수하게 스스로-현재하는(selbst-gegenwärtig) 주어지는 가운데 증명된다——인 한, 남아 있다. 이것을 넘어서는 구성요소는 신체인 일정한 사물의 가능한 '해석'(Interpretation)을 가리키는데, 신체에는 순수 자아가 속하며, 이 순수 자아는 내적으로 직시된 자아가 아니라, 내재적으로 직시된 의식의 흐름과는 '다른' 의식의 흐름——우리 자신이 경험하는 바로 동일한 사물에 관한 지각과 일반적으로 경험도 이 의식의 흐름에 속한다——을 지닌 단지 현전화된 자아일 뿐이다. 그렇다면 이때 갑자기 새로운 다양체가 자연의 객체성이 구성되는 거기에 있으며, 현실적으로 직시할 수 있는 순수 자아에 속하는 외적 경험의 연관은 실재적 통일체를 구성하고, '동일한' 통일체도 단지 해석으로만 정립된 다른 순수 자아의 경험의 연관 속에 '그에 상응하면서' 구성되며, 이때 어쩌면 상호주관적으로 동일한 것으로서 그 통일체에 속할 수 없는 규정, 실재적 술어——이 속에 참으로 존재하는 것은 상호주관적으로 타당한 것으로 드러나고, 어느 정도까지 다른 주체를 단순히 제시한다——에 의해 구성된다.

우리는 구성의 단계가 형성되는 것을 발생(Genesis)의 상(像)에서 생각해낼 수 있고, 이렇게 함으로써 경험이 실제로 오직 가장 낮은 단계가 주어지는 가운데 비로소 실행되며, 이렇게 해서 새로운 통일체가 구성되는 등 새로운 단계의 새로운 것이 등장한다고 상상해낸다. 그러나 이것은 수학이 하는 것과 똑같은 종류의 발생이다. 여기에서 심리학적 발생 그리고 세계표상과 자아표상에 관한 설명을 세계의 인간 속에 생각하는 것은 극도로 전도된 일일 것이다.

여기서는 이것을 전혀 다루지 않는다. 우리는 한편으로 어떠한 층이 실재적으로 주어진 것 자체의 **본질** 속에 놓여 있는지, 다른 한편으로 어떠한 층이 〔대상을〕 부여하는 작용의 다른 단계에서 실재적으로 주어진 것을 파악하고 —— 이 속에서 주어진 것의 모든 층은 주어진 것으로, 즉 감각·음영·제시 등 그 다양체의 통일체로 표명된다 —— 있는지 서술할 뿐이다. 이것은, 현실적으로 경험된 모든 것이나 순수 이념의 수준에서 경험된 것으로 상상한 것을 제기할 때, 철저히 본질연관이다. 항상 이러한 사실을 잊지 말아야 한다.

그러므로 우리는 어느 정도까지 먼저 그 해석, 그 '명백하게 함'과 같은 어떤 것도 우선 실행되지 않았다고(우리는 '명백하게 함을 통해' 자신의 충족을 발견할 수 있을 모든 파악의 구성요소를 바로 도외시한다) 생각해볼 수 있으며, 그런 다음 해석과 명백하게 함 자체를 끌어들인다. 원리상 이러한 단계는, 단지 2차적인 신체가 그 자체로 이해되고 2차적인 순수 자아와 자아의식이 정립되자마자, 어쩌면 2차적인 **실재적 자아**조차 —— 매우 제한되었더라도 자아의 실재적인 것이 낮은 단계에서 이미 구성될 수 있는 한 —— 정립되자마자, 이미 거기에 있다. 상호주관적으로 교류하는 주체집단, 그 경험을 교환하고 이것을 통해 그 경험을 서로 평가하며 확증하고 논박하는 주체집단이 줄곧 확장되며 또 〔어떤 주체의〕 '죽음'을 통해 인간 사회의 방식으로 그 구성원을 상실하는 반면, 그 집단이 〔그 주체의〕 '탄생'을 통해 —— 상호주관적 경험의 통일체(전통·저작물)가 이것에 의해 피해를 입지 않고 —— 새로운 구성원을 획득할 가능성이 원리상 존재하는 한, 이제 문제는 '객관적 존재자', 따라서 상호주관적 관련을 통해 구성된 것의 이러한 상대주의에 대립해 어떻게 객관적으로 **참**된 것이 뚜렷하게 드러날 수 있는지, 이와 같은 것이 도대체 어떻게 가능한지

하는 것이다. 우리가 단순한 직관의 단계, 심지어 본래 지각의 단계, 적어도 상호주관적 의사소통이 어떠한 주관적 경험에서 또 그 경험을 확장해서도 해결될 수 없는 불일치를 명백히 제시하는 계기에 더 이상 머물 수 없다는 사실은 분명하다.

객체화(Objektivierung)는 '주관적' 경험 또는 '간접적' 경험이 주어지는 모든 것에 동일한 단계다. 객체화는 감정이입뿐 아니라 상호 의사소통을 요구하며, 이러한 상호 의사소통에 의거하는 사유작용, 즉 상호주관적 경험, 더 잘 말하면, 주체마다 다른 경험이지만 그럼에도 상호 의사소통에 따라 동일한 것에 관한 경험으로 포착될 수 있고 포착된 경험을 통일시키고 동일한 것을 다른 주체에 다르게 제시되는 것으로 이해시킬 수 있는 사유작용을 요구한다. 어쨌든 사유작용에서 이해할 수 있다는 것은 설명할 수 있다는 것을 뜻한다. 그렇다면 무엇이 설명하는 작용을 수행하는가?

우리는 어디에서나 경험 — 우선 주관적 경험, 그런 다음 상호주관적 경험 — 의 소관사항으로 다양체의 통일성을 갖는다. 어쨌든 경험작용은 봄(Sehen), 다양체의 개별성에 근거해 직관적으로 직시함, '하나의 동일한 것'의 의식 속에 그렇게 보고 알아차리는 진행에서 종합적으로 지각된 어떤 통일체를 보고 알아차림이다. 어쨌든 사유작용은 해석된다. 경험작용에는 통일체가 속성과 다양하게 변화하는 상태의 통일체로, 일정한 상황에 통일체의 행동방식으로 거기에 있기 때문이다. 그러나 이제 행동방식이 우선 주체마다 다르게 — 단지 상호 의사소통할 수 있는 것으로만 — 존재하는 것처럼 다르게 주어지면, 의견이 일치하는 범위(정상의 신체성과 정상의 상황과 관련해 행동의 정상성)가 주어지면, 객관적 속성은 바로 통일체에 속하고 상황 — 이 범위는 더 폭넓게 이해되어야 한다 — 의 관련에 속하는 동일한 것으로 정립된다. 즉 나의 신체성은 다른 것 옆에 있는 하나일 뿐이다. 신체성은 나의 신체성이 상황에 따라 변경되는 방식으로 변경될 뿐 아니라, 신체성 자체는 사람마다 다른 것이고, 그것에 나타나는 방식이 의존하는 차이를 수반한다. 감각의 성질은, 나나 어떤 집단의 정상의 인간이든, 특별한 주관성에 관련된 '나타나는' 속성을 지시한다.

그러나 이것을 넘어 도달하고 그래서 감각의 성질에 오직 제한된 범위의 상황과 관련된 동일한 사물의 행동방식을 통일시키는 것으로만 간주되는 주관성의 변화가 있다. 그렇지만 동일한 속성은 '속성'으로서 모든 상황을 관통하는 동일한 것이다. 즉 사물통일체의 층은 다양하게 제시되는 것을 관통해간다. 그 층이 일단 구성되면, 문제는 어디까지 그 통일체가 도달하는지, 지속하는 상황 아래 어떤 종류의 상태가 이 통일체의 층에 속하는지 하는 것이다. 단순한 경험은 상황에서 통일체를 보지만, 통일체와 상황(사물의 속성의 변함없는 통일체와 종속되어 있는 상황의 통일체)의 관련은 분리되지 않으며, 이때 무척 많은 것이 미해결로, 막연하게, 분석되지 않은 채 남아 있다. 통일체는 상황 아래 보이지만, 규정되지 않은 채 보인다(동일한 사물은 다른 상황에서 완전히 '다른 것'이다. 따라서 단순히 기술하는 것은 규정하지 않는다. 주변은 무한히 많은 형태를 지니므로, 사물이 무엇에 종속적인지 또 그래서 무엇을 통해 규정되는지는 당장 분명하지 않다. 사물을 규정하는 것은 기술하는 것이며 종속성에 의해 기술하는 것이 타당한 상황과 관련짓는 것이다). 이에 반해 객관적으로 타당한 진리, 진리가 진술된 바와 똑같은 사물에 대해 단적으로 타당한 진리를 표명하려고 사유작용은 출발한다. 그러므로 인과적 관련을 설명해야 한다. 그러나 이것을 수행하는 것은 물질적 사물에 대해 물리학을 추구하고 수학화(數學化)하는 것을 뜻한다.

사유작용이 이미 개별적-자아의 단계에서 충분하게 활동할 수 있다면, 사회적 경험의 단계에서 비할 데 없이 더 높은 의의를 명백히 획득한다. 여기에서 다르지만 중대한 문제가 생긴다. 맨 아래에는 실로 무엇이 일반적으로 많은 순수 자아와 그 의식 삶과 관련해 동일한 대상성이 가능한 조건이어야 하는가 하는 문제가 있다. 여기에서는 그와 같은 동일한 대상성의 의미 속에 동일성을 증명할 가능성이 요구된다는 사실, 이러한 증명은 오직 두 순수 자아가 서로 함께 교류할 때나 제3의 순수 자아가 이 두 순수 자아와 교류할 때만 원리상 생각해볼 수 있다는 사실을 얼마나 많은 사람이 전혀 알려고도 하지 않는지 명백하게 밝혀야 한다. 이때 누가 계속해서 교류할 가능성의 조건을 묻는다면, 아프리오리로서 교류하는 사람 각각의 구성된 세계 속에 어떤 신체는 자신의 신체로 특성지어지고 다른 신체는 다른 사람의 신체로 특성지어지는 필연성에 직면하게 된다.

그렇다면 더 높은 단계에서는 '어떻게 대상성은 구성되어야 하는가?' '어떤 의미에서 아직 규정되지 않은 것으로 미해결로 놓아둔 것이 어쨌든 규정할 수 있는 것으로 구성되어야 하는가?' '어떤 존재형식이 그와 같이 규정하기 위해 부여되어야 하는가?' 하는 더 높은 선험적 물음이 제기된다. 그런데 그 규정은 변화하는 주관적 독자성에 의해 항상 새로운 자아가 교체되는 가운데 그 자체로 참된 것의 인식을—언제나 상대적으로만 타당하지만 어쨌든 상호주관적 경험이 계속 확장되는 가운데 이념으로서 탐구의 진행을 줄곧 규제할 수 있을 궁극적으로 타당한 진리에 접근하고 하부단계로 간주할 수 있을 규정의 형식에서만이라도—가능케 할 수 있을 것이다.

6. 구성문제의 의미: 현상학과 존재론*

그러한 문제는, 완전히 숙성되지 않았더라도 칸트의 이성비판을 자극하지만, 어쨌든 명백히 현상학과 낮은 단계의 경험의 구성에 대한 통찰을 전제한다. 이것은 칸트가 그 문제에 손을 댔지만 아무튼 그 중요성을 예감조차 못해 포착하지 못한 과제다. 그러므로 칸트에게는 그 문제의 올바른 공식화(Formulierung)가 없다. 그 단계에서 구성 일반의 문제, 모든 단계에서 체계적으로 기술할 필요성, 본질연관을 명백히 밝히고 다른 아프리오리한 가능성 — 자신의 모든 근본형식을 지닌 순수 자아와 순수 의식의 테두리 안에서 개방된 확고한 가능성 — 을 숙고할 필요성, 더구나 이것을 '객관적' 인식의 이념에 충족될 수 있게 구축하는 문제, 이 모든 것이 — 그의 이성비판이 이러한 문제제기에 기울고 때로는 매우 접근했더라도 — 칸트에는 낯선 문제다. 특히 간과하면 안 되는 것은 한편으로 자아와 신체의 구성, 다른 한편으로 사물성의 구성에 끊임없는 상호관련이다. 그리고 더 높은 단계에서 한편으로 인간, 인간 사회, 정신, 공동체의 인식·가치·의지를 지닌 정신적 공동체의 구성, 다른 한편으로 자연과 문화세계로서 객관적 세계 구성의 끊임없는 상호관련이다.

탐구가 경험에 주어진 것을 그 본질적 형태에 따라 직관적으로 완전히 길어내려 하는 한, 모든 탐구는 '경험에 주어진 것'(Erfahrungs-gegebenes),** 여기에서 출발해야 한다. 즉 '직관적으로'는 경험에 주

---

* 이에 관해서는 이 책 제3장을 참조할 것.

** 이것은 '의식에 주어진 것, 즉 사태(Sache)'를 뜻하며, 이것으로부터 출발해야 한다는 것은 후설이 『엄밀한 학문』에서 "공허한 단어분석을 버려라! 우리는 사태 자체를 심문해야 한다. 우리가 사용하는 단어들에 의미와 이성적 권리를 유일하게 부여할 수 있는 경험으로, 직관으로 되돌아가자"(305쪽)고 역설한 이래

어진 것의 고유한 의미 속에 놓여 있는 것을 최대로 완전할 수 있게 분명히 밝히는 것을 뜻한다. 그리고 여기로부터 탐구는 〔대상을〕 부여하는 의식과 다양체에 대한 통일체인 그러한 주어짐을 구성하는 자신의 방식으로 반성하면서 되돌아가야 한다. 〔대상을〕 부여하는 의식은 구성하는 방식을 끌어올리고 상승시킨다. 사람들은 아주 빨리 명석함을 얻을 수 있고 주어진 것을 그 의미에 따라 길어낼 수 있다고 믿는다. 그리고 주어지는 방식을 추구하고 '어떻게 증명하는 것이 실제로 보이는지' '증명하는 것이 어떤 길을 선택해야 하는지' '이때 무엇이 매개해 자신의 역할을 하는지' 설명하려 하자마자, 자신이 객관적 태도 속에 많은 것을 못 보고 빠뜨렸으며 철저하게 본질적인 많은 것을 외견상 관련 없는 것으로 밀쳐놓았다는 사실을 언제나 다시 알아차리게 된다. 그래서 **자연**과 **정신**처럼 (수·크기 등 기본적 사유대상과 마찬가지로) 한 단계로 구성되지 않고 여러 단계로 구성되는 대상성에 대해 **존재론**은 아주 큰 어려움에 처하게 된다. 왜냐하면 그 자체는──우리는 여전히 이에 대해 논의할 것이다──**존재론**이지 **현상학**이 아니기 때문이다.

존재론의 고찰방식은 이른바 '정지된 조건에'(katastematisch)* 따른다. 존재론의 고찰은 통일체를 그 동일성 속에 받아들이고, 그 동일성을 위해 확고한 것으로 받아들인다. 반면 현상학적-구성적 고찰은 통일체를 흐름 속에, 즉 구성하는 흐름의 통일체로 받아들인다. 현상학적-구성적 고찰은 그러한 통일체와 모든 구성요소, 측면, 그 통일체의 실재적 속성이 동일성의 상관자인 운동의 경과를 추적한다. 이 현상학적-구성적 고찰은 어느 정도까지 운동감각적이거나

───────────────

현상학의 핵심 슬로건이 되었다.

* 이 말의 어원은 그리스어 'katastematikos'인데, '운동과 관련된'(kata kinesin) 이라는 용어와 대립된 의미가 있다.

'발생적'이다. 이러한 '발생'(Genesis)은 자연스러운 발생이나 자연과학의 발생과 총체적으로 다른 '선험적' 세계에 속한다. 로크는 언젠가 의식의 '역사'(Geschichte)에 관해 논의했는데, 명백히 그의 의도는 경험론의 선구자인 그가 즉시 심리학적 발생과 혼동했고 이렇게 함으로써 철저히 왜곡시킨 그러한 발생을 겨냥했다.

모든 인식의 통일체, 특히 모든 실재적 인식의 통일체는 자신의 '역사'*를 갖거나, 이와 상관적으로 말하면, 이 실재적인 것에 관한 의식은 자신의 '역사', 즉 본질을 지니고 그에 속한 드러나는 방식과 표명되는 방식 —그 체계에서 이끌어낼 수 있고 심문될 수 있는 방식— 의 규칙적 체계의 형식 속에 자신의 내재적 목적론(Teleologie)** 을 지닌다. 또한 사태 자체의 본질은 그것이 구성하는 다양체를 〔목적을 향해〕 움직이게 함으로써 통일체와 그 계기를 부각시키는 자신의 역사 속에 그 본질의 모든 측면에 따라 명증성 속에 비로소 뚜렷이 나타난다. 현상학적 운동(Kinesis)의 방법에서 다음의 두 가지는 즉시 구분된다. 즉 지향성과 그 지향적 상관자의 본질적 방향, 그리고 지향적 체험 속에 동일한 것으로 의식되고 그 상관자의 질서를 통해 동일한 것으로 표상하게 만드는 동일한 존재의 본질적 규정이다.

이제 존재론에 관해, 누군가 현실적으로 그렇게 완전히 통찰할 수 있다는 점, 그는 예를 들어 정신이나 자연의 본질을 순수하고 완벽하게 설명할 수 있으며 그것에 속한 공리의 원리를 고정시킬 수 있다는 점은 아주 충분히 생각해볼 수 있다. 그러나 사실 우리가 수학에서 그토록 크게 성공한 것은 실재적 존재론에서 동일한 방식으로 성공

---

* 이것은 사물이나 대상에 대한 인식과 그 통일체뿐 아니라 영혼 또는 자아 등 실재성을 지닌 모든 것이 시간적 발생 속에 구성되는 역사성(Geschichtlichkeit)을 통해 자기동일성을 확보한다는 의미의 '역사'다.

** 후설의 '목적론'에 관해서는 147쪽의 역주를 참조할 것.

하지 못한다. 여기에서 현상학은 비로소 완벽하게 보는 것(Sehen)을 가르쳐주며, 현상학이 추구하는 것이 실재성에 관한 본질학이 아니라 한편으로 실재성과 다른 한편으로 순수 자아와 자아의식 일반의 구성에 관한 본질학이라도, 실재적인 것 자체의 완전한 본질을 포착하는 것과 바로 이렇게 함으로써 범주적 개념과 근본명제에 따라 존재론을 정초하는 것은 바로 이 순수 자아와 자아의식 일반과의 공동체 속에서만 성공할 수 있다.

인격적 자아와 신체

자아를 거론하자마자, 이것은 우리의 파악을 지배한다.

자아는 실로 다양하게 경험하고 사유하며 가치를 평가하고 실천적 태도를 취하는 순수한 주체로서 생생할 뿐 아니라, 우리가 태도를 취하는 우선적 객체이며, 이러한 객체로서 자신의 행위와 겪는 일 속에 '자기유지'를 하고 개인적 속성, 특성소질과 여러 가지 성향─이것으로 칭찬이나 비난을 받지만 적어도 자신의 것은 아닌─을 지닌 인격적 자아다. 왜냐하면 이것에 의해 자아는 사물세계와 인간세계의 위험에 그럭저럭 자신을 보호하거나 자신을 위해 이것을 획득하고 도구로 사용해야 하기 때문이다.

그러므로 신체는 자신의 기관(器官)과 함께 외적 사물에 '반응한다'는 파악, 이 때문에 자아는 사물에 관해 일정하게 지각하며 이 지각에 근거해 다양한 방식으로 사물에 태도를 취한다는 파악이 이해될 수 있다.

어떤 측면에서 사물─여기에는 단지 하나의 사물이지만 영혼 삶(영혼과 자아는 나뉘지 않는다)이 연결된 하나의 사물인 신체도 있다─, 우선 지각과 감각(또한 나뉘지 않은 채 남아 있는)이 있다. 어쨌든 영혼이 신체사물(Leibesding)과 인과적 관련 속에 있듯이, 일정한 감각분야에서는 영혼이 고유한 방식으로 신체에 장소화되지만 다른 감각분야에서는 그렇지 못하다. 여기에는 더 자세한 설명이 필요하다.

사물의 동일성과 영혼의 동일성

물질적 사물은 임의로 변경될 수 있으며, 사물에 상태의 범위가 그 자체로 되돌아갈 수 있다는 사실은 (물질에 관한 파악의 의미에서) 물질적 사물의 본질에 속한다. 물질적으로 실재적인 것은 동일하게 남아 있어야 하며, 더구나 이것이 동일한 상황으로 되돌아가는 경우, 사실적으로 세계의 경과가 무한히 개연적이지는 않더라도, 동일한 상태를 지닌 방식으로 동일하게 남아 있어야 한다. 동일한 것은, 감각에 민감함이 ─ 신체가 그 물질성과 그 물질적 상태에 관해 동일한 것이라면, 우리가 신체 역시 신체로서 동일한 것임에 틀림없으며 동일한 신체의 상태로 되돌아가는 경우에도 감각 층은 동일한 것임에 틀림없다고 말할 수 있게 ─ 존재하는 한, 신체의 실재적인 것에도 적용된다.

그러나 영혼은 이와 완전히 다르다. 즉 영혼의 본질은 '성향의 형성'이라는 명칭 아래 일방적으로 변화할 수 있다. 이것은 원리상 동일한 상태로 되돌아갈 수 없다.

부록 4
유형-경험적 분류

현상학적-구체적 형태의 유형(Typus)을 순수하게 포착하는 것은 매우 충분히 가능하다. 예를 들어 하나의 동일한 인간·집 등에 관한 지각의 나타남(Erscheinung)을 받아들이면, 우리는 동일한 객체에 속한 그러한 나타남의 연속성 안에서 매우 여러 가지 방식으로 유형적 유사성을 띠는 개별적 나타남과 일련의 나타남을 발견할 것이다.

이제 더 큰 일반성으로 이행하고 코카서스인[백인]·흑인·몽골인[황인] 등의 유형을 받아들이면, 나타남의 다양체에 관해서도 이 경험적 유형이나 순수하게 포착된 인종의 유형에는 일반적 유형이 상응한다. 여전히 더 일반적으로 직관할 수 있는 인간 일반이나 동물 일반의 유형 등에서 출발할 때도 마찬가지다. 그래서 이제 우리는, 경험할 수 있는 순수 유형의 다양체 속에 다 논의할 수 없는 무한함이 있듯이, 마찬가지로 더 높게 다 논의할 수 없고 어떠한 개념체계로도 고정할 수 없는 지각의 나타남에 관한 유형이 있다는 사실을 알게 된다. 우리는 지각의 나타남에 관한 유형을 다 논의할 수 있는 체계적 분류를 생각해볼 수 없으며, 그래서 더 가능한 사유작용(cogitationes) 일반의 모든 유형에 대한 체계적 분류를 생각해볼 수 없다는 사실을 알게 된다. 순수 이념 속에 고찰된 자연의 형성물과 정신의 형성물에 관한 가능한 모든 유형도 사유작용에 대한 상관자의 유형으로 등장한다는 사실, 상관자의 영역에 무한함은 사유작용 자체에 무한하게 이행된다는 사실을 지적할 수 있다.

그렇다면 이제 현상학에 무엇이 남아 있는가? 그 답변은 자연스럽게 이렇다. 즉 예를 들어 지각의 나타남에 관해 이렇게 규정된 구체적인 것으로 그 개별적 유형을 규정할 수 없을 뿐 아니라 어쨌든 경우에 따라 직관적으로 구별할 수 있는 가능한 모든 일반적 유형을 규정할 수 없더라도, 우리는 정확한 개념으로 또 그 내용에 따라 언제나 다시 동일하게 확인할 수 있는 개념으로 포착하게 허용하는 최고의 일반성을 쉽게 획득한다. 그래서 가령 사물지각의 유형에 관해 '외적' 지각을 획득한다. 곧바로 지각일 필요가 없는 사물직관 일반, 즉 과거지향(Retention),* 회상, 예견하고 기대하는 직관, 단순한 상상일 수 있는 사물직관 일반도 마찬가지다.

현상학적 관심은 가능한 모든 유형적 특수화 — 확고한 일반성을 포함해 — 를 개념적으로 고정시키려 하지 않으며, 그럴 수도 없다. 예를 들어 기하학이 그 공리론(Axiomatik)과 근본개념을 통해 가능한 모든 순수 공간형태를 지배하듯이, 현상학은 구별할 수 없는 구체화된 것에 이르기까지도 그 유형적 특수성을 지배할 수 없다. 여기에

---

* 이 용어는 라틴어 'retentare'(굳게 보존하다)에서 유래하는 것으로, 방금 전에 나타나 사라져버리는 것을 생생하게 유지하는 작용을 뜻하며, 그 변용인 '미래지향'(Protention)은 유형을 통해 이미 친숙하게 알려진 것에 근거해 직관적으로 예측하는 작용을 뜻한다. 그런데 '과거지향'은 방금 전에 지나가버린 것이 현재에 직접 제시되는 지각된 사태로서 1차적 기억(직관된 과거)인 반면, '회상'(Wiedererinnerung)은 과거에 지각된 것을 현재에 다시 기억하는 것으로 연상적 동기부여라는 매개를 통해 간접 제시되기 때문에 그 지속적 대상성이 재생산된 2차적 기억(기억된 과거)이다.

서 기하학적 본질확립에 대립된 현상학적 본질확립의 본질적 차이가 뚜렷이 나타난다. 이 차이는, 기하학적 종(種)의 형성이 유형의 특수화가 아니라는 사실에 주의한다면, 명백해진다. 그 유형은 직관적 통일체, 가령 달걀형태·톱니형태·사행선(斜行線) 등의 유형이다. 그러나 도형 일반이 그와 같은 모든 유형을 내포하는 일반적 유형으로 이해될 수 있더라도, 기하학은 이러한 감성적 유형과 이상(理想)으로 전환된 유형의 어떠한 체계학(Systematik)이나 그러한 유형에 대한 어떠한 법칙도 제공해주지 않는다. 오히려 기하학은 개념을 형성하는 고유한 종(種)과 이념의 고유한 유(類)를 갖는다. 즉 기하학적 순수함은 감성적으로 직관할 수 있게 주어진 것의 유형적인 것을 배제한다. 예컨대 달걀형태와 같은 유형은 결코 기하학적 형성물이 아니다. 하나의 본질학으로서 기하학을 현상학의 학문적 본성에 대한 사례에 관련시킨다면, 이것은 ─ 현상학 역시 본질학인 한 ─ 자신의 정당성을 갖는다. 그렇지만 현상학의 개념형성과 판단형성을 기하학의 개념형성과 판단형성과 똑같은 단계에 세우면 안 된다.*

　우리가 현상학에서 우선 고정시킬 수 있고 또 순수하게 고정시켜야 하는 것은 예리한 경계설정을 통해 구분되는 구체적 사유작용에 관한 부류의 이념이고, 그렇다면 이러한 부류의 이념에 속하는 내실적 구성요소와 그 상관자에 관한 이념을 고정시키는 본질을 분석해야 한다. 이때 내실적 구성요소에 관해 추상적 물질, 이른바 비자립적 구성요소와 형식적 특징 ─ 이것으로부터 모든 사유작용은 구축된다 ─ 에서 물질은 일정한 본질적 근본 유(類)로 되돌아가고, 그런 다음 이 근본 유 안에서 사람은 종(種)으로 분류하는 것으로 출발해야 한다는 사실이 명백하게 밝혀진다. 여기에는 근본적 종류의 복잡

---

* 이 부록의 후반부를 참조할 것.

한 형식에 눈길을 돌려야 하고 확고한 개념을 통해 이것을 고정시켜야 한다는 사실이 이미 포함되어 있다.

이 관통하는 기초적 분석, 즉 매우 다른 차원에 있는 요소·특성·형식—내실적인 것과 그 상관자에 속하는 것—을 뚜렷이 밝히는 것은 엄청나고 극히 어려운 과제다. 그렇지만 모든 것이 환원의 태도 속에 실행되기 때문에, 모든 확립은 가능한 단일적 개별성에 대한 본질법칙을 본래 함축한다. 그렇다면 구체화된 것(지각·판단·느낌·의지처럼)의 이념에서 출발하는 이 기초적 분석은 가능한 구체화된 것의 아프리오리한 유형이라는 과제를 해결하는 데 적용된다. 어쨌든 무엇보다 물질을 엄밀하게 기술하는 근본개념에서 획득되며, 이 근본개념에 따라 구체화된 것은 모두 포착될 수 있음에 틀림없다. 거꾸로 항상 새롭게 구체적 형태(사유작용)를 형성하고 유형의 개념을 구축하는 것은 우선 끈질기게 달라붙는 구체적 의식형태를 자유롭게 변화시킴으로써 가능하다.

이 모든 과제는 일반적 유형에 따라 상상력(Imagination)의 모든 영역에서 동일하며, 형태가 직접적 직관 속에 주어지는 어디에서나 우리는 기술(記述), 분석 또한 형상적 분석과 분류로 출발할 수 있다. 그러므로 이러한 관점에서 현상학적 직관이 주어짐, 즉 사유작용에 관한 직관이 주어짐은 이른바 외적 직관이 주어짐, 따라서 예를 들면—방금 전에 논의했듯이—아프리오리하게 숙고할 수 있는 가능한 상상력에 의한 공간형태, 충족된 공간형태가 상상력에 의한 주어짐, 가능한 구체적 사물이 주어짐 등과 같은 상태다.

더 자세한 연구는 외적 상상력이 이렇게 주어진 것은 모두, 작용의 특성, 즉 특수한 의식의 측면을 전혀 고려하지 않거나 실질적으로 아무것도 고려하지 않는 방식으로 탐구될 수 있더라도, 일정한 방식으로 현상학에 속한다는 사실을 알려준다. 구체적 사유작용에 전념하는 현상학에서 우리는 이른바 감성적 직관작용인 작용에 관해 '상관자'라는 명칭으로 나타나는 사물 자체, 즉 나타나는 색깔, 규정된 후각, 규정된 촉각 등을 지닌 나타나는 공간형태 그 자체에 직면하게된다. 여기에서 계속해 모든 본질확립은 외적 상상력이 나타나는 주어짐에 관해 일정한 유의 사유작용에 관한 본질확정과의 본질연관속에 들어오며 결국 사유작용의 일반적 본질학에 통합된다는 사실을 확신한다. 이러한 관점에서, 즉 이러한 통합을 염두에 둘 때, 가능한 사물형태—여기에는 사물의 영역뿐 아니라 가능한 감성적 환영(幻影) 등의 가능한 공간형태와 시간형태가 포함된다—의 현상학에 관한 논의가 정당화된다. 그러나 물론 그와 같은 관점에서 결국모든 아프리오리(Apriori)는 현상학의 통일성으로 통합된다는 사실도 동시에 말해야 한다.

특수하게 현상학적인 것은 지향적으로 모든 것을 포괄하는 의식으로 우리를 옮겨놓는 본질숙고에 있다. 따라서 이 본질숙고는 형상적 고찰로 생기는 모든 것을 의식의 형상적 본질—내 스스로 줄곧 표현하듯이, 이 속에서 모든 존재가 '구성된다'—에 관련시킨다.

수학적 직관 속에 주어진, 즉 수학적 사유작용 속에 탐구된 수(數)와 수의 관련에—반성하지 않은 채—시선을 향하면, 이와 관계된 직관과 사유작용을 하면, 우리는 수학을 추구하지만 현상학을 전혀 모르는 것이다. 그러나 통찰된 것, 즉 직접적이거나 간접적으로 정초된 것을 상관자로 받아들이면, 이것을 통찰하고 정초하며 논증하고 구축하는 사유작용과 관련시키면, 수와 셈함, 집합과 집합함, 수학적 명제와 수학적 판단작용, 수학적 증명과 [그] 증명하는 작용 사이 등의 본질연관을 탐구하면, 우리는 현상학을 추구하고, 또 수학 전체는 현상학적 의미를 획득한다. 즉 수학의 모든 개념과 명제는 현상학적 연관에 대한 지표가 되며, 이 연관 속에 상관자로 등장한다.

이와 마찬가지로 외적 지각과 직관 일반이 상상력에 의해 주어진 것의 영역 속에 움직이면, 그 본질종류, 즉 상상력에 의해 포착할 수 있는 구성요소에서 그 구축을 확립하면, 이렇게 주어진 것의 아프리오리한 유형을 추구하면, 이것은 결코 일상적 의미에서 자연과학은 아니지만, 어쨌든 순수 존재적 태도 속에 획득할 수 있는 아프리오리, 즉 자연을 기술할 수 있게 하는 아프리오리다. 이것은 '순수하게 상상력으로 기술된' 자연이 될 것이다. 상상력이 무엇이든, 외적 직관작용과 이와 같은 것이 더 상세한 것이든, 이러한 것이 어떻게 더 자세하게 기술될 수 있는지—이것은 여기에서 문제 밖이다. 우리는 직관된 것과 이것에서 이끌어낼 수 있는 본질을 겨냥한다. 그러나 반성하면서 직관된 것의 직관작용으로 이행하고 직관된 것과 직관작용의 본질관계를 탐구하자마자 우리는 현상학을 추구하게 되고, 이제 이전에 존재적 태도 속에 탐구된 모든 것은 현상학적 의미를 획득하게 된다. 물론 외적 상상력이 주어지는 형상학(形相學)은 사유작용 (cogitationes)의 형상학과 출발부터 특별히 밀접하게 연결되어 있다는 사실을 확신할 수 있다.

현상학은 거의 전적으로 직접적 직관 속에 움직이는 본질기술의 형식으로 실행된다. 즉 간접적 추론은 전혀 없지만, 직접적 분석의 엄청난 작업 뒤로 물러선다. 결정적 확립은 어디에서나 직접적 직관에 힘입고 있다. 그렇지만 직접적 직관은 단순한 현상적(pansisch)* 분석 속에 움직이지 않고, 그 상관자도 우리에게 제시해주며, 상관자를 숙고하는 것은 외적 상상력의 근본부류 안에서 즉시 자연 일반—하지만 우선은 단지 바로 상상력으로 주어진 것으로서 자연

---

* 이 용어는 그리스어의 동사 'phaino'(나타나다)의 현재분사 형태를 어원으로 하며, 후설은 종종 '존재적 의미'와 이 '현상적 의미'를 대립시켜 구별했다.

만—에 대한 기술로 이끈다.

우리 모두가 이러한 자연과학 시대에 바로 자연과학으로 교육받았지만 어쨌든 상상력으로 자연이 주어진 것을 본질태도에서 그 자체로 가치 있는 객체를 위해 학문적으로 숙고하는 것으로 간주하게 교육받지는 않았기 때문에, 또한 무엇보다 새로운 현상학—현상학의 관심은 바로 감성적 형태의 종류와 형식에 대한 본질고찰을 요구한다—에서 이러한 독특한 존재영역과 본질영역에 이르렀기 때문에, 상상력으로 자연이 주어진 것에 관한 본질탐구를 바로 현상학으로 간주하는 우리의 경향이 이해된다. 우리는 사물의 현상학, 가상(Schein)의 현상학 등을 이야기한다. 그렇지만 결국 수(數)가 존재적 태도에서 그 자체로 탐구될 수 있듯이, 모든 감성이 형상적으로 그 자체로 탐구될 수 있기 때문에, 바로 이러한 이야기는 오직 일정한 의미에서만 올바른 지시라는 사실을 분명히 해야 한다. 감성을 감성이 의식의 상관자로 제시되는 의식의 특성과 함께 기술할 때 비로소, 감성이 공동의 것과 주어진 것이 되는 의식 자체를 기술할 때, 물론 감성이 본질에 적합하게 속하는 이렇게 얽혀 있는 가운데 비로소 우리는 완전한 의미에서 감성의 현상학을 갖게 된다.

심리학적 실재성의 영역에서 사정은 물리적 실재성의 영역에서와 근본상 본질적으로 다르다. 정신의 본질, 정신적 상태와 성질의 본질에는 수학적으로 규정할 수 있음(Bestimmbarkeit)이 속하지 않고, 이상적 발판으로서 결정된(definite) 수학적 다양체는 정신적 실제성에 기초가 될 수 없다. 따라서 상상·기억·판단·소원·희망·의욕과 같은 심리적 작용과 상태는 측정할 수 없으며, 이상적인 수학적 형성물에 접근함으로 '정밀하게' 규정할 수 없다. 여기에는 물론 연속성과 같은 것이 있으며 많은 방향에서 있다. 그러나 심리적 현상은 구성요소—그 각각은 이념적으로 하나의 수학적 다양체로 통합될 수 있고 그 복합은 물질의 의미에서 수학화(數學化)할 수 있는 어떠한 실체도 간직하지 않는 구성요소—로 해소될 수 없다. 더구나 이것은 계속해 심리적 성향에 그리고 이 성향과 연관된 개인의 실재적 속성에도 적용된다. 우리가 현상학적으로 순수 의식으로 환원하면, 당연히 동일한 것이 의식작용의 다양체에도 바로 적용된다. 그렇지만 이것은 결코 수학적 다양체가 아니다.

물론 우리는 예를 들어 지각의 나타남이 유출되는 가운데—지각이 나타나는 시간국면에 관해 논의할 때, 현상을 이상적으로 규정된 내용, 즉 시점마다 새로운 내용을 지닌 하나의 지속으로 생각할 때 실로 그렇게 행하듯이—정밀한 이념을 집어넣어 생각할 수 있다. 우리가 어떤 현상이 명석함에서 희미함으로 가라앉고 여기에서 가라앉는 이러한 연속성의 국면을 집어넣어 생각하는 것에 관해 논의할 때도 마찬가지다. 그러나 여기에는 원리상 그때그때 주어진 것을 정밀한 개념을 통해 확고한 방법으로 접근하게 규정할 가능성이 없다. 그리고 무엇보다 점차 단계지음은 풍부한 성질의 내용(Gehalt)*과 여러 가지 유와 종—우리는 이것을 연속체와 정밀한 개념을 통해 어떻게 하더라도 수학적으로 포착할 수 없고 수학적 질서 속에 통합시킬 수 없을 것이다—에 관한 성질의 내용을 단계지음이다.

여기에서 상태는 자연과학에서와 전적으로 다르다. 왜냐하면 자신의 직접 경험된 속성을 지닌 직접 경험된 자연은 단지 불완전하게 주

---

* 'Gehalt'는 의식에 내재적인 내용을, 'Inhalt'는 어떤 것 속에 담겨 있다는 포괄적인 의미의 내용을 뜻한다. 따라서 이 둘을 구별하기 위해 'Gehalt'를 '내실'로 옮기려 했지만, 후설이 이 용어와 'reell'(내실적)을 간혹 묶어 사용할 때도 있는데, 이 경우 번역이 몹시 까다로워지고 또한 후설이 이 구별을 특별히 중시하거나 일관되게 구별하지도 않기 때문에, 문맥에 따라 충분히 이해될 수 있다고 간주해 모두 '내용'으로 옮긴다.

어진 자연, 즉 언제나 단지 나타나는 자연, 줄곧 자신 앞에 무엇보다 뚜렷하게 만들어낼 수 있는 ─ 언제나 다시 제시됨을 관통해 다른 단계에서 인식할 수 있는 ─ 자연이기 때문이다. 경험에서 〔다른〕 경험으로 진행해가면서 단계적으로 서로에 대해 구축된 나타남으로부터 수학의 이상적 개념 ─ 이것은 나타남의 내용 자체를 이끌어낼 수 있는 순수 개념에 관련되지만 순수 개념 자체는 아니다 ─ 은 수학으로 포착할 수 있는 참된 자연을 뚜렷하게 만들어내게 이끈다. 우리는 사물이 색칠된 것을 보지만, 색깔에 관한 개념, 또한 우리가 우선 획득할 수 있는 순수 색깔에 관한 이상적 개념은 아직 그 개념에 의해 지각된 것이 정밀하게 규정될 수 있을 색깔에 관한 개념이 아니다. 이와 같은 것을 수행하는 수학적 광학의 개념형성은 자신의 경험색깔〔색조〕을 지닌 경험작용에 근거를 두지만, 그 자체가 이 경험색깔에 내재하는 것은 아니며, 이 경험색깔에서 직접 이념형성을 통해 이끌어낼 수 있는 이상적 개념이 아니다.

　다른 한편 우리가 그것이 그 자체로 존재하는 바의 객체로 만들려는 의식현상은 당연히 자연처럼 다른 것을 통해 제시되는 것 그리고 다른 것으로부터, 즉 현상으로부터 뚜렷하게 만들어낼 수 있는 것이 아니다. 우리가 그것을 규정하는 데 사용하는 개념은 오직 의식현상 자체에서만 이끌어낼 수 있고, 그것이 주어짐에 관해, 더구나 충전적으로 주어짐에 관해 추상화할 수 있다. 여기에서 흐르는 것을 발견하면 우리는 바로 이 흐름의 이념을 형성해야 하며, 모호함을 발견하면 모호함의 이념을 형성해야 한다. 일정한 영역에서 오직 유형적 차이만 발견할 수 있다면, 유형의 개념을 형성해야 한다.

　이렇기 때문에 우리는 결코 어떤 흐름 속에 빠져들지 않는다. 우리는 거의 간과할 수 없는 다수의 엄밀하게 포착할 수 있는 차이를 지닌다. 그리고 낮은 단계의 구체화된 것이 단지 흐르면서 유형적으로 구별될 수 있는 곳에서도, 어쨌든 우리는 더 높은 일반성에서 ─ 수학적 차이는 아니더라도 ─ 흐르는 이행(移行)을 통해 밝혀낼 수 없는 확고한 개념을 어디에서나 발견하게 된다. 그래서 지각 일반과, 더 특별하게는 물리적인 것에 관한 지각도 절대적으로 확고한 것, 더구나 그 일반성에서 기술할 수 있는 것이다. 지각과 진술 또는 지각작용과 의지작용, 의지작용과 기뻐함 등 ─ 이것은 외적 경험의 영역에서 색깔과 음에 관한 상상력에 의한 차이처럼 확고하고 절대적으로 분리된 현상학적 부류의 차이다.

바로 이것이 모든 영역에서 상상력에 의한 이념을 가능케 하고, 외적 경험의 영역에서도 가치 있는 일반적 구별·분류·기술을 가능케 하며, 이러한 영역에서 체계적 형상학의 목적에 의미를 부여한다. 왜냐하면 우리는 본래 낮은 단계의 구체화된 것과 구체적 일반성의 경우 오직 흐름 속에만 있지만, 더 높은 단계의 일반성으로 들어갈 때는 그렇지 않기 때문이다. 상상력으로 생각해낼 수 있는 모든 유형의 분류는, 방금 전에 이미 말했듯이, 외적 경험의 분야 속에 목적으로 제기될 수 없다.

적어도 나는 사람이 심지어 감성적 공간형태의 분야에서도 형태에 관한 가능한 모든 유형을 고정시키는 것에 착수할 수 없다는 사실을 알지 못한다. 왜냐하면 그 유형은 항상 그 자체로 또 필연적으로 흐르는 것을 지녔으며, 우리 스스로 다시 유형적으로 포착할 수 있게 이행하는 형태를 통해 전달되기 때문이다. 어쨌든 흐르면서 서로의 속으로 이행하는 모든 음(音)의 형태[멜로디]를 포착하려는 등의 경우도 마찬가지다.* 다른 한편 우리는, 그에 상응하는 일반성 ─ 예를

---

* 후설은 1904~1905년 강의 「시간의식」에서 개별적 음이 자극이나 운동신경이 정지함으로써 완전히 소멸되는 것이 아니라, 이미 지나간 음이 의식 속에 여전히 파악되어 유지하면서 새롭게 울리는 음과 조화를 이루어 멜로디가 형성되

들어 공간적인 것 일반, 음향적인 것 일반 등과 같은 일반성 ── 으로 이행하면, 심연을 통해 분리된 개념을 갖는다. 더 나아가 우리는 모든 분야에서 유형적으로 주된 차이와 정상의 차이를 충분히 고정시킬 수 있고, 그래서 일정한 수준의 일반성 속에 남아 있는 가치 있는 기술(記述)을 할 수 있다.

더구나 어쨌든 의식형태의 영역에서 현상학적 환원을 하면, 우리는 심리적인 것의 영역에서도 현상학적 환원을 아주 특별하게 한다.

는 내적 시간의식의 흐름이 지닌 지향성의 심층구조를 상세히 분석했다.

『이념들』제1권에 대한 후기*

머리말

    다음의 지면(紙面)은 전체로 내가『이념들』〔제1권〕(바로 앞에 있는) 영역판**에 대한 서문으로 첨부하는 본문에 주석을 다는 상론으로 제공된다. 이 지면은, 내가 나의 선험적 현상학의 참된 의미를 덮어 감추었던 일반적 오해에 관해 진술하기 때문에, (더 거대한 전체의 단편으로만 출간된) 이 저술의 독일어 독자에게도 유익할 것이다.

    사람들은 흔히 철학적 전통의 사유관습에 사로잡혀, 방법과 연구의 장(場)에 관해 이 현상학의 철저히 새로운 점을 보지 못하고 놓쳐 버린다. 그래서 가장 철저한 학문성(學問性)의 정신 속에 계속되어야

---

  * 이것은 후설이 1913년 공동편집인으로 출간한『철학과 현상학적 탐구 연보』제11권(1930) 549~570쪽에「나의『순수현상학과 현상학적 철학의 이념들』에 대한 후기」로 실렸다.『연보』는 이 제11권이 마지막이었으며,『이념들』제1권 은『연보』창간호(1913)에 발표되었다.

  ** 깁슨(W.R.B.Gibson)은 후설이 1922년 6월 런던 대학에서 행한 4회의 강연「현상학적 방법과 현상학적 철학」에서 크게 영향을 받아 현상학에 관심을 갖게 되었고, 나중에 후설과 상의해 1931년『이념들』제1권의 영역본을 출간했다.

할 냉정한 작업에서 생각해낼 수 있는 모든 철학의 문제를 단계적으로 근원에서 진정하게 공식화하고 해결해야 할 길을 우선적으로 열어야 하고 또 그 출발부분을 논쟁해야 할 결코 지나치지 않은 그 요구조차도 이해하지 못하게 된다.

물론 (영국철학과 매우 다른) 독일철학의 상황──독일철학에서 경쟁하는 생철학(Lebensphilosophie), 새로운 인간학(Anthropologie),* '실존'(Existenz)철학과 함께──은 고려되지 않는다. 따라서 내 현상학의 이러한 측면에서 형성되었고 또 내가 철학이라는 개념을 파악한 것과 매우 밀접하게 연관된 '주지주의'(主知主義)나 '합리주의'에 대한 비난도 고려되지 않는다. 철학이라는 개념에서 나는 플라톤을 통해 처음으로 확고하게 공식화된 이래 우리 유럽의 철학과 학문에 기초가 되었고 이 철학과 학문에 잃어버릴 수 없는 과제를 지시했던 철학의 가장 근원적인 이념을 회복한다. 철학은 나에게는, 그 이념상, 보편적이며 또 근본적 의미에서 '엄밀한'(streng) 학문으로 간주된다. 이러한 철학은 궁극적 정초에 입각한 학문, 또는 궁극적 자기책임(Selbstverantwortung)에 입각한 학문이다. 따라서 이 궁극적 자기책임에서는 술어나 술어 이전의 어떠한 자기이해도 심문되지 않은 인식의 토대로 기능하지 않는다. 그것은, 내가 강조하듯이, 계속 숙고해가는 설명이 가리키듯이, 단지 상대적인 잠정적 타당성의 양식(樣式)으로만 또 무한한 역사적 과정에서만 실현될 수 있는──어쨌든 사실상 그와 같이 실현될 수도 있는──이념이다.

---

* 여기서 '인간학'은 칸트나 포이어바흐(L. A. Feuerbach)의 인간학과 같은 일반적 의미나 생물학·심리학·사회과학 등의 실증과학적 방법에 의거한 문화인류학 또는 사회인류학을 뜻하는 것이 아니라, 정신과 생명을 지닌 인간의 본질과 특수한 지위 그리고 근본적 존재방식을 규명하려 했던 셸러(M. Scheler)의 철학적 인간학을 뜻한다.

우리의 실증과학에서 이 이념은, 자신의 기초를 놓는 본성 때문에 실제로 거의 충족되지 못해도, 그 역사적 기원에 적합하게, 계속 살아 있다. 잘 알려져 있듯이, 이러한 사실로부터 실증과학에는 최근의 발전에 어려움이 생겼고, 동시에 엄밀한 학문과 — 보편적으로 파악해보면 — 엄밀한 학문으로서 철학의 거대한 계획을 전반적으로 당장 불신하게 위협하는 회의(懷疑)가 확산되었다. 이 회의에 성급하게 굴복하는 대신, 철학이라는 이념의 진정한 의미를 지향적으로 해석하고 그 이념을 실현할 가능성을 증명하기 위해 근본적으로 숙고하는 것이 나는 우리 시대의 올바른 과제이며 더구나 중요한 과제라 여긴다. 이러한 일은 궁극적으로 생각해낼 수 있는 인식의 전제에 관해 되돌아가 묻는(Rückfrage) 방법을 체계적으로 형태지음으로써만 결정적으로 또 풍성하게 이루어진다.

되돌아가 물음은 우선 모든 이론화(理論化) 속에 이미 학문 이전의 것으로 전제된 보편적 주체의 존재(subjektives Sein)와 삶(Leben)으로 이끌고, 이것으로부터 — 이것은 가장 결정적인 단계다 — 모든 의미를 부여하고 존재를 확증하는 근원지인 (예전 단어이지만 새로운 의미를 지닌) '선험적 주관성'(transzendentale Subjektivität)으로 이끈다. '엄밀한 학문으로서의 철학',* 게다가 보편적이며 절대적으로 정초하는 학문으로서의 철학은, 새롭고 가장 철저한 진지함에서 그 철학을 실제로 정초하는 시도가 이루어지기 이전에 또는 그러한 성향

---

* 후설 현상학에서 추구하는 이념인 '엄밀성'은 실증적 자연과학의 '정밀성'(Exakt)과 다르며, 논리적 일관성을 뜻하는 '정합성'(整合性)도 아니다. 그것은 객관적 학문의 궁극적 근원으로 되돌아가 물음으로써 그 타당성의 근거를 밝히고 진정한 학문으로 정초해 이론적 앎과 실천적 삶을 철저한 자기책임 아래 실현하려는 의지의 결단을 포함하는 선험적 개념이다. 이 명칭은 후설이 1911년 『로고스』 창간호에 자신의 현상학을 간명하게 밝힌 논문의 제목 그대로다.

속에 발생된 현상학적 학문, 즉 이와 동일한 진지함에서 숙고된 새로운 출발의 현상학적 학문 이전에, 포기되면 안 된다.

나는 여기에서 나의 현상학적 철학을 극히 외견상 대조시킴으로써 엄밀한 학문과 철학 사이를 구분하려는 현대의 반대흐름과의 더 자세한 논쟁에 끼어들 수 없다. 단지 이러한 측면에서 제기된 모든 반론은 결코 정당화될 수 없다는 사실만 명백하게 말할 수 있다. 그 반론은 나의 방법적 조치가 추상적 일면성에 삽입된 주지주의, 일반적으로 또 원리상 근원적-구체적 주관성에, 즉 실천적-활동적 주관성에 그리고 이른바 '실존'의 문제에, 마찬가지로 형이상학적 문제에 접근하지 않는 주지주의라는 것이다.

이 반론은 모두 오해에 기인하며, 궁극적으로 나의 현상학을 그 전체 의미를 파괴시키는 수준으로 되돌려 해석하는 데 기인한다. 또는 '현상학적 환원'의 원리상 새로운 점을 이해하지 못한 사실, 그래서 세속적(mundan) 주관성*(인간)에서 '선험적 주관성'으로 상승하는 것을 이해하지 못한 사실, 따라서 경험적이거나 아프리오리한 인간

---

* 후설은 '선험적'(transzendental)이라는 용어를 칸트를 통해 받아들였다. 칸트는 "대상이 아닌 대상 일반을 인식하는 방식을 다루는—아프리오리하게 가능한 한—모든 인식"(『순수이성비판』, B 25)을 '선험적'이라 부른다. 즉 "모든 경험을 넘어서는 것이 아니라, 그 경험에 (아프리오리하게) 선행하지만 경험의 인식을 가능케 하는 조건"(『프롤레고메나』[Prolegomena], 373쪽 주)이다. 그러나 후설은 선험적 현상학을 발전시켜가면서 "칸트가 인식과 인식대상성의 상관관계의 참된 의미, 즉 구성이라는 특수한 선험적 문제의 의미를 파고들어가지 않았기 때문에 칸트와의 일치는 단지 외적인 것일 뿐"(『제일철학』, 386쪽)이라 밝힌다. 요컨대 후설의 '선험적'이라는 용어는 인식의 형식적 가능조건을 문제삼는 것에서 더 나아가 "모든 인식형성의 궁극적 근원으로 되돌아가 묻고 …… 자기 자신과 자신의 인식하는 삶을 스스로 성찰하려는 동기"(『위기』, 100쪽: 『경험과 판단』, 48~49쪽)인 철저한 반성적 태도를 뜻한다. 그러므로 칸트나 신칸트학파에서 '선험적'에 대립되는 용어는 '경험적'(empirisch)이지만, 후설에게서 그것은 자연적 태도를 취하는 '세속적'이다.

학—나의 학설에 따르면 이것은 여전히 특수한 철학적 토대에 결코 도달하지 못한 것이며, '선험적 인간학주의'나 '심리학주의'*로 전락한 것을 철학으로 간주하는 것을 뜻한다—에 빠져 있다는 사실에 기인한다. 이러한 사실을 낱낱이 입증하는 데는 독자적인 거대한 논문이 필요할 것이다. 그밖에 나는 학문의 소관사항에서 비판보다는 오히려 수행된 연구작업이 중요한 문제인데, 이 연구작업은 많이 오해받고 자주 그 연구작업을 벗어나 논증되더라도 결국 견뎌낸다는 나의 예전 확신을 계속 고수한다.

『이념들』[제1권]이 알린 것은, 아직도 항상 확신하듯이, 내가 그동안 끊임없이 진척시키려 애써왔던 연구작업의 출발부분이다. 나는 그 작업을 진행 중이고, 아마 내년 초에 출판될 책**이 이처럼 성급한 시대에 무척 고통스럽고 아주 냉철하게 실질적으로 구축된 이론을 살펴볼 시간적 여유가 있는 사람에게 내가 말하는 의미에서 선험적 현상학이 실제로 철학의 보편적 문제지평을 포괄하며 그 방법학(Methodik)을 미리 마련했다는 사실을 입증하기 희망한다. 따라서 그 현상학이 실제로 구체적 사람들에게 제기될 수 있는 모든 문제—이른바 모든 형이상학적 문제까지 포함해—를, 물론 이 현상학이 비로소 근원적으로 형태짓고 비판적으로 경계지을 자격이 있는 가능한 의미를 그 현상학이 일반적으로 지닌 한, 자신의 장(場) 속에 갖는다는 사실을 입증하기 희망한다.

---

* 후설은 『논리연구』 제1권에서 이념적 논리법칙을 심리적 사실에 근거한 실재적 심리법칙으로 간주하는 심리학주의는 결국 회의적 상대주의에 빠질 수밖에 없다고 비판했다. 더 자세한 내용은 '옮긴이 해제'를 참조할 것.

** 이 책의 편집자 비멜의 주석에 따르면, 후설은 1931년 콜랭(A. Colin)이 프랑어로 번역해 출간한 『데카르트적 성찰』을 지적하고 있다. 이 '파리 강연'의 초고는 1950년 슈트라세(S. Strasser)가 편집해 후설전집 제1권으로 출간했다.

1

　오직 제1권만 출판된 나의『순수현상학과 현상학적 철학의 이념들』은 순수현상학 또는 선험적 현상학이라는 명칭 아래, 데카르트 이래 철학적 발전의 전체 진행을 통해 준비된 학문*이라도, 오직 그 학문에 고유한 새로운 경험 장, 즉 ‘선험적 주관성’의 경험 장에 관련된 새로운 학문을 정초하려 한다. 따라서 여기에서 선험적 주관성은 사변적으로 구축한 산물을 뜻하지 않으며, 본질적 근거에 입각해 지금까지 접근할 수 없더라도, 자신의 선험적 체험·능력·작업수행을 지닌 직접적 경험의 절대적인 독자적 영역이다. 이론적 의도 그리고 우선 기술하는 의도에서 선험적 경험**은 자연적 경험, 즉 세속적 경험이 경과하는 태도를 철저하게 변경해야만 비로소 가능해지며, 이 태도변경은 선험적–현상학적 영역에 접근할 방법인 ‘현상학적 환원’을 뜻한다.

　선험적 현상학은 이 책에서 이러한 경험 장의 경험–사실에 대한 경험적 학문으로 정초되지 않는다. 그때그때 제공되는 사실은 단지 범례(Exempel)***로만——가장 일반적인 것에 따라 경험적 범례가 수

---

*　후설은 “데카르트 이래 철학의 전체 발전과정은 선험적 현상학의 길을 준비하면서 은근히 선험적 현상학을 동경해왔다”(『이념들』제1권, 118쪽;『제일철학』제1권, 240쪽;『제일철학』제2권, 4쪽)며, 이것을 “근대철학의 운명”(『위기』, 12쪽)으로 간주해 데카르트부터 칸트까지 근대철학사를 목적론으로 해석한다.

**　이것은 의식이 직접 제시되는 대상의 핵심을 넘어 함께 간접적으로 제시되는 것을 통각할 가능성과, 과거에 근원적으로 건설한 습득성(Habitualität)을 언제나 생생하게 복원할 수 있는 침전된 소유물에 대한 자기 경험을 뜻한다.

***　후설이 표상(지각·판단)작용, 정서작용, 의지작용으로 이루어진 의식의 표층구조를 정적으로 분석할 때 객관화하는 표상작용에 집중한 것은, 그것이 의식의 각 영역에 공통으로 포함된 가장 기본적인 “모든 작용의 근본토대”(『논리연구』제2-1권, 439쪽)라는 점 이외에, 그 작용들의 정초관계를 밝히려는 시도의

학자에 이바지하듯이 ─ 이바지한다. 따라서 예를 들어 주판(珠板)의 직관적인 사실적 숫자그룹이 순수 일반성에서 가령 2, 3, 4 …… 일반, 순수 수(數) 일반 그리고 이것과 관련해 순수 수학의 명제, 수학의 본질일반성을 통찰해 포착하기 위해 단순한 범례로 이바지하는 것이다. 그러므로 이 책에서 중요한 문제는 '아프리오리한'(근원적-직관적으로 일반적인 것에 형상적으로 향한) 학문이다. 이 학문은 선험적 주관성의 사실적 경험 장을 그 사실적 체험과 함께 단순히 순수한 가능성으로 요구하고, 이것을 완전히 임의로 변화된 순수 직관의 가능성과 동등하게 다루며, 이제 모든 자유로운 변화를 관통해가는 선험적 주관성의 견고한 본질구조를 자신의 '아프리오리'(Apriori)로서 명백하게 제시한다.

선험적인 것(Transzendentales)*으로 환원과 동시에 형상(Eidos)으로 이 계속된 환원**이 새로운 학문을 연구할 장에 접근하는 방법이기

한 '범례'이기 때문이다. 이념적 대상성을 분석할 때도 수학적 대상을 하나의 '범례'로 우선적으로 다룬다.

* 후설이 '선험성'(Transzendentalität)이라고도 표현하는 이 용어는 소박한 자연적 태도에서의 존재정립을 판단중지함으로써 드러난 새로운 차원, 즉 선험적 환원을 통해 밝혀진 순수 자아(선험적 주관성)와 그 체험영역 전체의 본질적인 지향적 상관관계를 뜻한다. 따라서 그 의미상 경험적 태도에서 드러나는 '경험 세계'와 대조되는 '선험세계'로 이해할 수 있다.

** 환원에는 자연적 태도의 일반 정립(Generalthesis)에 깃든 확신과 타당성을 일단 괄호 속에 묶어 경험의 새로운 영역을 볼 수 있게 만드는 '판단중지', 개체적인 우연적 현상에서 상상(Phantasie)에 따른 자유변경(freie Variation), 즉 이념화작용(Ideation)을 통해 보편적인 필연적 형상(Eidos, 본질)을 직관하는 '형상적 환원', 의식초월적 대상을 의식내재적 대상으로 환원해 대상과 본질적 상관관계에 있는 선험적 자아와 그 체험영역 전체(즉 선험적 주관성)를 적극적으로 드러내 밝히는 '선험적 환원' 등이 있다. 물론 이것들은 시간적 선·후의 구별이 아니라, 서로 다른 목적에 따른 논리적 구별이다. 단지 여기에서는 선험적 환원이 형상적 환원보다 먼저 수행되는 것처럼 서술할 뿐이다.

때문에, 이 학문을 체계적으로 열기 시작하는 본래의 출발이 그 특징을 나타낸 환원을 다루는 절(節)*에 있다는 사실이 명백해진다(이러한 사실을 미리 예리하게 강조해야 한다). 단계적으로 명시된 것을 따라가면서 그때부터 비로소 내면으로 동행하는 독자는 여기에서 실제로 특유한 새로운 것을 만들었는지 ─ 만든 것이지 [결코] 구축된 것이 아니며, 실제로 일반적 본질직관에 입각해 길어내고 기술된 것이다 ─ 판단할 수 있다.

형상적 현상학은 이 책에서 단순히 형상적으로 '기술하는' 영역, 즉 선험적 주관성의 직접 통찰할 수 있는 본질구조의 영역에 제한된다. 왜냐하면 이 영역은 이미 그 자체로 체계적으로 완결된 무한한 본질특유성을 형성하기 때문이다. 따라서 이 영역은 논리적 연역을 통해 획득할 수도 있는 체계적인 선험적 인식을 포기한다. 어쨌든 기술하는 분야도 쉽게 접근할 수 있는 수준에 제한된다. 왜냐하면 내재적 시간분야에 시간화(Zeitigung)의 문제제기는 제외되기 때문이다 (이에 관해서는 『현상학과 현상학적 탐구 연보』** 제9집에 발표된, 「1905년 내적 시간의식 강의」를 참조할 것). 자아의 문제, 인격성의 문제, '감정이입'(Einfühlung)의 선험적 문제는 [『이념들』] 제2권을 위해 남겨두었다.

형상적 기술은 수학적 학문에 대립된 이 새로운 아프리오리한 학문에 전체 양식(樣式)의 차이다(그러나 유일한 차이는 아니다). 수학적 학문은 '연역적' 학문이고, 이것은 그 학문-이론적 양식에서 간접

---

* 이것은 『이념들』 제1권 제2장 제4절 '현상학적 환원'을 뜻하지만, 자연적 태도의 일반정립이 지닌 타당성을 괄호치는 '판단중지'도 환원의 예비단계이므로, 그 제1절 '자연적 태도의 정립과 이것의 배제'도 포함한다고 볼 수 있다.

** 이 연보는 『철학과 현상학적 탐구 연보』로, 후설이 '철학'을 '현상학'으로 잘못 인용한 것이다.

적인 연역적 인식이 모든 연역을 정초하는 직접 공리적 인식에 대립해 비교할 수 없을 만큼 우세하다는 것을 뜻한다. 무한한 연역은 여기에서 몇 가지 공리에 의거한다. 그러나 우리는 선험적 영역에 대해 모든 연역에 앞서 놓여 있는 무한한 인식을 가지며, 철저히 직관적 상징론(Symbolik)으로서 각각의 방법적-구축적 상징론에서 벗어난 그 간접성(지향적 함축의 간접성)은 연역과 전혀 관계가 없다.

2

종종 일어난 오해에 대해 여기에서 다시 한 번 경고해야 할 것이다. 처음에 저자[나]의 (이 책에서 예고한 계속될 부분 속에 정초될 수 있는) 직관에 따라 모든 근본적-학문적 철학은 현상학의 기초에 기인한다는 사실, 그러한 철학은 넓은 의미에서 '현상학적 철학'이라는 사실을 예시로 언급하더라도, 이것이 철학은 일반적으로 또한 오직 아프리오리한 학문일 뿐이라는 사실을 뜻하지 않는다. 이 책의 과제설정, 즉 선험적 주관성의 형상적 본질에 관한 학문의 과제설정은 그것에 의해 사실적인 선험적 주관성에 관한 학문이 이미 수행되었다는 견해를 전혀 내포하지 않는다. 실로 수학적 학문을 고려하는 것, 즉 수학적 학문에 상응하는 사실과학을 위한 거대한 논리적 도구를 고려하는 것은 그 정반대를 예견할 수 있게 할 것이다.

가장 엄밀한 의미에서 사실과학, 즉 참된 이성적 자연과학은 자연의 순수 수학을 자립적으로 형성하는 데 입각해야 비로소 가능해진다. 어디에서나 마찬가지로 순수 가능성에 관한 학문은 사실적 실제성에 관한 학문에 선행해야 하며, 사실적 실제성에 관한 학문은 자신의 구체적 논리학으로서 주도적 역할을 해야 한다. 선험적 아프리오리의 체계에 대한 작업수행의 권위가 훨씬 더 높더라도, 이러한 것은 선험철학에서도 마찬가지다.

3

일반적으로 선험적 현상학과 '기술적' 심리학 또는, 최근 종종 말하듯이, '현상학적' 심리학 사이의 차이에 대한 이해나 적어도 확실한 숙달은 사태의 본성에 근거한 커다란 어려움을 초래한다. 이것은 현상학적 경향을 띤 탐구자조차 압도되는 오해로 이끌었다. 여기에 몇 가지 해명하는 설명이 유익할 것이다.

이 책에서 '현상학적 환원'이라 부른 (우리는 지금 더 명백하게 '선험적-현상학적 환원'이라 한다) 태도변경을 그때그때 철학을 하는 자 (Philosophierendes)인 나는 자연적 태도에서 실행한다. 이 자연적 태도에서 나는 나 자신을 우선 일상적 의미에서 자아로 경험하며, 세계속에 다른 사람 가운데 살고 있는 이러한 인간적 개인으로 경험한다. 심리학자로서 나는 일반적으로 하나의 '자아'의 방식으로 이러한 존재와 삶을 만들며, 인간을 '영혼의' 관점에서 주제로 삼는다. 순수하게 내면으로 전환해 오직 이른바 '내적 경험'(더 정확하게 말하면, 자기경험과 '감정이입')을 따르면서 그리고 인간의 물체성을 포함하는 모든 심리물리적 문제를 잠시 보류하면서, 나는 그것이 자체로 그 자신인 영혼적 삶의 근원적이고 또 순수하게 기술하는 인식을 획득한다. 이것은 여기서 나 자신에게 오직 지각에 적합하기 때문에 가장 근원적인 것이다.

종종 일어나듯 직관이 주어진 것에 순수하고 충실하게 결합된 기술 (記述)을 '현상학적 기술'이라 부른다면, 그래서 영혼적인 것에 고유한 본질적인 것의 직관인 내적 직관의 토대 위에 순수하게 [기초한] '현상학적 심리학'이 생긴다. 사실 여기에서 올바른 방법(이에 대해서는 나중에 더 논의해야 할 것이다) 속에 빈약하게 유형화하고 분류해가는 기술뿐 아니라 거대한 독자적 학문도 생긴다. 본래 여기에서도 가능하듯이 우선 이러한 내적 직관영역의 실제적 사실에 관한 학문이 아니라 본질학문을 목적으로 제시하고, 그래서 어떤 영혼·영혼적 삶의 일정한 공동체가 지닌 불변하는 고유한 본질적 구조──즉 이것의 아프리오리──에 관해 심문할 때 비로소 〔거대한 독자적 학문이 생기는데도 불구하고〕 그러하다.

이제 선험적-현상학적 환원을 하면, 즉 자연적 내면심리학의 태도를 변경──이 변경을 통해 그 태도는 선험적 태도가 된다──하면, 심리학적 주관성은 소박하게 경험에 적합하게 미리 주어진 세계 속에 실재적인 것으로 타당성을 자신에게 부여하는 것을 바로 상실하고, 미리 주어진 공간-시간적 자연 속에 현존하는 일정한 신체의 영혼이라는 존재의미를 상실한다. 왜냐하면 신체와 영혼을 지닌 자연, 즉 소박하게 단적으로 나에게 존재하는 것의 전부인 세계 일반은 현상학적 판단중지를 통해 그 존재타당성을 상실하기 때문이다.

여기에서 우리가 이미 완전히 분명하게 밝힌 이 판단중지, 곧 경험세계에 관해 존재신념을 '실행-밖에-둠'이 뜻하는 것, '순수 주관성'을 이론적으로 겨냥하는 어떠한 것이 판단중지를 통해 비로소 가능해진다는 점이 결정적으로 중요하다. 한편으로 우리에게 끊임없이 또 아주 확실하게 존재하는 것으로 미리 주어진 이 세계에 관한 모든 판단, 즉 경험적 태도에 기인하는 모든 판단은 제외되며, 그래서 확증의 원천으로서 자연적-세속적 경험에 기인하는 모든 실증과학도 제외된다. 이 실증과학에는 자명하게 심리학도 포함된다.

다른 한편 이 판단중지를 통해 시선은 보편적 현상에 대해 자유로워진다. 보편적 현상은 곧 '순수하게 의식세계 그 자체', 다양하게 흘러가는 의식 삶 속에 의식된 것으로서 순수한 것, '합치하는' 다양한 경험에서 그렇게 합치하는 가운데 '실제로 존재하는 것'으로 의식에 적합하게 특성지어진 '원본적으로' 나타나는 것으로서 특수하다. 그러나 이 경우 '실제로 존재함'의 이러한 특성이 '무화(無化)하는 가상(Schein)'의 특성으로 뒤집히는 것은 개별적으로 또한 오직 개별적으로만 일어날 수 있다. '나에게 존재하는 세계'(그런 다음 '우리에게 존재하는 세계')의 이 보편적 현상을 현상학자는 자신의 새로운 이론적 관심의 장(場), 새로운 종류의 이론적 경험과 경험탐구의 장으로 만든다. 현상학자는 일관되게 활동하는 현상학적 태도 속에 제공되는 '순수 현상'에 의해 이끌릴 수 있으며, 존재자의 무한한 영역, 즉 그 자체로 완결된 절대적인 자립적 영역이 열리는 것을 보게 된다. 이것은 순수 주관성, 선험적 주관성의 영역이다. 이 영역 속에 그가 이전에 자연적 태도에서 접근할 수 있었던 세계의 모든 사건은 그에 상응하는 순수 현상, 선험적 현상을 통해 대변되며, 바로 이 현상 속에 그에게 세속적인 것(Weltliches) 그 자체는 '존재한다', 즉 존재하는 것으로 그리고 어쩌면 확증된 것으로 간주된다.

이 환원이 일단 분명해지면, 그런 다음 어떻게 환원이 내적 경험의 심리학적 주체와 이 내적 경험 자체에 완전히 근본적으로 관계하는지, 따라서 그때그때 현상학자의 자아인 나의 고유한 자아에 관계하는지 이해하게 된다. 선험적 현상의 나의 장(場) 안에서 나는 더 이상 이론적으로 타당한 인간-자아가 아니며, 나에게 존재하는 것으로 간주된 세계 안에서 더 이상 실재적 객체가 아니다. 오히려 나는 이 세계에 대한 주체로만 정립되며, 이 세계 자체는 나에게 다양하게 의식된 것으로, 나에게 다양하게 나타나고, 믿어지고, 술어로 판정되고, 평가된 것 등으로, 따라서 그 존재확실성 자체가 함께 '현상'에 속하고 나의 '의식해 가짐'(Bewußthaben)과 그 '내용'의 다른 양상일 뿐인 방식으로 정립된다.

현상학자가 자신이 선험적으로 기술한 것 전체에 의해 세계와 자신의 인간-자아에 관한 최소한의 것도 세속적〔세계의〕 존재자로서 그렇게 판결하지 않는다면, 어쨌든 그것에 관해 그가 끊임없이 존재하는 것으로 판단하는 것은 자신의 자아다. 그러나 이제 그것은 선험적 자아, 즉 자신 속에 우선 첫째로 존재타당성이 되는 모든 세속적 존재에 '앞서' 그 자체로 또 그 자체에 대해 절대적으로 존재하는 자아다. 동시에 영혼의 현상학적-심리학적 내용 전체에 관계하는 의미변경을 인정하지 않은 채 어쨌든 바로 이 내용은 선험적-현상학의 내용이 되며, 거꾸로도 마찬가지로 선험적-현상학의 내용은 자연적-심리학적 태도로 되돌아감으로써 다시 심리학의 내용이 된다. 이러한 대응관계는, 실로 심리학적 학문과 특히 '기술적' 심리학 또는 '현상학적' 심리학을 형성하는 모든 관심에 앞서 철학적 동기부여로부터 선험적 현상학을 실행에 옮길 때, 따라서 직접 현상학적 환원을 통해 선험적 자아가 시선 속에 세워지고 선험적으로 기술하는 주제가 될 때, 또한 상존함에 틀림없다.

그래서 올바로 실행된 현상학적 심리학과 선험적 현상학 사이에는 주목할 만하게 시종일관 평행한다. 어떤 측면에서 각각의 형상적 확립뿐 아니라 경험적 확립에는 그에 대립된 측면에서 평행하는 것이 상응한다. 어쨌든 이 이론적 내용 전체도 한편으로 그 내용이 자연적 태도에서 심리학, 즉 미리 주어진 세계에 관련된 실증과학으로 간주될 때 전혀 비-철학적 학문이며, 다른 한편으로 '동일한' 내용은 선험적 태도에서, 따라서 선험적 현상학으로 이해된 태도에서 철학적 학문이다. 그 내용은 게다가 이제부터는 모든 철학적 인식의 유일한 토대로 남아 있는 선험적 토대를 기술해 검토한 것으로서 철학적으로 기초적 학문의 지위를 획득한다.

사실 여기에 이해하기 어려운 주된 점이 놓여 있다. 왜냐하면 사람들은 단순한 태도변경을 통해 생긴 그 '미묘한 차이'(Nuance)가 실로 모든 진정한 철학에 대해 결정적인 중요한 의미가 있다는 점을 무리한 요구로 느낄 것이 틀림없기 때문이다. 이 '미묘한 차이'의 완전히 유일한 의미는 오직 철학을 하는 자가 '철학'이라는 표제 아래 본래 무엇을 의도하는지에 관해, 또 그가 원리상 다른 것을 어느 정도까지 '실증'과학으로 의도해야 하는지에 관해, 따라서 다른 것을 〔어느 정도까지〕 경험을 통해 미리 주어진 세계로 이론적으로 지배해야 하는지에 관해 철학을 하는 자의 철저한 자신과의 의사소통을 통해서만 명증하게 될 수 있다. 이러한 의사소통이 실제로 철저하게 또 일관되게 수행되었을 때, 그 의사소통 속에 다음과 같은 필연적 동기부여가 생긴다. 즉 철학을 하는 자아가 그 자신의 주관성을 소급해 숙고하게 강요하는 동기부여가 생긴다. 이 주관성은 실제적이거나 가능한 자신의 모든 자연적-세속적 경험 속에 궁극적으로 경험하는 자아, 계속해 그 어떤 방식으로 활동하며 이 가운데 학문적으로 인식하는 자아, 따라서 '자아인-이-인간이-세계-속에-경험하고(Ich-dieser-Mensch-in-der-Welt-erfahre), 사유하며, 행동하는 것'의 모든 자연적 자기인식에 실로 앞서 놓여 있는 주관성이다. 요컨대 이 자신과의 의사소통에서 철학이 일반적으로 그 자체로 최초의 경험토대에 대한 자신의 고유한 계획을 세우고 그래서 일반적으로 시작할 수 있는 절대적 요구로서 현상학적 전환이 생긴다.

철학은 오직 선험적-현상학적 태도에서만 학문으로 시작할 수 있으며, 그 이상의 모든 철학적 행위에서 일반적으로 오직 선험적-현상학적 태도에서만 학문으로 영향을 미칠 수 있다. 바로 그렇기 때문에 기술하는 아프리오리한 현상학(이『이념들』에서 실제 작업으로 채택된 것)은 선험적 토대를 직접 검토한 것으로서 그 자체로 '최초의 〔제일〕 철학',* 즉 출발(Anfang)의 철학이다. 매우 정확하고 또 깊이 파고들어가는 해석이 필요한 이 동기부여가 생생하며 또 불가피한 통찰이 될 때만, 다음과 같은 사실이 분명해진다. 즉 순수 내면심리학(Innenpsychologie)에서 선험적 현상학으로 이행하는 무엇보다 특이하게 나타나는 '미묘한 차이'(Nuancierung)는 철학——근본적 학문성(學問性) 속에 궁극적 자기책임에 입각해 정초되어야 할 자신의 특유한 의미가 무엇을 요구하는지, 어떤 토대와 방법을 요구하는지를 아는 철학——의 존재와 비-존재를 결정한다는 사실이다. 그러한 자신과의 의사소통에서 비로소 심리학주의(Psychologismus), 즉 철학을 인간학이나 심리학, 인간 또는 인간의 영혼 삶에 관한 실증과학에 근거지으려는——철학의 순수한 의미를 손상시키는 오류인——선험적 심리학주의*인 심리학주의의 본래 근본적인 가장 깊은 의미도 이해된다. 우리가 취한 조치에 따라 순수 내면심리학도 아프리오리한 학문으로 형성된다면, 그것은 이러한 오류에서 아무것도 변경하지 않는다. 그렇다면 순수 내면심리학 역시 실증과학으로 남게 되고, 단지 '실증'과학 또는 '독단적' 학문을 기초지을 수 있지만, 결코 철학을 기초지을 수는 없다.

---

* '제일철학'(Erste Philosophie)이라는 용어는 아리스토텔레스가 철학의 한 분과로 도입했으나, 그 후 '형이상학'(Metaphysik)이라는 표현으로 대체되었다. 후설은 이 고대의 표현을 다시 채택함으로써 보편적 이성에 대한 탐구라는 보편적 존재론의 이념을 복원하고, 데카르트의 『제일철학에 관한 성찰』(*Meditationes de prima philosophia*)이 독단적 형이상학이라는 점을 비판했다. 이 표현은 1920년 중반부터 '선험철학'(Transzendentalphilosophie)으로 사용된다.

* 이것은 자연적 태도의 심리학주의는 아니지만 여전히 인격적 태도에서 심리적 현상을 기술하는 심리학주의(심리학적 현상학)를 뜻하며, 후설의 입장에서는 심리적 현상의 고유한 본질구조를 해명하는 선험적 현상학에는 아직 이르지 못한 것이다.

4

나는 여러 해에 걸쳐 숙고한 끝에, 삶과 학문의 자연적 실증성(Positivität)을 쫓아내는 그러한 동기부여와 현상학적 환원을 필연적으로 만드는 선험적 전환을 절대적으로 투명하게 또 불가피하게 명백히 제시하기 위해, 다르지만 동등하게 가능한 길을 천착해왔다. 따라서 이것은 반성으로 자각해 숙고되어야 하고 그래서 ─ 그 출발이 바로 오직 자기 스스로를 숙고하는 초보자에게만 이루어질 수 있는 한 ─ 본래 그 자체로 출발에 함께 속하는 진정한 철학을 출발하는 길이다. 자명하게도 이 모든 길에 필연적 출구는 '자명하게' 미리 주어진 존재토대(Seinsboden)로 (결코 이 존재에 관해 심문된 적이 없는) 경험의 세계를 지닌 자연적-소박한 태도에서 나아가는 출구다.

나는 앞에 놓여 있는 이 책(제1권 제2장 제2절*)에서 그 당시 생각한 가장 인상 깊은 것을 선택했다. 출발은 우선 순수 내면심리학의 직관영역 속에 유지되는 자기숙고(Selbstbesinnung), 일상적인 심리학적 의미에서 '현상학적' 자기숙고로서 자아론으로(egologisch) 경과한다.** 결국 자기숙고는, 자기숙고에서 나 자신을 숙고하는 자인 내가 순수하게 내적으로 경험할 수 있는 것, 나에게 현상학적으로 '접근될 수 있는 것'으로 일관된 유일한 경험의 방향에서 그 자체로 완결된 것, 즉 그 자체로 연관된 고유한 본질을 지닌다는 사실을 깨

---

* 33항부터 46항까지 이 제2절의 제목은 '의식과 자연적 실제성'이다.

** 후설의 선험적 현상학은 이처럼 자아론(Egologie)으로서 출발하지만, 이것은 결코 독아론(Solipsismus)으로 귀결되는 것이 아니라 의사소통하는 환경세계, 즉 상호주관적 세계로 나아가는 방법적 통로일 뿐이다. 그에 따르면, "절대적 의식도 생성되는 것이 아니라, 다른 절대적 의식과 더불어 의사소통 속에 드러난다"(『상호주관성』 제1권, 17쪽). 결국 현상학적 환원은 "진정한 자기인식과 세계인식에 이르는 입구"(『위기』, 266쪽)다.

닫는 한, 이끌어간다. 이 고유한 본질에는 실제적이거나 가능한 모든 경험이 포함된다. 이 경험을 통해 객관적 세계는, 학문적으로 숙고된 존재타당성이 전혀 없더라도 모든 경험이 나에게 확증한 모든 경험의 확증과 함께, 나에게 현존한다. 이것은 특수한 통각도 내포하는데, 이 통각을 통해 나 자신은 나를 신체와 영혼을 지닌 인간으로 간주한다. 이 인간은 나에게 환경세계로 의식된 세계 속에 다른 인간들 가운데 살아가고, 다른 인간들과 더불어 세계에 호감을 품거나 혐오감을 느끼며 세계에서 할 일을 갖거나 이론적으로 처리하는 등 세계 속에 그럭저럭 살아가는 인간이다.

그래서 나를 계속 숙고하면서 나는 이제 그 자체로 현상학적으로 완결된 나의 고유한 본질을 내가 그것으로 존재하는 자아, 즉 내가 이제껏 논의한 세계의 존재에 존재타당성을 수여하는 자아로 절대적으로 정립할 수 있다는 사실도 깨닫게 된다. 존재타당성은 나에게 존재하며, 존재타당성이 의미와 확증되는 타당성을 오직 나 자신의 순수한 삶으로부터 또 내 삶 속에 밝혀지는 다른 사람의 삶으로부터 획득하는 한, 존재타당성이 나에게 존재하는 것〔본질〕이다. 이렇게 절대적으로 정립된 고유한 본질인 자아, 순수현상학으로 주어진 것과 이와 분리될 수 없는 통일체의 개방된 무한한 장(場)인 자아는 '선험적 자아'다. 왜냐하면 절대적 정립은 내가 세계를 더 이상 미리 '주어진 것'으로 또는 단적으로 존재하는 것으로 타당하게 갖는 것이 아니라, 이제부터는 그 자체로 존재하고 그 자체로 세계를 경험하며 확증하는 등의 자아로서 순수하게 오직 주어진 (나의 새로운 태도에서 주어진) 나의 자아라는 것을 뜻하기 때문이다.

5

이러한 고찰에서 대담한 결론이 나올 경우, 모든 심리학주의적 관념론에 가장 첨예하게 대립하는 선험적-현상학적 관념론(이것은 모든 사람의 관심을 끄는 사항이 아니다)이 생긴다. 앞에서 거론한 절[제1권 제2장 제2절]에서 서술은, 내가 인정하듯이, 불완전함에 시달렸다. 그 서술이 실제로 모든 본질적인 점에서 반박의 여지가 없더라도, 이 관념론의 정초에 관해서는, 선험적 독아론(Solipsismus)의 문제 또는 선험적 주관성, 즉 나에게 타당한 객관적 세계가 나에게 타당한 다른 사람과 본질적으로 관련되는 문제에 명시적 태도를 취하는 것이 그 서술에는 없다. 내가 그 당시 곧바로 출간할 수 있기를 매우 바랐던 ─제1권과 동시에 계획했던─ 제2권은 보충해야 했다.[1]*
사람들이 이 관념론과 이것을 잘못 오해한 독아론에 대해 느끼는 불쾌한 기분은, 마치 이 저술의 유일하게 본질적인 것이 그 어떤 방식으로든 이러한 철학적 윤곽 속에 놓여 있는 것처럼, 이 저술을 수용하기 매우 어렵게 만들었다.

그에 반해 어쨌든 중요한 것은 객관적 인식의 가능성에 관한 문제에서 이 문제의 고유한 의미를 순수하게 그 자체로 또 그 자체에 대

---

1) 최초의 계획에서 나는 감정이입에 대한 또는 세계에 서로 함께 있는 인간적 현존재를 선험적 상호주관성으로 환원하는 것에 대한 나의 선험적 이론을 이미 1910~11년 괴팅겐 대학 강의에서 피력했다. 곧 출간될 [프랑스어판] 『데카르트적 성찰』(*Méditations Cartésiennes*) 제5장[제5성찰]의 상세한 기술을 참조할 것. 그 진행의 간략하지만 정밀한 사항은 나의 『형식논리학과 선험논리학』(1929, 『연보』 제10권과 별쇄본) [제2장 제6절] 96항이 제공해준다.

* 후설은 1910~11년 겨울학기에 주로 논리학을 강의했으나, 그밖에 여기서 언급한 「현상학의 근본문제」도 강의했다. 이것은 『후설전집』 제13권 『상호주관성』 제1권(Nr. 6. 111~235쪽)에 수록되어 있다.

해 존재하는 자아로 소급해 이끄는 필연적 통찰을 획득하는 동기부여의 길이다. 그 통찰은 세계를 인식하는 전제인 이 자아가 세속적으로 존재하는 자아로 전제되어 남아 있거나 전제될 수 있는 것이 아니며, 따라서 자아는 세계가 나에게 존재함에 관해 현상학적 환원을 통해, 즉 판단중지를 통해 선험적 순수함으로 이끌어야 한다는 것이다. 어쩌면 나는, 서술하는 본질적 연관을 표명하지 않은 채, 선험적 관념론에 대한 최종결정을 비워놓는 일과, 단지 여기에서 결정적인 철학적 의미(즉 하나의 '관념론'으로 밀어붙이는 의미)의 사유과정이 필연적으로 생기며 또 무조건 숙고되어야 한다는 점, 게다가 어쨌든 선험적 주관성의 토대를 확인해야 한다는 점을 명증하게 밝히는 일을 더 충분하게 실행해야 했다.

그러나 나는 여기에서 내가 선험적-현상학적 관념론에 관해 통상의 철학적 실재론의 모든 형태를 변함없이, 이에 못지않게 이 실재론이 그 논증에서 자신이 '반박하는' 대립된 모든 관념론도 원리상 이치에 어긋난 것으로 간주하는 어떤 것도 다시 받아들이면 결코 안 된다는 점을 명백하게 설명하는 일을 소홀히 하면 안 된다. 독아론에 대한 반론은, 나의 서술을 더 깊게 이해하면, 결코 현상학적 관념론에 대한 반론이 아니라, 오히려 단지 나의 서술이 불완전함에 대한 반론으로만 제기되어야 한다. 어쨌든 이 책에서 그 길을 열어야 할 철학을 함(Philosophieren)의 근본상 본질적인 점을 간과하면 안 된다. 즉 세계와 학문 그리고 학문적 전통 전체에서 유래하는 수많은 방법적 사유습관을 자신의 전제로서 갖는 전제가 풍부한 사유에 대립해, 여기에서 인식을 자율적으로 추구하는 근본주의(Radikalismus)가 작동하게 된다.

이러한 근본주의에서 자명하게 존재하는 것으로 미리 주어진 각각의 모든 것은 타당성 밖에 두며, 모든 전제하는 것과 묻고 답변하는 것에 이미 암묵적으로 전제된 것으로, 그리고 이 경우 필연적으로 줄 곧 또 직접 '그-자체로-최초의 것'(An-sich-Erstes)으로서 이미 전 제된 것으로 되돌아가게 된다. 이것은 최초의 것으로서 자유롭고 명 확하게 정립하는 것이 되며, 게다가 생각해낼 수 있는 모든 명증성에 앞서 놓여 있고 이러한 명증성을 암묵적으로 지니는 명증성 속에 정 립하는 것이다. 이러한 근본주의를 의도적 작업으로 전환하려는 현 상학적 환원에 따라 비로소 바로 그 작업을 수행하는 본래의 철학을 함이 시작되지만, 어쨌든 완전히 준비된 숙고는 실로 정확히 이러한 정신 속에 실행된다.

이러한 숙고는, 아직 〔완전히〕 의식되지 않았더라도, 현상학적 숙 고다. 따라서 이 숙고에는 그것이 가장 근원적인 명증한 사실을 명시 하는 순수한 자기숙고의 한 부분이라는 사실이 포함되어 있다. 또한 이 자기숙고가 그러한 사실에서 관념론의 윤곽을 (완벽하지 않지만) 바라볼 수 있게 이끈다면, 그 자기숙고는 관념론과 실재론 사이의 통 상적 논의 가운데 하나가 결코 아니며, 이러한 논의를 논증하는 어떠 한 반론에 의해서도 타격을 받을 수 없다. 이때 현상학적 본질연관에 서 제시되는 것 그리고 일정한 '관념론'으로 향한 동기부여에서 제 시되는 것은 어쩌면 개선하고 보충해야 할 모든 경우에도 계속되며, 이것은 최초의 탐험가가 ―나중의 탐험가가 최초의 탐험가가 기술 한 것을 개선하고 보충하는데도― 실제로 보고 기술한 산맥과 강의 실제성이 계속되는 것과 아주 똑같다.

그러므로 선험적 문제를 새롭게 포착하는 최초의 잠정적으로 일격 을 가하는 것(새롭게 포착하는 것은 이러한 단순한 동기부여의 목적에 이바지할 것이다)은 그 문제의 어쨌든 근본적으로 중요한 현상학적 내용에 따라 이루어져야 하며, 이 내용으로부터 실질적 필연성에서 단지 주관적으로 인식할 수 있는 객관적 존재의 참된 의미에 대해 미리 지시된 것에 따라 이루어져야 한다.

그밖에 선험적 현상학은 단순히 관념론의 역사적 문제에 답변하기 위해 현존하는 이론이 결코 아니라, 그 자체로 근거지어진 절대적으로 독자적 학문, 실로 유일하게 절대적으로 독자적 학문이다. 오직 그렇기 때문에 선험적 현상학은, (이 책을 이해하는 데 매우 중요한 결론부분에서 뚜렷해지듯이) 일관되게 계속 실행되면, 우리가 언제나 마주칠 수 있고 생각해낼 수 있는 모든 대상—따라서 그 모든 대상의 범주를 지닌 전체로 미리 주어진 실재적 세계와 또한 모든 '이념적' 세계—을 포괄하고 이 대상을 선험적 상관자로 이해시켜주는 '구성적 문제'와 이론으로 이끈다. 그러나 여기에는 선험적-현상학적 관념론이 다른 것들 가운데 하나의 철학적으로 특수한 정립과 이론이 아니라, 오히려 구체적 학문인 선험적 현상학은, 관념론에 대해 전혀 언급하지 않았더라도, 학문으로서 실행된 그 자체로 **보편적 관념론**(universaler Idealismus)이라는 사실이 포함되어 있다. 선험적 현상학은 자신의 고유한 의미를 통해 특수한 자신의 모든 구성적 분야에서 선험적 학문으로서 보편적 관념론을 입증한다.

그러나 이제 실재론이 자신과 유일하게 대립관계에 있는 것으로 논쟁하는 것에 대비된 선험적-현상학적 관념론의 근본상 본질적 차이를 분명하게 설명해야 한다. 특히 현상학적 관념론은, 마치 이 관념론이 실재적 세계는—자연적 사유와 실증과학적 사유가 눈치채지 못하더라도 지배받았을—가상(假象)이라 생각하는 것처럼, 실재적 세계(우선 자연)의 실제적 현존을 부정하지 않는다. 선험적 관념론의 유일한 과제와 작업수행은 이 세계의 의미, 정확히 이 세계가 모든 사람에게 실제로 존재하는 것으로 간주되고 실제로 정당하게 간주되는 의미를 해명하는 것이다. 세계가 현존한다는 사실, 세계가 지속적으로 언제나 보편적 일치함으로 조화해가는 경험 속에 존재하는 우주로 주어져 있다는 사실은 완전히 의심할 여지가 없다. 이러한 삶과 실증과학을 담당하는 의심할 여지없음을 이해하는 것과 그 정당성의 근거를 해명하는 것은 완전히 다르다.

이러한 관점에서 『이념들』〔제1권〕 본문의 상론에 따라 보편적 일치함의 이 형식으로 경험이 지속적으로 진행하는 것은, 정당하게 타당하더라도, 단순한 추정이라는 사실, 따라서 세계의 비-현존은 지금까지 또 지금도 실제로 〔모두가〕 일치해 경험된 것인 반면, 언제나 생각할 수 있는 것으로 남아 있다는 사실은 철학에서 기초적인 것이다. 실재적 세계와 생각해낼 수 있는 실재적 세계 일반의 존재방식에 대한 현상학적 의미해명의 성과는 오직 선험적 주관성만 절대적 존재의 존재의미를 가질 수 있다는 점, 오직 선험적 주관성만 '비-상대적'(즉 단지 자기 자신에게만 상대적)이며, 반면 실재적 세계는 상대적이지만 선험적 주관성에 대해 본질적으로 상대성을 띤다는 점이다. 왜냐하면 실재적 세계는 결국 존재하는 것으로서 자신의 의미를 오직 선험적 주관성의 지향적 존재형성물로만 갖기 때문이다.

자연적 삶과 이 삶이 자연적 세계를 가짐은, 자신의 '자연성' 속에 삶을 이어가면서 선험적 태도로 이행할 어떠한 동기도, 따라서 현상학적 환원에 따라 선험적 자기숙고를 할 어떠한 동기도 없다는 사실 속에 한정되지만, 어쨌든 그 때문에 가령 착각에 빠지지는 않는다. 그러나 이 모든 것은, 선험적 자아를 현상학적으로 드러내 밝히는 일이 선험적 자아 속에 포함된 동료 주체의 경험이 이 동료 주체의 선험적 경험으로 환원하는 데까지 이끌 때 비로소 자신의 완전한 의미를 획득한다. 그래서 이 모든 것은 선험적 경험에 주어진 '선험적 주관성'이 그때그때 자신을 숙고하는 자에 대해 나의 고유한 선험적 의식 삶에서 구체적으로 선험적 자아-자체인 자아를 뜻할 뿐 아니라, 나의 선험적 삶에서 함께 입증되는 선험적 우리-공동체 속에 선험적으로 입증되는 동료주체을 뜻한다는 것이 분명해질 때 비로소 자신의 완전한 의미를 획득한다. 그러므로 선험적 상호주관성은 그 속에 실재적 세계가 객관적인 것으로, 즉 '모든 사람'에게 존재하는 것으로 구성되는 것이다. 실재적 세계는, 그것에 관해 해석된 앎이 있든 없든, 이러한 의미가 있다. 그렇지만 우리는 보편적인 절대적 존재인 선험적 주관성을 무엇보다 경험하는 시선 속에 이끄는 현상학적 환원 이전에 어떻게 이러한 앎을 얻을 수 있는가?

사람들이 단지 심리학적 주관성만 알고 이 주관성을 절대적으로 정립하며 어쨌든 세계를 이 주관성의 단순한 상관자로 설명하려는 한, 관념론은 이치에 어긋나며, 이 관념론은 마찬가지로 이치에 어긋난 실재론이 논쟁하는 심리학적 관념론이다. 물론 이제 진정한 선험적 주관성에 이르는 통로를 이미 획득한 사람은, 한편으로 버클리와 흄, 다른 한편으로 라이프니츠라는 18세기 최초의 위대한 관념론자들이 본래 이미 자연적–실재적 의미에서 심리학적 영역을 넘어섰다는 사실을 쉽게 알아볼 수 있다. 그러나 이들에게서 심리학적 주관성과 선험적 주관성을 대조하는 것이 해명되지 않은 채 남아 있었고, 현재 우세한 영국의 감각론이나 자연주의는 실재적인 것의 구성을 선험적 주관성에 의미와 참된 존재가 생기는 지향적 작업수행으로 이해시킬 수 없었다. 그래서 다음 시대에 자연적 토대에서 이루어진 관념론과 실재론 사이에 성과 없고 또 비–철학적인 논쟁이 진행되었으며, 위대한 관념론자들이 ── 앞에서 말했듯이, 심리학적 의미에 대립된 선험적 의미로서 이 의미의 근본적 차이를 자기 자신이나 다른 사람에게 부각시키지 못한 채 ──본래 의도했던 의미에 접근하기 어려운 해석이 우세하게 남아 있었다.

그런데 내가 최근에 시작한 새로운 (이『이념들』이래 최초인) 출판은 이미『논리연구』(1900/01)에서, 그런 다음 이『이념들』에서 시작한 것을 광범위하게 계속하고 해명하며 보충한 것을 제시하며, 그 결과 '학문으로서 등장할 수 있는' 철학의 필연적 출발을 실행에 옮겼어야 한다는 요구가 다분히 자기기만으로 간주되면 안 된다. 어쨌든 수십 년 동안 새로운 아틀란티스(Atlantis)*에 관해 〔사변적으로〕 추측해왔던 것이 아니라 새로운 대륙의 길 없는 황무지 속을 실제로 돌아다녔고 최초로 경작한 부분을 밝혔던 사람은, 그 경험습관과 사유습관에 관한 보고(報告)를 판정하는—그렇지만 그 때문에 처녀지로 여행하는 노력도 하지 않는—지리학자가 아무리 거부하더라도, 어떻게 해서든 현혹되지 않아야 한다.

6

여기에서 한 가지 문제는 여전히 주의해야 한다. 철학적으로 관련 없는 특수성처럼 현상학적 환원을 무시해 밀쳐낸 것—물론 그 때문에 이 저술과 나의 현상학의 전체 의미를 폐기하고 그래서 오직 아프리오리한 심리학만 남겨둔다—에는 바로 이 남아 있는 심리학이 그 의미상 **프란츠 브렌타노**의 지향성의 심리학과 종종 동일하게 간주된다. 그럼에도 나는 매우 대단한 존경심과 감사하는 마음으로 나의 천재적 은사를 잊지 않고 또 내가 아무리 지향성의 스콜라철학 개념을 심리학의 기술하는 근본개념으로 개조시키는 가운데 위대한 발견—오직 이 발견을 통해서만 현상학은 가능해진다—을 보게 되

---

* 아틀란티스는 기원전 9000년경 대서양 한가운데 존재했지만 대지진 때문에 바다 밑으로 가라앉았다고 전해지는 대륙, 또는 그 대륙에서 고도의 문명과 막강한 군사력을 지녔지만 도덕적 부패 때문에 멸망한 제국을 뜻한다. 플라톤은 이에 대해 『티마이오스』(Timaios)와 『크리티아스』(Critias)에서 이집트의 사제가 기록한 문서를 통해 알게 되었다고 전한다.

더라도, 어쨌든 나의 의미에서 선험적 현상학 속에 암묵적으로 포함된 순수 심리학과 브렌타노의 심리학은 본질적으로 구별되어야 한다. 이것은 내적 경험영역 속에 순수 기술(記述)에 제한된 그의 '심리인식'(Psychognosie)에도 해당된다. 물론 이것은, 현대에 종종 일어났듯이, 사람들이 '내적 경험'의 테두리 속에 유지되는 모든 순수 심리학적 연구를 '현상학적'이라 할 때 그리고 그러한 모든 연구를 통합해 현상학적 심리학에 관해 이야기할 때, '현상학적' 심리학이다.

그렇다면 현상학적 심리학은, 그 명칭을 제외하면, 우리를 자연스럽게 존 로크와 존 스튜어트 밀에 이르기까지 그의 학파로 소급해 이끈다. 그러면 데이비드 흄의『인성론』(*A Treatise of Human Nature*) 속에, 형상적 현상학은 아니더라도, 순수현상학에 대한 최초의 체계적 구상이 있다고, 특히 인식의 완결된 현상학에 대한 최초의 구상은 그 책의 제1권* 속에 있다고 할 수 있다. 물론 흄이 심리학이라 한 것은 결코 알아차리지 못한 사실, 즉 흄은 결코 통상의 의미에서 심리학자가 아니었다는 사실, 오히려 그의『인성론』은, 감각주의로 전도된 것이지만, 실제로 '선험적' 현상학이라는 사실을 은폐시켰다. 그의 위대한 선임자인 버클리처럼, 아무튼 그는 단지 심리학자로 간주되었고 또 심리학자로서 영향을 미치게 되었다. 그래서 모든 선험적 물음을 제외한 가운데 이 전체의 '현상학' 학파는 우리에게 오직 여기에서만 문제가 된다.

---

* 흄의『인성론』은 제1권과 제2권(1739)·제3권(1740)으로 이루어졌지만 미완성이라 나중에 수정하고 확대해『인간 오성론』(*Enquiry concerning Human Understanding*, 1748)과『도덕의 원리론』(*Enquiry concerning the Principles of Morals*, 1751)으로 나누어 출간되었다. 그러므로 여기서 후설이 말한 '제1권'은 내용상『인성론』의 제1권이 아니라 그 제2권을 포함하는 것, 즉『인간 오성론』에서 다룬 주제를 가리킨다.

이들에게는, 즉 이들의 심리학에는, 로크가 '백지'(white-paper)*로 비유한 것 속에 알려진 파악이 특징적이다. 이것은 순수 영혼을 일부 는 독특한 규칙 아래 또 일부는 심리물리적 규칙 아래 경과하는 자료, 즉 시간적으로 공존하고 계기하는 자료의 복합체나 다발로 파악 하는 것이다. 따라서 기술하는 심리학은 이 '감각자료', 즉 '내적 경험'의 자료의 근본종류를 분류해 구별해야 했으며, 마찬가지로 그 복합체의 기본적 근본형식을 분류해 구별해야 했다. 그렇다면 설명하는 심리학은 자연과학과 유사하게, 게다가 자연과학과 유사한 방법으로 인과적 형성과 변형의 규칙을 찾아내야 했다.

자연과학으로 사유하는 습관에 파묻혀 살아가는 사람에게는 순수 영혼적 존재 또는 영혼 삶이 의식의 일정한 유사-공간 속에 자연과 유사한 사건의 경과로 간주되는 것이 아주 자연스러워 보인다. 심리적 자료를—경험적 법칙에 따르더라도—모래더미처럼 '원자론으로' 함께 끌어모을 수 있든 없든, 심리적 자료를 경험적 필연성이든 아프리오리한 필연성이든 그러한 부분으로만 등장할 수 있는 전체의 부분—그 가장 위에는 예컨대 일정한 확고한 전체성의 형식에 결합된 총체적 의식 전체 속의 부분—으로 간주하든 않든, 원리상 아무 차이도 없다는 점이 여기서 명백해져야 한다. 요컨대 형태심리학(Gestaltspsychologie) 같은 원자론의 심리학은 (위에서 언급된 것과 함께 정의되는) 심리학적 '자연주의'(Naturalismus)**—이것은 '내적

---

* 로크는 데카르트의 본유관념(Innate Ideas)을 부정하면서 감각적 경험은 이성이 해명해야 할 의심스러운 것이 아니라 그 자체로 직접 지식을 전달하는 근본적 원천으로 보았다. 그래서 인간의 마음, 즉 오성은 경험을 쌓기 이전에는 아무것도 씌어져 있지 않은 '백지'라고 주장한다. 이러한 입장은 '먼저 감각 속에 없는 것은 아무것도 지성 속에 없다'는 아리스토텔레스의 인식론 전통을 충실하게 계승한 것이다.

** 후설은 『엄밀한 학문』에서 모든 존재자를 단순히 현존하는 물질과 이것에 의

『이념들』제1권에 대한 후기 239

감각'에 관한 논의를 고려해보면 '감각주의'라 부를 수도 있다 — 의 동일한 원리적 의미 속에 머물러 있다. 이제 분명히 브렌타노의 지향성 심리학 역시, 보편적으로 기술하는 근본개념으로서 지향성 개념을 심리학에 도입한 점에서 개혁적이더라도, 이 상속된 자연주의 속에 〔변함없이〕 계속되고 있다.

선험적으로 향한 현상학 속에 동시에 기술하는 심리학에 갑자기 출현한 본질적으로 새로운 점, 그리고 이제 이 심리학의 전체 모습과 그 전체 방법, 그 구체적 목적설정을 완전히 변경시킨 본질적으로 새로운 점은 지향성의 완결된 영역인 의식영역(이 의식영역은 오직 이렇게만 구체적으로 주어진다)을 구체적으로 기술하는 것은 자연을 기술하는 것, 따라서 명백히 모범적으로 기술하는 자연과학이 자연을 기술하는 것과 완전히 다른 의미가 있다는 통찰이다. 지각함, 기억해냄, 술어로 판단함, 사랑함, 행동함 등과 같은 의식체험을 구체적으로 기술하는 것도 그때그때 체험 속에 의식된 ('지향적') 대상 '그 자체'를 기술할 것, 즉 그때그때 체험이 대상적으로 추정된 것(대상적 의미)으로서 대상이 불가분하게 그때그때 체험 자체에 속한 것으로 기술할 것을 필연적으로 요구한다. 이렇게 계속해 지향적 종합이 기술하는 것으로 고려되는데, 따라서 하나의 동일한 지향적 대상 그 자체는 순수 내면심리학의 관점에서 그 대상에 확고하게 소속된 의식방식의 다양체에 대한 이상적 지표(Index)이며, 그 유형성(Typik)은

존해 경험되는 심리로 구별하고, 이 심리물리적 자연 전체를 정밀한 자연법칙에 따라 규정하려는 시도를 '자연주의'라 부른다. 그는 심리학주의와 감각주의의 견해에서 실증적 자연과학의 방법만 맹신한 결과, 의식에 지향적-내재적으로 주어진 모든 것을 자연화하고 모든 절대적 이상과 규범, 즉 이념까지 자연화하는 자연주의의 방법론적 편견과 모순을 비판하고, 가치와 의미의 문제를 인간 삶에서 소외시켜 현대의 학문과 인간성의 위기가 발생됐다고 진단한다.

지향적 대상의 유형적 특성과 더불어 본질에 적합하게 하나의 전체를 이룬다.

그래서 모든 의식이 '무엇에 대한 의식'이라 말하는 것은 부족하며, 더구나 유형적으로 다른 의식방식, 예를 들어 (내가 동의할 수 없는) 브렌타노의 분류와 같은 '표상' '판단' '사랑과 증오의 현상'의 부류를 구별하는 것은 부족하다. 오히려 우리는 '대상'에 관한 다른 범주를—그렇지만 가능한 의식의 그러한 대상으로서 순수하게—심문해야 하며, 가능한 '다양체'가 종합적으로 연결될 수 있는 본질형태로 되돌아가 물어야 한다. 이 본질형태 자체를 기술할 수 있는 종합을 통해 관련된 범주의 그때그때 대상의 동일성이라는 의식이 이루어진다. 하나의 동일한 '대상 그 자체'는 추정된 대상으로서 이 다양체를 관통해나간다. 그 대상은 기술한 것으로는 매우 다르게 나타나는 방식, 주어지는 방식, 시간화(Zeitigung)의 양상, 자아가 태도를 취하는 양상 등에서, 따라서 기술해 언제나 다시 다른 체험에서 의식되고 의식될 수 있는 동일한 것으로 종합되는 가운데 의식된다. 그러나 이 모든 것은 그 대상에 본질적으로 (아프리오리하게) 포함된 기술하는 유형성 속에 이루어진다. 단지 최초의 것 그리고 거의 말하지 않는 것은 모든 대상이 때로는 표상되고 때로는 판정되거나 애호된 것 등이라는 것에 대한 지적이다. 오직 여기에서만 자연적-심리학적 태도로 소급해 투영된 것으로 생각된 여기로부터 대상의 현상학적 '구성'을 드러내 밝힐 보편적—이 책의 결론에서 선험적 태도 속에 논의된—과제가 생긴다.

유감스럽게도 심리학적 주관성에 대립된 선험적 주관성의 차이에 대한 필연적 강조, 따라서 선험적 현상학은 결코 심리학이 아니며 현상학적 심리학도 아니라는 반복된 설명은 대부분의 전문 심리학자에게 이들이 선험적 현상학 속에 함께 포함된 근본적인 심리학적 개혁(Reform)을 전혀 깨닫지 못하게 영향을 미쳤다. 그들은 심리학자인 자신이 『이념들』〔제1권〕의 이 선험적 현상학 전체를 아무 관계도 없다는 방향으로 내가 표명한 의견을 해석했다. 그러나 여기에서 심리학적으로 매우 중요한 것을 인지했고 또 접근할 수 있게 시도되었던 약간의 것마저 지향적인 구성적 현상학의 전체 의미와 전체 효력범위를 포착하지 못했다. 그들은 자연주의적 외면심리학(Außenpsychologie)과 대립하는 지향적인 구성적 현상학에서 영혼 삶이 자신의 가장 고유하고 근원적으로 직관적인 본질 속에 이해할 수 있는 심리학이 최초로 언급되고 착수된다는 사실, 이 직관적 본질은 더 새롭게 또 항상 새롭게 조직되는 의미형성물이 구성되는 가운데 존재타당성의 양상 속에 놓여 있다는 사실, 요컨대 지향적 작업수행 ― 이 작업수행을 통해 위로는 하나의 객관적 세계에 이르기까지 자아에 그때그때 존재하는 다른 단계의 대상은 '거기에 있다'―의 체계 속에 놓여 있다는 사실을 보지 못했다. 순수 내면심리학, 즉 지향성의 진정한 심리학(물론 궁극적으로 순수 상호주관성의 심리학)은 자연적 태도의 구성적 현상학으로 철두철미하게 밝혀진다.

『논리연구』에서 『이념들』〔제1권〕에 이르는 길은, 우리가 선험적-철학적으로 목표 삼은 것에서 심리학적으로 목표 삼은 것으로 선회하면, 최초이지만 여전히 불완전하게 설명되고 제한된 **과제**를 개척하는 데서 기술(技術)을 체계적으로 형성하는 길은, 자연주의의 편견에 현혹되지 않은 채 심문하고 또 자연주의의 편견에 사로잡힌 자로서 이 편견을 그 자체로부터, 즉 그 편견의 고유한 본질로부터 해석하는 의식의 주관성 자체다. 따라서 필연적 출발은 심리학자인 나 자신의 의식에 대한 자기심문(Selbstbefragung)이며, 게다가 이 심문은 불가피하게 '실마리'(Leitfaden)로서 대상적 의미에서 예를 들어 공간-시간의 방향이 정해짐, 원근법적 조망 등 ― 그렇지만 다른 한편으로 이와 상관적인 특수한 자아의 인식작용들(Noesen)로도 상승하면서 ─다른 단계의 주어지는 방식으로 나아간다. 어쨌든『이념들』제1권에서 특수한 자아성(Ichlichkeit)에 대한 심문은 여전히 착수되지 않았다.

그밖에 심리학적 개혁은 우선 선험적 개혁의 은폐된 함축으로서 근거 없이 등장하지 않는다. 왜냐하면 의식 삶 자체 속에 어떻게 인식과 대상이 서로 마주해 있는지에 대한 방식의 해명에서 철학적 문제, 즉 선험적 문제 속에 정초된 극단적인 근본주의로 강제하는 것만 최초로 지향적 대상에서 방향이 정해진 보편적이고 구체적인 의식현상학으로 필연적으로 이끌었기 때문이다. 그렇다면 자연적-심리학적 태도로 이행함에서 지향적 심리학이 로크 전통의 의미, 어쨌든 브렌타노학파의 의미와도 완전히 다른 의미가 있다는 사실은 자명하다. 또한 마이농*은, 나의『논리연구』이후에 출간된 그의 저술 속에 주장한 약간의 학설에서 나의 학설과 일치하더라도, 여기에서 결코 제외될 수 없고, 브렌타노의 근본파악에 또는─현대에도 배제되지 않은 채〔남아 있는〕근대 전체의 심리학처럼 ─로크 전통의 심리학적 자연주의에 결합되어 남아 있다.

---

* 마이농(A. v. Meinong, 1853~1920)은 브렌타노의 제자로 기술심리학에서 큰 영향을 받았으나, 표상·실재·감정·욕구의 대상을 그 현실적 존재나 가능성 여부에 관계없이 자유롭게 탐구하는 독창적 대상이론을 주장하고, 모든 분야에서 표상과 판단을 매개하는 가정(假定)의 역할을 중시해 분석했다. 그의 대상이론은 후설의『논리연구』에, 또한 러셀(B. Russell)의 기술(description)이론과 신(新)실재론에 큰 영향을 주었다. 그런데 그의 대상이론은 대상이 의식에 주어지는 방식의 지향성을 중시해 분석한 후설과 근본적 차이가 있다.

7

그럼에도 하나의 철학저술인 이 책은, 실증성의 태도에서 진정한 지향적 심리학에 대한 시사가 완전히 없을 수 없더라도, 심리학적 개혁을 주제로 다루지 않는다. 그밖에 이 책은 철학저술로서 제한된 과제도 안고 있다. 이 책은 내가 "학문으로서 등장할 수 있는"이라는 칸트의 말*을 반복하는 철학의 근본적 출발을 실행에 옮기려는──수십 년 동안 오직 이러한 목표를 겨냥해 숙고한 끝에 생긴──하나의 시도로서만 타당할 것이다.

언젠가 절대적으로 불가피한 통찰에 입각해 자신 앞에 또 다른 사람들에 대해 항상 정당화할 수 있을 체계적으로 완결된 논리학·윤리학·형이상학을 스스로 만들어내려는 철학자의 이상(理想), 이 이상을 저자인 나는 일찍부터 그리고 오늘날까지 단념해야 했다. 그것은 다른 어떤 이유 때문이 아니라, 어쨌든 철학은 소박하게 곧바로 〔앞을〕 향해 출발할 수 없고, 따라서 자명하게 존재하는 것으로 전제된 미리 주어진 세계경험의 토대에 자리를 잡는 실증과학처럼 출발할 수 없다는 이 통찰이 저자인 나에게는 의심할 여지가 없었고 또 지속되었기 때문이다. 실증과학이 그렇게 행한 것은 이 학문이 더구나 그뒤에 따르는 그리고 너무 늦게 다가오는 인식론을 통해 비로소 사람들이 고치려는 자신의 기초에 관한 모든 문제와 역설을 지닌다는 사실을 형성한다.

바로 그렇기 때문에 실증과학은 비-철학적이며, 궁극적 인식근거에 입각해 정당화된 궁극적인 절대적 학문이 아니다. 근본개념의 막

---

* 이것은 칸트의 『학문으로서 등장할 수 있는 미래의 모든 형이상학을 위한 서설』(*Prolegomena zu einer jeden künftigen Metaphysik, die als Wissenschaft wird auftreten können*, 1783)에 자주 나오는 표현이다.

연함에 기인하는 문제점 많은 기초와 역설을 지닌 철학은 결코 철학이 아니며, 이것은 철학으로서 자신의 의미에 모순된다. 오직 자신이 계획하는 의미와 가능성에 대한 근본적 심사숙고에서만 철학은 뿌리내릴 수 있다. 심사숙고를 통해 철학은 무엇보다 자신에게 특유한 순수 경험의 절대적 토대를 자발적으로 자신의 것으로 삼아야 하며, 그런 다음 이 토대에 충전적으로 맞추어진 근원적 개념을 자발적으로 만들어내야 하고, 그래서 일반적으로 절대로 투명한 방법 속에 진행해가야 한다.

그렇다면 막연하고 문제점 많은 개념과 역설은 결코 존재할 수 없다. 그와 같은 심사숙고, 게다가 실제로 근본적 심사숙고가 전적으로 빠져 있다는 사실, 사람들이 올바른 출발이 엄청나게 어렵다는 것을 간과하거나 서둘러 끝내고 은폐시켰다는 사실은 우리가 많은 그리고 항상 새로운 철학적 '체계'나 '유파'를 가졌고 또한 갖고 있지만, 그러나 이념으로서 모든 추정된 철학에 기초가 되는 하나의 철학을 갖지 못한 결과가 되었다.

어쨌든 실현되어가는 철학은 상대적으로 불완전한 학문, 즉 자연스럽게 진행되는 가운데 개선되는 학문이 아니다. 철학으로서 그 의미에는 정초의 근본주의, 절대적 무전제성(Voraussetzungslosigkeit)*으로의 환원, 그것을 통해 출발하는 철학자가 공동의 의미 속에 모든 '자명한' 전제를 절대적으로 통찰하게 할 수 있는 전제로서 절대적 토대를 스스로 확인하는 근본방법이 포함되어 있다. 그러나 그것은 먼저 그에 상응하는 심사숙고 속에 해명되어야 하고, 그 절대적 구속

---

* 후설이 주장하는 '무전제성'은 철학적 탐구를 언어나 논리학까지 모두 배격하는 절대적 무(無)에서 출발하려는 것이 아니라, 기존의 철학체계나 형이상학 등 단순히 가정된 개념뿐 아니라 모든 편견에서 해방되어 의식에 직접 주어지는 사태 그 자체를 직관하려는 것이다.

력과 관련해 드러내 밝혀져야 한다. 이 심사숙고는 계속 진척되면서 더 짜맞추어지고 결국 전체 학문, 즉 '제일[의]' 철학인 출발의 학문으로 이끈다는 사실, 그 뿌리의 토대로부터 모든 철학적 학과, 실로 모든 학문 일반의 기초가 생긴다는 사실은 근본주의―이것이 없으면 철학은 전혀 존재할 수 없고 출발할 수조차 없다―가 없었기 때문에 은폐된 채 남아 있어야 했다.

실증성의 전제와 함께 소박한 출발함에서 사람들은 참된 철학적 출발을 돌이킬 수 없게끔 상실할 수밖에 없었다. 그렇게 전통의 철학적 구상에서 출발의 진지함에 대한 느낌이 없었다면, 근원적으로 자발적으로 획득된 특유한 철학적 토대와 그래서 오직 실제의 철학만 가능케 하는 토대의 확고함이나 뿌리의 진정함인 첫 번째 것 그리고 가장 중요한 것이 없었다. 나의 이러한 확신은 계속된 연구에서, 단계적으로 서로 근거지어진 성과의 명증성 속에 줄곧 강화되었다.

저자인 내가 철학적 노력의 이상(理想)을 올바르게 출발하는 자의 이상으로 실천적으로 완화시켜야 했다면, 나는 적어도 나 자신을 노년이 되어서야 비로소 실제로 출발하는 자로 부를 수 있다는 완전한 확신에 이르렀을 것이다. 나는―나에게 메투잘렘(Methusalem)*의 나이가 주어진다면―어쨌든 여전히 철학자가 될 수 있기를 간절히 소망해도 좋을 것이다. 나는 기술하는 현상학의 출발(출발의 출발)에서 출범하는 문제를 언제나 계속 추적해왔고, (나 자신에게) 교훈적 부분에서 구체적으로 실행할 수 있다. 현상학적 철학의 보편적 연구 지평은 본질적 문제의 층과 본질에 적합한 접근방법이 해명되는 이른바 지리학적 주요구조에 따라 드러내 밝혀졌다. 저자인 나는 나 자

---

* 므두셀라(Methuselah)의 독일어 표현인데, 노아(Noah)의 할아버지로 969살까지 장수했다고 한다(「창세기」 5:27을 참조할 것).

신이 더 이상 이미 충분히 개척된 것으로 체험하지 않을, 내 앞에 전개된, '약속의 땅'*인 참된 철학의 무한히 열려 있는 땅을 보았다. 사람들이 이러한 확신을 비웃을지 모르지만, 이 확신이 여기에서 출발하는 현상학으로 제시된 단편 속에 약간의 근거가 있는 않는지 스스로 주시해야 할 것이다. 나는 후배들이 이러한 출발을 받아들이고 부단히 더 진전시키지만, 그 커다란 불완전한 점도 개선시키기를 기꺼이 희망하고 싶다. 불완전한 점, 이것은 학문적 출발의 경우 실로 피할 수 없다.

이러한 모든 것에 따라 이 저술은 이미 자신의 철학과 자신의 철학적 방법을 확신하는 사람이라면, 따라서 철학에 반해버리고 또 이미 연구해 출발하는 자로서 철학의 대혼란 속에 선택을 강요받았지만—이 철학 중에 어떤 것도 진정한 무전제성을 염려하지 않았고 어떤 것도 철학이 요구하는 자율적 자기책임의 근본주의에서 생기지 않았기 때문에—본래 어떤 선택도 할 수 없다는 것을 깨닫는 불행에 직면했던 절망적 기분을 결코 접해보지 않았던 사람이라면 어느 누구에게도 도움이 될 수 없을 것이다. 이러한 점에서 현대에 많은 것이 과연 변경되었는가?

통상의 의미에서 경험의 풍성한 감성(Pathos)이나 정밀과학의 '보증된 성과', 실험적이거나 생리학적 심리학, 여느 때와 같이 개선된 논리학과 수학 등을 증거로 내세우고 이것 속에 철학적 전제를 획득할 수 있다고 믿는 자는 이 책에 많은 감응을 받을 수 없고, 특히 현대의 학문적 회의(懷疑)에 사로잡히기까지 하면, 엄밀한 학문으로서의 철학의 목표를 일반적으로 인정하지 않게 된다. 그는 이러한 철학에 대한 강렬한 관심을 북돋울 수 없으며, 내가 구상했던 것처럼, 그

---

* 이에 관해서는「창세기」12:7을 참조할 것.

러한 출발의 길을 추후로 이해함(Nachverstehen)이 요구하는 중대한 노력과 시간을 충분히 사용한 것으로 간주할 수 없다. 오직 철학의 출발을 위해 스스로 투쟁하는 자만 이것에 대해 다르게 태도를 취할 것이다. 왜냐하면 그는 "네가 체험한 것이 소중하다"(tua res agitur)* 고 스스로에게 말해야 하기 때문이다.

---

* 이 말은 로마의 계관시인이자 에피쿠로스학파 철학자인 호라티우스(F. Q. Horatius, 기원전 65~기원후 8)의 『편지』(*Epistola*) 제1권(18,84)에서 유래한다고 전해진다. 그의 라틴어 문구는 예컨대 "오늘을 즐겨라!"(carpe diem), "지혜롭게 생각하게끔 힘써라!"(sapere aude) 등처럼 간명하고 함축적이라 여러 분야에서 자주 인용되는데, 여기에서 인용한 것은 직역하면 "네 것이 행해지다!"라는 뜻이지만 문맥에 맞추어 다소 의역했다.

후설 연보

1. 성장기와 재학 시절(1859~87)

1859년   4월 8일 오스트리아 프로스니츠(현재 체코 프로스초프)에서 양품
              점을 경영하는 유대인 부모의 3남 1녀 중 둘째로 출생함.

1876년   프로스니츠초등학교와 빈실업고등학교를 거쳐 올뮈츠고등학교를
              졸업함.

1876~78년 라이프치히대학교에서 세 학기(수학, 물리학, 천문학, 철학)를 수
              강함.

1878~81년 베를린대학교에서 바이어슈트라스와 크로네커 교수에게 수학을,
              파울센 교수에게 철학을 여섯 학기 수강함.

1883년   변수계산에 관한 논문으로 박사학위를 받은 후 바이어슈트라스 교
              수의 조교로 근무함.

1883~84년 1년간 군복무를 지원함.

1884년   4월 부친 사망함.

1884~86년 빈대학교에서 브렌타노 교수의 강의를 듣고 기술심리학의 방법으
              로 수학을 정초하기 시작함.

1886년   4월 빈의 복음교회에서 복음파 세례를 받음.

1886~87년 할레대학교에서 슈툼프 교수의 강의를 들음.

1887년   8월 6일 말비네와 결혼함.
              10월 교수자격논문 「수 개념에 관하여」가 통과됨. 할레대학교 강
              사로 취임함.

2. 할레대학교 시절(1887~1901)

1891년   4월 『산술철학』 제1권을 출간함.

1892년   7월 딸 엘리자베트 출생함.

1893년   프레게가 『산술의 근본법칙』에서 『산술철학』을 비판함.

12월 장남 게르하르트 출생함(법철학자로 1972년에 사망함).

1895년   10월 차남 볼프강 출생함(1916년 3월 프랑스 베르됭에서 전사함).

1896년   12월 프러시아 국적을 얻음.

1897년   『체계적 철학을 위한 문헌』에 「1894년부터 1899년까지 독일에서 발표된 논리학에 관한 보고서」를 게재함(1904년까지 4회에 걸쳐 발표함).

1900년   『논리연구』 제1권(순수논리학 서설)을 출간함.

1901년   4월 『논리연구』 제2권(현상학과 인식론의 연구)을 출간함.

3. 괴팅겐대학교 시절(1901~16)

1901년   9월 괴팅겐대학교의 원외교수로 부임함.

1904년   5월 뮌헨대학교에 가서 립스 교수와 그의 제자들에게 강의함.

1904~05년 「내적 시간의식의 현상학」을 강의함.

1905년   5월 정교수로 취임이 거부됨.

8월 스위스 제펠트에서 뮌헨대학교 학생 팬더, 다우베르트, 라이나흐(Adolf Reinach), 콘라트(Theodor Conrad), 가이거(Moritz Geiger) 등과 토론함.

1906년   6월 정교수로 취임함.

1907년   4월 제펠트의 토론을 바탕으로 일련의 다섯 강의를 함.

1911년   3월 『로고스』 창간호에 「엄밀한 학문으로서의 철학」을 발표함.

1913년   4월 책임편집인으로 참여한 현상학 기관지 『철학과 현상학 탐구연보』를 창간하면서 『순수현상학과 현상학적 철학의 이념들』 제1권을 발표함(기술적 현상학에서 선험적 현상학으로 이행함). 셸러도 『철학과 현상학 탐구연보』에 『윤리학의 형식주의와 실질적 가치윤리학』 제1권을 발표함(제2권은 1916년 『철학과 현상학 탐구연보』 제2권에 게재됨).

10월 『논리연구』 제1권 및 제2권의 개정판을 발간함.

1914년　　7월　제1차 세계대전이 일어남(12월 두 아들 모두 참전함).

4. 프라이부르크대학교 시절(1916~28)

1916년　　3월　차남 볼프강이 프랑스 베르됭에서 전사함

4월　리케르트(Heinrich Rickert)의 후임으로 프라이부르크대학교 교수로 취임함.

10월　슈타인이 개인조교가 됨(1918년 2월까지).

1917년　　7월　모친 사망함.

1917년　　9월　스위스 휴양지 베르나우에서 여름휴가 중 1904~1905년 강의 초안 등을 검토함(1918년 2~4월에 베르나우에서 보낸 휴가에서 이 작업을 계속함).

1919년　　1월　하이데거가 철학과 제1세미나 조교로 임명됨.

1921년　　『논리연구』 제2-2권 수정 2판을 발간함.

1922년　　6월　런던대학교에서 「현상학적 방법과 현상학적 철학」을 강의함.

1923년　　일본의 학술지 『개조』(改造)에 「혁신, 그 문제와 방법」을 발표함.

6월　베를린대학교의 교수초빙을 거절함. 하이데거가 마르부르크 대학교에, 가이거가 괴팅겐대학교에 부임함. 란트그레베가 1930년 3월까지 개인조교로 일함.

1924년　　『개조』에 「본질연구의 방법」과 「개인윤리의 문제로서 혁신」을 발표함.

5월　프라이부르크대학교의 칸트 탄생 200주년 기념축제에서 「칸트와 선험철학의 이념」을 강연함.

1926년　　4월 생일날 하이데거가 『존재와 시간』의 교정본을 증정함.

1927~28년　하이데거와 공동으로 『브리태니커백과사전』 '현상학' 항목을 집필하기 시작함(두 번째 초고까지 계속됨).

1927년　　하이데거가 『철학과 현상학 탐구연보』 제8권에 『존재와 시간』을 발표함.

1928년　　1904~1905년 강의수고를 하이데거가 최종 편집해 『철학과 현상

학 탐구연보』 제9권에『시간의식』으로 발표함.

3월 후임에 하이데거를 추천하고 정년으로 은퇴함.

5. 은퇴 이후(1928~38)

1928년 　4월 네덜란드 암스테르담에서 '현상학과 심리학'과 '선험적 현상
학'을 주제로 강연함.

8월 핑크가 개인조교로 일하기 시작함.

11월 다음 해 1월까지『형식논리학과 선험논리학』을 저술함.

1929년 　2월 프랑스 파리의 소르본대학교에서 '선험적 현상학 입문'을 주
제로 강연함.

3월 귀국길에 스트라스부르대학교에서 같은 주제로 강연함.

4월 탄생 70주년 기념논문집으로『철학과 현상학 탐구연보』제10권
을 증정받음. 여기에『형식논리학과 선험논리학』을 발표함.

1930년 　『이념들』제1권이 영어로 번역되어 출간됨. 이 영역본에 대한「후
기」(後記)를『철학과 현상학 탐구연보』최후판인 제11권에 발표함.

1931년 　「파리강연」의 프랑스어판『데카르트적 성찰』이 출간됨.

6월 칸트학회가 초청해 프랑크푸르트, 베를린, 할레대학교에서
'현상학과 인간학'을 주제로 강연함.

1933년 　1월 히틀러가 집권하면서 유대인을 박해하기 시작함.

5월 하이데거가 프라이부르크대학교 총장에 취임함.

1934년 　4월 미국 사우스캘리포니아대학교의 교수초빙 요청을 나이가 많
고 밀린 저술들을 완성하기 위해 거절함.

8월 프라하철학회가 '우리 시대에 철학의 사명'이라는 주제로 강
연을 요청함.

1935년 　5월 빈문화협회에서 '유럽인간성의 위기에서 철학'을 주제로 강
연함.

11월 프라하철학회에서 '유럽학문의 위기와 심리학'을 주제로 강
연함.

1936년 　1월 독일정부가 프라이부르크대학교의 강의권한을 박탈하고 학
계활동을 탄압함.

9월 「프라하강연」을 보완해 유고슬라비아 베오그라드에서 창간한 『필로소피아』에 『위기』의 제1부 및 제2부로 발표함.

1937년 　8월 늑막염과 체력약화 등으로 발병함.

1938년 　4월 27일 50여 년에 걸친 학자로서의 외길 인생을 마침.

6. 그 이후의 현상학 운동

1938년 　8월 벨기에 루뱅대학교에서 현상학적 환원에 관한 학위논문을 준비하던 반 브레다 신부가 자료를 구하러 후설 미망인을 찾아 프라이부르크를 방문함.

10월 루뱅대학교에서 후설아카이브 설립을 결정함.

11월 유대인저술 말살운동으로 폐기처분될 위험에 처한 약 4만 5,000여 매의 유고와 1만여 매의 수고 및 2,700여 권의 장서를 루뱅대학교으로 이전함. 후설의 옛 조교 란트그레베, 핑크 그리고 반 브레다가 유고정리에 착수함.

1939년 　『위기』와 관련된 유고 「기하학의 기원」을 핑크가 벨기에 『국제철학지』에 발표함.

3월 유고 『경험과 판단』을 란트그레베가 편집해 프라하에서 발간함.

6월 루뱅대학교에 후설아카이브가 정식으로 발족함(이 자료를 복사하여 1947년 미국 버펄로대학교, 1950년 독일 프라이부르크대학교, 1951년 쾰른대학교, 1958년 프랑스 소르본대학교, 1965년 미국 뉴욕의 뉴스쿨에 후설아카이브가 설립됨).

1939년 　파버가 미국에서 '국제현상학회'를 창설함. 1940년부터 『철학과 현상학적 연구』를 창간하기 시작함.

1943년 　사르트르가 『존재와 무: 현상학적 존재론의 시도』를 발표함.

1945년 　메를로퐁티가 『지각의 현상학』을 발표함.

1950년 　후설아카이브에서 유고를 정리해 『후설전집』을 발간하기 시작함.

1951년 　브뤼셀에서 '국제현상학회'가 열리기 시작함.

1958년 　후설아카이브에서 『현상학총서』를 발간하기 시작함.

1960년 　가다머가 『진리와 방법』을 발표함.

1962년	미국에서 '현상학과 실존철학협회'가 창설됨.
1967년	캐나다에서 '세계현상학 연구기구'가 창립됨. '영국현상학회'가 『영국현상학회보』를 발간하기 시작함.
1969년	'독일현상학회'가 창립되고 1975년부터 『현상학탐구』를 발간하기 시작함. 티미니에츠카(Anna-Teresa Tymieniecka)가 '후설과 현상학 국제연구협회'를 창설하고 1971년부터 『후설연구선집』을 발간하기 시작함.
1971년	미국 듀케인대학교에서 『현상학연구』를 발간하기 시작함.
1978년	'한국현상학회'가 창립되고 1983년부터 『현상학연구』(이후 『철학과 현상학 연구』로 개명함)를 발간하기 시작함.

후설의 저술

1. 후설전집

1. 『성찰』(*Cartesianische Meditationen und Pariser Vorträge*), S. Strasser 편집, 1950.
   『데카르트적 성찰』, 이종훈 옮김, 한길사, 2002; 2016.

2. 『이념』(*Die Idee der Phänomenologie*), W. Biemel 편집, 1950.
   『현상학의 이념』, 이영호 옮김, 서광사, 1988.

3. 『이념들』 제1권(*Ideen zu einer reinen Phänomenologie und phänomeno-logischen Philosophie I*), W. Biemel 편집, 1950; K. Schuhmann 새편집, 1976.
   『순수현상학과 현상학적 철학의 이념들』 제1권, 이종훈 옮김, 한길사, 2009; 2021.

4. 『이념들』 제2권(*Ideen zu einer reinen Phänomenologie und phänomeno-logischen Philosophie II*), M. Biemel 편집, 1952.
   『순수현상학과 현상학적 철학의 이념들』 제2권, 이종훈 옮김, 한길사, 2009; 2021.

5. 『이념들』 제3권(*Ideen zu einer reinen Phänomenologie und phänomeno-logischen Philosophie III*), M. Biemel 편집, 1952.
   『순수현상학과 현상학적 철학의 이념들』 제3권, 이종훈 옮김, 한길사, 2009; 2021.

6. 『위기』(*Die Krisis der europäischen Wissenschaften und die transzendentale Phänomenologie*), W. Biemel 편집, 1954.

『유럽학문의 위기와 선험적 현상학』, 이종훈 옮김, 한길사, 1997; 2016.

7. 『제일철학』 제1권(*Erste Philosophie[1923~1924] I*), R. Boehm 편집, 1956.
『제일철학』 제1권, 이종훈 옮김, 한길사, 2020.

8. 『제일철학』 제2권(*Erste Philosophie[1923~1924] II*), R. Boehm 편집, 1959.
『제일철학』 제2권, 이종훈 옮김, 한길사, 2020.

9. 『심리학』(*Phänomenologische Psychologie[1925]*), W. Biemel 편집, 1962.
『현상학적 심리학』, 이종훈 옮김, 한길사, 2013; 2021.

10. 『시간의식』(*Zur Phänomenologie des inneren Zeitbewußtseins[1895~1917]*),
R. Boehm 편집, 1966.
『시간의식』, 이종훈 옮김, 한길사, 1996; 2018.

11. 『수동적 종합』(*Analysen zur passiven Synthesis[1918~1926]*), M. Fleischer
편집, 1966.
『수동적 종합』, 이종훈 옮김, 한길사, 2018.

12. 『산술철학』(*Philosophie der Arithmethik[1890~1901]*), L. Eley 편집, 1970.

13. 『상호주관성』 제1권(*Zur Phänomenologie der Intersubiektivität I [1905~20]*),
I. Kern 편집, 1973.
『상호주관성』(제13~15권), 이종훈 옮김, 한길사, 2021.

14. 『상호주관성』 제2권(*Zur Phänomenologie der Intersubjektivität II [1921~28]*),
I. Kern 편집, 1973.

15. 『상호주관성』 제3권(*Zur Phänomenologie der Intersubjektivität III [1929~35]*),
I .Kern 편집, 1973.

16. 『사물』(*Ding und Raum[1907]*), U. Claesges 편집, 1973.
『사물과 공간』, 김태희 옮김, 아카넷, 2018.

17. 『형식논리학과 선험논리학』(*Formale und transzendentale Logik*), P. Janssen
편집, 1974.
『형식논리학과 선험논리학』, 이종훈 옮김, 나남, 2010; 한길사, 2019.

18. 『논리연구』 1권(*Logische Untersuchungen I*), E. Holenstein 편집, 1975.
『논리연구』 제1권, 이종훈 옮김, 민음사, 2018.

19. 『논리연구』 2-1권(*Logische Untersuchungen II/1*), U .Panzer 편집, 1984.
『논리연구』 제2-1권, 이종훈 옮김, 민음사, 2018.

20-1. 『논리연구』 보충판 제1권(*Logische Untersuchungen. Ergänzungsband. I*),

U. Melle 편집, 2002.

20-2.『논리연구』보충판 제2권(*Logische Untersuchungen. Ergänzungsband. II*),
U. Melle 편집, 2005.

『논리연구』제2-2권, 이종훈 옮김, 민음사, 2018.

21.『산술과 기하학』(*Studien zur Arithmetik und Geometrie〔1886~1901〕*), I.
Strohmeyer 편집, 1983.

22.『논설』(*Aufsätze und Rezensionen〔1890~1910〕*), B. Rang 편집, 1979.

23.『상상』(*Phantasie, Bildbewußtsein, Erinnerung〔1898~1925〕*), E. Marbach
편집, 1980.

24.『인식론』(*Einleitung in die Logik und Erkenntnistheorie〔1906~1907〕*), U.
Melle 편집, 1984.

25.『강연 1』(*Aufsätze und Vorträge〔1911~21〕*), Th. Nenon & H.R. Sepp 편집,
1986.

26.『의미론』(*Vorlesungen über Bedeutungslehre〔1908〕*), U. Panzer 편집, 1986.

27.『강연 2』(*Aufsätze und Vorträge〔1922~37〕*), Th. Nenon & H.R. Sepp 편집,
1989.

28.『윤리학』(*Vorlesung über Ethik und Wertlehre〔1908~14〕*), U. Melle 편집,
1988.

29.『위기-보충판』(*Die Krisis der europäischen Wissenschaften und die trans-
zendentale Phänomenologie〔1934~37〕*), R.N. Smid 편집, 1993.

30.『논리학과 학문이론』(*Logik und allgemeine Wissenschaftstheorie〔1917~18〕*),
U. Panzer 편집, 1996.

31.『능동적 종합』(*Aktive Synthesen〔1920~21〕*), E. Husserl & R. Breuer 편집,
2000.

32.『자연과 정신』(*Natur und Geist〔1927〕*), M. Weiler 편집, 2001.

33.『베르나우 수고』(*Die Bernauer Manuskripte über das Zeitbewußtsein〔1917~18〕*),
R. Bernet & D. Lohmar 편집, 2001.

34.『현상학적 환원』(*Zur phänomenologische Reduktion〔1926~35〕*), S. Luft 편
집, 2002.

35.『철학 입문』(*Einleitung in die Philosophie〔1922~23〕*), B. Goossens 편집,
2002.

36. 『선험적 관념론』(*Transzendentale Idealismus*[*1908~21*]), R.D Rollinger & R. Sowa 편집, 2003.

37. 『윤리학 입문』(*Einleitung in die Ethik*[*1920 & 1924*]), H. Peucker 편집, 2004.

38. 『지각과 주의를 기울임』(*Wahrnehmung und Aufmerksamkeit*[*1893~ 1912*]), T. Vongehr & R. Giuliani 편집, 2004.

39. 『생활세계』(*Die Lebenswelt*[*1916~37*]), R. Sowa 편집, 2008.

40. 『판단론』(*Untersuchungen zur Urteilstheorie*(*1893~1918*)), R.D. Rollinger 편집, 2009.

41. 『형상적 변경』(*Zur Lehre vom Wesen und zur Methode der eidetischen Variation* (*1891~1935*)), D. Fonfaral 편집, 2012.

42. 『현상학의 한계문제』(*Grenzprobleme der Phänomenologie*(*1908~1937*)), R. Sowa & T. Vongehr 편집, 2014.

2. 후설 전집에 수록되지 않은 저술

1. 『엄밀학』(*Philosophie als strenge Wissenschaft*) in 『*Logos*』 제1집, W. Szilasi 편집, Frankfurt, 1965.
   『엄밀한 학문으로서의 철학』, 이종훈 옮김, 지만지, 2008.

2. 『경험과 판단』(*Erfahrung und Urteil*), L. Landgrebe 편집, Prag, 1939.
   『경험과 판단』, 이종훈 옮김, 민음사, 1997; 2016.

3. *Briefe an Roman Ingarden*, R. Ingarden 편집, The Hague, 1968.

3. 후설 유고의 분류

A 세속적(mundan) 현상학
   I 논리학과 형식적 존재론
   II 형식적 윤리학, 법철학
   III 존재론(형상학[形相學]과 그 방법론)
   IV 학문이론
   V 지향적 인간학(인격과 환경세계)
   VI 심리학(지향성 이론)

I 임명장

II 광고 포스터

III 강의 안내문

IV 일지

옮긴이의 말

우리 학계에서 '인문학의 위기'를 탄식하고 그 원인을 심각하게 반성해본 지도 제법 오래되었다. 물론 경제적 효율성이 강조될 수밖에 없는 치열한 경쟁사회에서, 더구나 취업난에 허덕이는 대학생들에게 실용적 측면이 부족한 종래의 순수인문학을 그대로 고집할 수는 없다. 그렇지만 최근 문화예술에 관련된 산업분야뿐 아니라 기업경영의 측면에서도 인문학적 소양을 절실히 요청하고 있는 사실을 보면, 인문학이 위기에 처한 원인을 단순히 인문학 외부로만 돌릴 수 없을 것이다. 따라서 인문학 스스로 새로운 시각과 방법으로 자신의 길을 개척하고, 그 성과를 일반 대중과 다음 세대의 주역인 대학생들에게 제대로 전달할 수 있어야 한다.

그 새로운 시각과 방법은 어디에서 어떻게 찾을 수 있는가? 이 물음에는 "어려운 문제에 부딪힐수록 고전(古典)으로 돌아가라!"는 격언보다 간명하고도 확실한 답이 없을 듯하다. 당연히 이 격언은, 고전을 단순히 해석하고 주석을 다는 데 그치지 않고, 그 정신을 충실히 익혀야만 바람직한 미래를 알 수 있다는 '온고지신'(溫故知新)의 가르침을 뜻할 것이다.

그런데 요즈음 학문의 후속세대인 대학원생조차 영어로 저술되거나 번역된 원서 이외에는 점점 기피하는 실정이다. 한문, 희랍어 또는 라틴어의 경우는 더 심하다. 이렇게 편향된 경향으로는 다양한 인문학이 형성될 수도 없고, 통섭(統攝)을 통한 새로운 시각은 기대할 수조차 없다. 이러한 현실에서 이미 고전이 된 저술을 정확하게 또 저자의 의도에 충실하게 번역하는 작업이 매우 절실하다. 아무튼 얼마 전부터 우리 고전뿐 아니라 동·서양 고전의 번역에 뜨거운 관심과 많은 지원이 이루어지고 있는 것은, 다소 늦었고 극히 제한적이기 때문에 몹시 안타깝지만, 그래도 다행스러운 일이다.

현대철학은 현상학·사회철학·분석철학이 주된 흐름을 형성해왔다. 그런데 공교롭게도 이들 현대철학의 물꼬를 트거나 발전에 기폭제가 된 후설·마르크스·비트겐슈타인은 모두 유대인 혈통이다. 또한 이들은 한결같이 '철학이란 무엇인가?'라는, 어떻게 보면 너무나 진부할 것 같은 근본적 출발의 문제에 몰두했다. 유대인에 대한 일반적 평가는 개인이나 민족의 처지에 따라 매우 다양하겠지만, 이들이 철학 이외에 과학·예술 등의 분야에서도 탁월한 업적을 지속적으로 이룰 수 있는 힘은 무엇보다 자신들의 전통에 충실했기 때문일 것이다. 이것은 씨름에서 아무리 장대한 거인이라도 상대를 쓰러뜨리려면 살바를 깊게 잡아야만 하는 것과 마찬가지다.

현상학은, 객관적 실증주의를 극복할 새로운 방법론으로 간주되든 전통철학이 심화된 형태로 간주되든, 다양한 '현상학 운동'으로 크게 발전하면서 철학뿐 아니라 인문사회과학과 문화예술 전반에 걸쳐 심지어 상담심리나 정신병리학에 이르기까지 매우 깊은 영향을 끼쳐왔다. 사회철학이나 분석철학과 문제의식을 공유하는 지점에서 서로를 보완할 수 있는 공동작업도 꽤 이루어졌다.

이제는 우리나라에도 현상학에 관한 논문이나 입문서가 적지 않으며, 주요 현상학자들의 원전도 여러 권 번역되어 있다. 심리학, 사회과학, 문학(예술)비평, 심지어 철학의 전문분야인 현상학과 전혀 관련이 없을 것처럼 보이는 체육이나 의학(간호학)에서도 현상학에 관한 기본지식을 알고자 간절히 원한다. 그러나 현상학계에서는 정작 현상학의 창시자인 후설을 본격적으로 다룬 연구가 점점 줄어들고 있다.

이러한 현상은 과연 우리가 후설 현상학을 벌써 어느 정도 충분히 이해했다는 사실을 뜻하는가?

후설 현상학을 전공한 나는 결코 그렇다고 인정할 수 없다. 철학 이외의 분야에서도 현상학에 대한 관심과 요구가 강렬하고 급증하는데, 이에 대해 현상학계가 별다른 도움을 줄 수 없는 이유는 무엇보다 후설 현상학의 참모습을 통일적으로 온전히 밝혀놓지 못한 데 있다고 보기 때문이다. 또한 현상학계에서조차 후설 현상학을 제대로 파악하지 못하는 이유는, 전공하는 학자들의 역량이 부족하거나 학회의 활동이 미약해서가 아니라, 그의 현상학을 그의 입장에서 충실하게 이해하고 있지 않기 때문이다.

특히 후설의 사상이 발전해나간 단계를 '기술(記述) 현상학 대(對) 선험 현상학 대 생활세계 현상학' '정적 분석 대 발생적 분석' 또는 '주관적 관념론 대 객관적 실재론'이라는 단절된 도식적 틀 속에 억지로 집어넣어 단편적으로 이해하고, 심지어 현상학의 기본문제인 의식의 '지향성'에 대한 기초적 이해도 없거나 일관성 없이 자의로 왜곡시켜 해석하기 때문이다. 후설 현상학을 피상적으로 비판한 현상학자들의 견해나, 단순히 이러한 견해에 의존해 편파적으로 소개하는 2차 문헌들의 명백한 한계는 언급할 필요조차 없을 것이다.

물론 이러한 단절된 도식적 이해의 틀도 부분적으로는 후설 현상학이 그때그때 발전해나간 단계의 일정한 모습을 전달해준다. 그러나 전체적으로는 후설이 이전 단계에서 드러난 문제점을 단순히 땜질해 보완하거나 이전 단계에서 분석하고 주장한 것을 완전히 거부한 것으로 묘사함으로써 후설 현상학의 참모습을 철저히 왜곡시킨다. 그 결과 후설 현상학이 제시해주는 새로운 분야를 생생하게 연구할 열정과 에너지는 금세 식어 굳어지고 그 무한한 탐구의 지평은 간단히 차단될 뿐이다.

나는 이러한 문제의식에서 『이념들』의 제1권, 제2권, 제3권을 동시에 번역해야 한다고 판단했다. 후설 현상학은 '세속적 현상학'을 포함한 '선험적 현상학' 이외에 다른 것일 수 없기 때문이다. 그 근거는 후설이 제1권에서 최초로 선험적 현상학의 원리와 규범·방법을 또한 그 과제가 이성의 본질구조를 지향적으로 분석하는 이성비판임을 구체적으로 밝힌 이래, 다양한 길을 통해 선험적 현상학의 이념을 시종일관, 오히려 많은 오해와 비난을 무릅쓰고 더욱더 철저하고 생생하게 추구해간 데 있다.

요컨대 제1권은 선험적 관념론 이외에도 발생적 분석의 성과와 함께 이른바 후기 저술에서 다룬 '신체' '생활세계' '상호주관성' '감정이입'의 문제를 해명할 단서를 분명히 밝힌 선험적 현상학 전체의 얼개다. 그리고 제2권과 제3권은 제1권과 같은 시기에 작성된 후속 저술이지만, 40년이 지난 1952년에야 비로소 출간되었다. 그런데 특히 제2권은 선험적 현상학의 핵심작업인 '구성'의 본질적 의의를 밝히고, '신체'와 '운동감각'에 대한 지향적 분석이 '상호주관성'과 연결되며, 정신세계의 근본법칙인 '연상'이나 '동기부여'를 통한 '감정이입'의 생생한 역동성을 분석할 뿐 아니라, 『위기』의 중심주제로 알려진 '생활세계'의 1910년대 초반의 원초적 형태를 추적해볼 수 있다.

따라서 『이념들』은 제1권, 제2권, 제3권이 함께 전체로 이해되어야 한다. 그래야만 이른바 '전기의 정적 분석 대(對) 후기의 발생적 분석' 또는 '제1권의 선험적 관념론 대 제2권의 경험적 실재론'이 결코 단절되고 대립된 것이 아니라, 전체를 관통해 항상 불가분하게 수반되는 보완적 작업이라는 사실을 분명하게 확인할 수 있다.

『이념들』 전체 3권의 번역을 끝마쳤을 때, 나는 한편으로 후설 현상학을 '선험적 현상학'으로 온전히 전달할 수 있을 뿐 아니라 오래전부터 후설의 원전을 번역했던 『엄밀한 학문으로서의 철학』 『시간의식』 『유럽학문의 위기와 선험적 현상학』 『경험과 판단』 『데카르트적 성찰』과 연결될 수 있기 때문에, 후설 현상학이 더 구체적으로 밝혀질 수 있다는 기대에 꽤 가슴 설레었다. 그리고 나의 부족한 능력과 게으른 성품 때문에 몇 차례 중단하려고 했지만, 후설의 주장을 더 깊이 알고 싶은 마음에 계속 붙잡고 씨름한 결과, 힘에 부친 일을 또 하나 해냈다는 뿌듯함에 제법 흥분되었다.

그러나 다른 한편으로 후설이 치밀하게 분석한 내용과 의미를 더 정확하게 파악하지 못한 채 단순히 직역하고 말았던 부분들이 적잖이 눈에 띈다. 또한 후설의 난해한 문체와 사상구조 탓으로만 돌릴 수 없는 문제, 즉 독자들이 쉽게 읽을 수 있도록 문장을 다듬고 정확하게 이해할 수 있도록 역주를 달았는지에 대해서는 지금도 여전히 부끄럽다. 이와 같은 문제점은 지속적 연구를 통해, 또 독자들의 철저한 지적을 통해 앞으로 계속 수정되고 보완될 수 있으리라 크게 기대해본다.

끝으로, 매우 폭넓고 깊은 후설 현상학의 세계로 이끌어주고 언제나 많은 가르침과 따뜻한 관심을 베풀어주신 여러 은사님들께 깊이 감사드린다. 특히 제2권의 번역에 대한 동료 현상학자들의 날카로운 지적과 많은 조언을 잊을 수 없다. 또한 몹시 어려운 여건에서도 이 책을 하나의 전집으로 출판하게끔 적극 주선해주신 한길사 김언호 사장님과, 이처럼 독자에게 당당히 다가설 수 있도록 많은 수고를 기꺼이 맡아주신 한길사 여러분에게 고마운 마음을 밝히고 싶다. 물론 내가 이제껏 살아오면서 어렵고 힘들어할 때마다 계속 공부할 수 있게끔 항상 따뜻하게 격려해준 아내 조정희에게 이 책이 조그만 보답이 되었으면 한다.

2009년 4월
이종훈

찾아보기

지은이 에드문트 후설

에드문트 후설(Edmund Husserl)은 1859년 오스트리아에서 유대인 상인의 아들로 태어났다. 20세기 독일과 프랑스 철학에 큰 영향을 미친 현상학의 창시자로서 마르크스, 프로이트, 니체와 더불어 현대사상의 원류라 할 수 있다. 1876년부터 1882년 사이에 라이프치히대학교와 베를린대학교에서 철학과 수학, 물리학 등을 공부했고, 1883년 변수계산에 관한 논문으로 박사학위를 받았다. 1884년 빈대학교에서 브렌타노 교수에게 철학강의를 듣고 기술심리학의 방법으로 수학을 정초하기 시작했다. 1887년 할레대학교에서 교수자격논문 「수 개념에 관하여」가 통과되었으며, 1901년까지 할레대학교에서 강사로 재직했다. 1900년 제1주저인 『논리연구』가 출간되어 당시 철학계에 강력한 인상을 남기고 확고한 지위도 얻었다. 많은 연구서클의 결성으로 이어진 후설 현상학에 대한 관심은 곧 『철학과 현상학적 탐구연보』의 간행으로 이어졌으며, 1913년 제2주저인 『순수현상학과 현상학적 철학의 이념들』 제1권을 발표해 선험적 관념론의 체계를 형성했다. 1916년 신칸트학파의 거두 리케르트의 후임으로 프라이부르크대학교 정교수로 초빙되어 1928년 정년퇴임할 때까지 재직했다. 세계대전의 소용돌이와 나치의 권력장악은 유대인 후설에게 커다란 시련이었으나, 지칠 줄 모르는 연구활동으로 저술작업과 학문보급에 힘썼다. 주저로 『유럽학문의 위기와 선험적 현상학』 『데카르트적 성찰』 『시간의식』 『엄밀한 학문으로서의 철학』 등이 있다. 후설 현상학은 하이데거와 사르트르, 메를로 퐁티 등의 철학은 물론 가다머와 리쾨르의 해석학, 인가르덴의 미학, 카시러의 문화철학, 마르쿠제와 하버마스 등 프랑크푸르트학파의 비판이론에도 지대한 영향을 미쳤다. 아울러 데리다, 푸코, 리오타르 등 탈현대 철학과 프루스트, 조이스, 울프 등의 모더니즘 문학에도 많은 영향을 주었다.

옮긴이 이종훈

이종훈(李宗勳)은 성균관대학교 철학과와 같은 대학교 대학원에서 후설 현상학으로
박사학위를 받았다. 춘천교대 명예교수다. 지은 책으로는『후설현상학으로
돌아가기』(2017),『현대사회와 윤리』(1999),『아빠가 들려주는 철학이야기』(전 3권,
1994~2006),『현대의 위기와 생활세계』(1994)가 있다. 옮긴 책으로는『형식논리학과
선험논리학』(후설, 2010, 2019),『논리연구』(전 3권, 후설, 2018),『순수현상학과
현상학적 철학의 이념들』(전 3권, 후설, 2009, 2021),『유럽학문의 위기와 선험적
현상학』(후설, 1997, 2016),『시간의식』(후설, 1996, 2018),『현상학적 심리학』(후설,
2013, 2021),『데카르트적 성찰』(후설 · 오이겐 핑크, 2002, 2016),『수동적 종합』(후설,
2018),『경험과 판단』(후설, 1997, 2016),『엄밀한 학문으로서의 철학』(후설, 2008),
『제일철학』(전 2권, 후설, 2020),『상호주관성』(후설, 2021)이 있다.
이 밖에『소크라테스 이전과 이후』(컨퍼드, 1995),『언어와 현상학』
(수잔 커닝햄, 1994) 등이 있다.

HANGIL GREAT BOOKS 104

순수현상학과 현상학적 철학의 이념들 3

지은이 에드문트 후설
옮긴이 이종훈
펴낸이 김언호

펴낸곳 (주)도서출판 한길사
등록 1976년 12월 24일
주소 10881 경기도 파주시 광인사길 37
홈페이지 www.hangilsa.co.kr
전자우편 hangilsa@hangilsa.co.kr
전화 031-955-2000~3 팩스 031-955-2005

부사장 박관순 총괄이사 김서영 관리이사 곽명호
영업이사 이경호 경영이사 김관영 편집주간 백은숙
편집 박희진 노유연 김지수 최현경 강성욱 이한민 김영길
마케팅 정아린 관리 이주환 문주상 이희문 원선아 이진아
디자인 창포 031-955-2097
CTP출력·인쇄 오색프린팅 제본 경일제책사

제1판 제1쇄 2009년 5월 20일
제1판 제2쇄 2013년 12월 18일
개정판 제1쇄 2022년 3월 5일

값 25,000원

ISBN 978-89-356-7649-1 94080
ISBN 978-89-356-6427-6 (세트)

• 잘못 만들어진 책은 구입하신 서점에서 바꿔드립니다.
• 이 도서의 국립중앙도서관 출판시도서목록(CIP)은 서지정보유통지원시스템 홈페이지(seoji.nl.go.kr)와
국가자료공동목록시스템(www.nl.go.kr/kolisnet)에서 이용하실 수 있습니다.
(CIP제어번호: CIP2009001330)

한길그레이트북스 인류의 위대한 지적 유산을 집대성한다